臺灣史研究名家論集

（三編）

尹章義　林滿紅　林翠鳳

武之璋　孟祥瀚　洪健榮

張崑振　張勝彥　戚嘉林

許世融　連心豪　葉乃齊

趙祐志　賴志彰　闞正宗

蘭臺出版社

作者簡介（依姓氏筆劃排序）

尹章義　社團法人臺灣史研究會理事長、財團法人福祿基金會董事、財團法人兩岸關係文教基金會執行長。中國文化大學民國 106 年退休教授，輔仁大學民國 94 年退休教授，東吳、臺大兼課。出版專書 42 種（含地方志 16 種）論文 358 篇（含英文 54 篇），屢獲佳評凡四百餘則。
赫哲人，世居武昌小東門外營盤（駐防），六歲隨父母自海南島轉進來臺，住臺中水湳，空小肄業，四民國校、省二中、市一中畢業，輔仁大學學士，臺灣大學碩士，住臺北新店。

林滿紅　專攻歷史學，國立臺灣大學歷史學系學士與碩士、國立臺灣師範大學歷史研究所博士、美國哈佛大學歷史與東亞語文研究所博士；1990 年之後擔任中央研究院近代史研究所研究員與國立臺灣師範大學歷史學系教授，2008-2010 年間曾任中華民國國史館館長，2015 年迄今擔任中央研究院與陽明醫學大學合開人文講座課程兼任教授，2021 年轉任中央研究院近代史研究所兼任研究員；研究課題包括：近代中國或臺灣的口岸貿易與腹地變遷、晚清的鴉片觀與國內供應、十九世紀中國與世界的白銀牽繫、亞太商貿網絡與臺灣商人（1860—1961）、亞太歷史與條約：臺海，東海與南海等。

林翠鳳　臺灣彰化人。國立中山大學中文研究所博士，國立臺中科技大學應用中文系教授。曾任國立臺中科技大學應用中文系主任。主要研究方向：臺灣文學、民俗信仰等。著作：《陳肇興及其陶村詩稿之研究》《黃金川集》《鄭坤五及其文學研究》《施梅樵及其漢詩研究》等專書。主編《臺灣旅遊文學論文集》《宗教皈依科儀彙編》等十餘種。擔任《田中鎮志》《大里市史》《媽祖文化志》《登瀛書院簡史》等史志單元編纂。已發表期刊論文數百篇。

武之璋　河南孟縣（現孟州市）人，1942 年生，1949 年七歲隨父母赴台，淡江大學外文系畢業，曾經營紡織、營造業多年，從商期間自修經濟學，常發表財經論文，為當局重視，曾擔任台北市界貿易中心常務董事、行政院經濟改革委員會務顧問，多次參與台灣財經政策討論，後從商場退休，專心治學，範圍遍及中國近代史、台灣史及儒家學說，曾經出版《二二八真相解密》、《策馬入林》、《中庸研究》、《解剖民進黨》、《台灣光復口產接收研究》、《二二八真相與謊言》、《原來李敖騙了你》、《武之璋論史》、《外省人的故事》等書，近年

致力兩岸和平統一，強力反對民進黨文化台獨，並組織「藍天行動聯盟」，從文化、思想各方面與民進黨展激烈戰鬥。

孟祥瀚 國立中興大學歷史學系兼任副教授，國立臺灣師範大學歷史系博士，曾任臺灣古文書學會理事長。研究領域為臺灣區域史、臺灣原住民史、台灣方志學與台灣古文書研究等。主要關注議題在於清代與日治時期國家力量對於地方與族群發展的影響，如清末至日治初期，國家政策對於東台灣發展的形塑，清代封山禁令下番界政策對於中台灣東側番界開發的影響等。方志與古文書的研究，則是企圖透過在地生活的豐富紀錄，以思考與探討台灣基層社會運作的實際面貌。本書所收各篇，大致回應了上述的學思歷程。

洪健榮 臺灣臺南市人，籍貫澎湖縣。省立臺南一中畢業，輔仁大學歷史學系學士、清華大學歷史碩士、臺灣師範大學歷史博士。曾任僑生大學先修班、臺師大歷史學系、明志科大通識教育中心、中央大學歷史研究所、臺北科大通識教育中心、輔大歷史學系兼任教師、國立故宮博物院圖書文獻處助理研究員，現職國立臺北大學歷史學系教授兼海山學研究中心主任。主要研究領域為臺灣社會文化史、臺灣方志學、臺灣區域史、臺灣族群史，著有《龍渡滄海：清代臺灣社會的風水習俗》、《西學與儒學的交融：晚明士紳熊人霖《地緯》中的世界地理書寫》，發表相關學術論文五十餘篇，另曾主編《五股志》、《延平鄉志》、《新屋鄉志》、《續修五股鄉志》、《續修新竹縣志卷九‧人物志》。

張崑振 1970 年生於台北木柵，成大建築系畢業，成大建築博士，現任北科大建築系副教授，兼文化部、台北市及地方政府文資委員。曾擔任北科大創意設計學士班創班主任 2005-2008、北科大建築系主任 2016-2019。專長為建築史與理論、傳統建築與風土、遺產與都市保存，二十多年來一直從事台灣文化資產的保存、修復研究工作，主持六十餘件古蹟、聚落、文化景觀、產業遺產、遺址等類型文化資產調查研究計畫，近年也擔任古蹟修復設計及再利用策展工作。近年著有 2020《再尋冷戰軌跡-臺糖南北平行預備線文化資產價值研究》、2016《找尋曾經艱困的時代輪廓》、2015《傳家—新埔宗祠的故事》、2015《關渡宮—宮廟與文化景觀》等書。

張勝彥 臺灣大學歷史學學士、碩士，日本京都大學博士。先後任東海大學歷史系教授、日本京都大學文學部外國人招聘教授、中央大學歷史研究所教授兼所長、日本私立關西大學經濟學部外國人招聘教授、臺北大學歷史系教授兼民俗藝術研究所所長、及人文學院院長等教職。此外曾任臺灣歷史學會會長、內政部古蹟評鑑小組委員、臺中

縣志總編纂、續修臺中縣志總編纂、續修臺北縣志總編纂等職。現
為臺北大學兼任教授、續修新竹縣志總編纂。已出版之學術著作有
《南投開拓史》、《清代臺灣廳縣制度之研究》、《認識臺灣（歷史
篇）》、《臺灣開發史》、《台中市史》、《臺灣史》等著作。

戚嘉林　Dr. Chi Chia-lin，中國統一聯盟前主席，1951 年生於台灣（原籍湖
北沔陽/仙桃），輔仁大學商學士、中國文化大學經濟研究所碩士、
南非首都比勒陀利亞大學（University of Pretoria）國際關係學博
士。台灣外事人員特考及格，任職駐外單位、退休后曾任中國統一
聯盟主席、並在世新大學授課。現為《祖國》雜誌發行人兼社長，
社團法人台灣史研究會理事長，著有《台灣史》《台灣二二八大揭
秘》《李登輝兩岸政策十二年》《台灣史問與答》《謝南光-從台灣民
眾黨到中國共產黨》，及主編《坎坷復興路》等書。

許世融　雲林縣口湖鄉人，1966 年生，臺灣師範大學歷史學系博士，現任
臺中教育大學區域與社會發展學系副教授兼系主任。先後於嘉義農
專、國空大、建國科大、清華大學歷史研究所擔任兼任講師、助理
教授；陸續進行過科技部諸多專題研究案。2011-2013 年並參與京
都大學經濟學部堀和生教授主持的「東アジア高度成長の史的研究
一連論から東アジア論へ一」跨國研究計畫。主要學術專長：臺灣
經濟史、社會史、族群史等。博士論文〈關稅與兩岸貿易
（1895-1945）〉曾獲得彭明敏文教基金會臺灣研究最佳博士論文
獎。

連心豪　福建省仙遊縣人，1954 年 3 月生於安溪縣文廟廖厝館，旋移居泉
州市區。廈門大學歷史學碩士，歷任廈門大學歷史學系教授，廈門
大學中國海關史研究中心主任，福建省連橫文化研究院院長，福建
省文史研究館研究館員，中國海關博物館顧問。專攻中國近代海關
史，兼治閩臺關係史、閩南民間信仰與譜牒學。著有《近代中國的
走私與海關緝私》、《水客走水》、《中國海關與對外貿易》，主編《閩
南民間信仰》、《福建連氏志》、《仙遊鳳阿阿頭連氏譜牒》等書。

葉乃齊　1960 年出生於嘉義。1982 年自文化大學建築系畢業，1987-1989
年曾就讀於台灣大學土木研究所交通乙組，1989 年曾於文化大學
造園景觀系兼任執教，1990-1993 年服務於行政院文建會，從事古
蹟保存業務。1993 年就讀台灣大學建築與城鄉研究所博士班，2002
年 7 月獲台大城鄉所博士學位，曾擔任南亞技術學院建築系專任助
理教授及華梵大學建築學系專任助理教授。2005 年 8 月接任華梵
大學建築學系主任、所長，於 2008 年 1 月卸任。曾參與王鴻楷教
授主持之研究案有《澎湖天后宮之彩繪》等五案。及夏鑄九教授主

持之研究案有《新竹縣三級古蹟新埔褒忠亭整修計畫》等七案。專
業研究規劃案有近二十五本著作，個人代表著作有博士論文《台灣
傳統營造技術的變遷初探--清代至日本殖民時期》，碩論《古蹟保存
論述之形成—光復後台灣古蹟保存運動》及近百篇論文與著述。

趙佑志　1968 年，臺北人，臺灣師範大學歷史系學士、碩士、博士。現任
新北高中教師兼任學務主任、清華大學歷史研究所兼任助理教授、
真理大學人文與資訊學系兼任助理教授、淡江大學師培中心兼任助
理教授，曾參與《沙鹿鎮志》、《梧棲鎮志》、《桃園市志》、《續修臺
北縣志》、《高中歷史教科書》的編纂。著有：《日據時期臺灣商工
會的發展(1895—1937)》、《日人在臺企業菁英的社會網絡(1895—
1945)》、《續修臺北縣志》卷八文教志、〈躍上國際舞臺—清季中國
參加萬國博覽會之研究〉等近百篇論文。

賴志彰　臺灣彰化人，逢甲建築系學士，國立臺灣大學建築與城鄉研究所
碩、博士，長期參與文化資產保存工作，從最早的內政部到目前幾
個市縣的文化資產諮詢委員，深入研究霧峰林家的歷史與建築，研
究臺灣地方民居（包括新北、桃園、苗栗、臺中縣、彰化、嘉義市
等），碩博士論文攢研臺中市的都市歷史，研究過新莊迴龍樂生療
養院、臺灣古地圖、佳冬蕭宅、彰化縣志的公共藝術與工藝篇等。
目前服務於國立臺南大學文化與自然資源學系臺灣文化碩士班，擔
任副教授，指導超過 180 篇以上的碩士論文。

闞正宗　1961 年出生於臺灣嘉義，成功大學歷史學博士。1985 年起年從事
新聞編採工作，進而主持佛教出版社、雜誌社。長年從事佛教寺院
及文物的田野調查，二十餘年間完成有關佛寺、人物田野調查專
著、合著十餘冊。1996 年起先後出版《臺灣佛寺導遊》九冊、《臺
灣佛教一百年》、《臺灣佛寺的信仰與文化》、《重讀臺灣佛教——戰
後臺灣佛教（正續編）》、《臺灣佛教史論》、《中國佛教會在臺灣—
—漢傳佛教的延續與開展》、《臺灣日治時期佛教發展與皇民化運動
——「皇國佛教」的歷史進程（1895-1945）》、《臺灣佛教的殖民與
後殖民》、《臺灣觀音信仰的「本土」與「外來」》等學術著作。除
臺灣佛教史研究之外，研究領域尚延伸至臺灣宗教、中、臺、日三
邊佛教交涉、日本文化等研究領域。曾任法鼓佛教學院、玄奘大學
宗教研究所兼任助理教授，現任佛光大學佛教學系副教授。

《臺灣史研究名家論集》──總序

《臺灣史研究名家論集》即將印行，忝為這套叢刊的主編，依出書慣例不得不說幾句應景話兒。

這十幾年我個人習慣於每學期末，打完成績上網登錄後，抱著輕鬆心情前往探訪學長杜潔祥兄，一則敘敘舊，問問半年近況，二則聊聊兩岸出版情況，三則學界動態及學思心得。聊著聊著，不覺日沉西下，興盡而歸，期待半年後再見。大約三年前的見面閒聊，偶然談出了一個新企劃。潔祥兄自從離開佛光大學教職後，「我從江湖來，重回江湖去」（潔祥自況），創辦花木蘭出版社，專門將臺灣近六十年的博碩士論文，有計畫的分類出版，洋洋灑灑已有數十套，近年出書量及速度，幾乎平均一日一本，全年高達三百本以上，煞是驚人。而其選書之嚴謹，校對之仔細，書刊之精美，更是博得學界、業界的稱讚，而海峽對岸也稱許他為「出版家」，而不是「出版商」。這一大套叢刊中有一套《臺灣歷史文化叢刊》，是我當初建議提出的構想，不料獲得彼首肯，出版以來，反應不惡。但是出書者均是時下的年輕一輩博、碩士生，而他們的老師，老一輩的名師呢？是否也該蒐集整理編輯出版？

看似偶然的想法，卻也是必然要去做的一件出版大事。臺灣史研究的發展過程，套句許雪姬教授的名言「由鮮學經顯學到險學」，她擔心的理由有三：一、大陸學界有關臺灣史的任務性研究，都有步步進逼本地臺灣史研究的趨勢，加上廈大培養一大批三年即可拿到博士學位的臺灣學生，人數眾多，會導致臺灣本土訓練的學生找工作更加雪上加霜；二、學門上歷史系有被社會科學、文學瓜分，入侵之虞；三、在研究上被跨界研究擠壓下，史家最重要的技藝──史料的考訂，最後受到影響，變成以理代証，被跨學科的專史研究壓迫得難以喘氣。另外，中研院臺史所林玉茹也有同樣憂慮，提出五大問題：一、是臺灣史研究受到統獨思想的影響；二、學術成熟度仍不夠，一批缺乏專業性的人可以跨行教授臺灣史，或是隨時轉戰研究臺灣史；三、是研究人力不足，尤其地方文史工作者，大多學術訓練不足，基礎條件有限，甚至有偽造史料或創

造歷史的情形，他們研究成果未受到學術檢驗，卻廣為流通；四、史料收集整理問題，文獻資料躍居成「市場商品」，竟成天價；五、方法問題，研究者對於田野訪查或口述歷史必須心存警覺和批判性。

　　十數年過去了，這些現象與憂慮仍然存在，臺灣史學界仍然充滿「焦慮與自信」，這些焦慮不是上文引用的表面問題，骨子裡頭真正怕的是生存危機、價值危機、信仰危機，除此外，還有一種「高平庸化」的危機。平心而論，臺灣史的研究，不論就主題、架構、觀點、書寫、理論、方法等等。整體而言，已達國際級高水準，整個研究已是爛熟，不免凝固形成一僵硬範式，很難創新突破而造成「高平庸化」的危機現象。而「高平庸化」的結果又導致格局小、瑣碎化、重複化的現象，君不見近十年博碩士論文題目多半類似，其中固然也有因不同學門有所創見者，也不乏有精闢的論述成果，但遺憾的是多數內容雷同，資料重複，學生作品如此；學者的著述也高明不到哪裡，調研案雖多，題材同，資料同，析論也大同小異。於是乎只有盡量挖掘更多史料，出版更多古文書，做為研究創新之新材料，不過似新實舊，對臺灣史學研究的深入化反而轉成格局小、理論重複、結論重疊，只是堆砌層累的套語陳腔，好友臺師大潘朝陽教授，曾諷喻地說：「早晚會出現一本研究羅斯福路水溝蓋的博士論文」，誠哉斯言，其言雖苛，卻是一句對這現象極佳註腳。至於受統獨意識形態影響下的著作，更不值得一提。這種種現狀，實在令人沮喪、悲觀，此即焦慮之由來。

　　職是之故，面對臺灣史這一「高平庸化」的瓶頸，要如何掙脫困境呢？個人的想法有二：一是嚴守學術規範予以審查評價，不必考慮史學之外的政治立場、意識形態、身分認同等；二是返回原點，重尋典範。於是個人動了念頭，很想將老一輩的著作重新整理，出版成套書，此一構想，獲得潔祥兄的支持，兩人初步商談，訂下幾條原則，一、收入此套叢書者以五十歲（含）以上為主；二、是史家、行家、專家，不必限制為學者，或在大專院校、研究機構者；三、論文集由個人自選代表作，求舊作不排除新作；四、此套書為長期計畫，篩選四、五十位名家代表

作，分成數輯分年出版，每輯以二十位為原則；五、每本書字數以二十萬字為原則，書刊排列起來，也整齊美觀。商談一有結論，我迅即初步擬定名單，一一聯絡邀稿，卻不料潔祥兄卻因某些原因而放棄出版，變成我極尷尬之局面，已向人約稿了，卻不出版了。之後拿著企劃書向兩家出版社商談，均被婉拒，在已絕望之下，幸得蘭臺出版社盧瑞琴女史遞出橄欖枝，願意出版，才解決困局。但又因財力、人力、市場的考慮，只能每輯以十人為主，這下又出現新困擾，已約的二十幾位名家如何交代如何篩選？兩人多次商討之下，盧女史不計盈虧，終於同意擴大為十五位，並不篩選，以來稿先後及編排作業為原則，後來者編入續輯。

　　我個人深信史學畢竟是一門成果和經驗累積的學科，只有不斷累積掌握前賢的著作，溫故知新，才可以引發更新的問題意識，拓展更新的方法、理論，才能使歷史有更寬宏更深入的研究。面對已成書的樣稿，我內心實有感發，充滿欣喜、熟悉、親切、遺憾、失落種種複雜感想。我個人只是斗膽出面邀請同道之師長友朋，共襄盛舉，任憑諸位自行選擇其可傳世、可存者，編輯成書，公諸同好。總之，這套叢書是名家半生著述精華所在，精彩可期，將是臺灣史研究的一座豐功碑及里程碑，可以藏諸名山，垂範後世，開啓門徑，臺灣史的未來新方向即孕育在這套叢書中。展視書稿，披卷流連，略綴數語以說明叢刊的成書經過，及對臺灣史的一些想法、期待與焦慮。

卓克華

2016.2.22 元宵　於三書樓

《臺灣史研究名家論集》——推薦序

　　《臺灣史研究名家論集》這套書本身就是一種臺灣史研究。其性質與意義，可以我擬編的另一套書來做說明。

　　相對於大陸，臺灣學界個性勝於群性，好處是彰顯個人興趣、自由精神；缺點是不夠關注該學科的整體發展，很少人去寫年鑑、綜述、概括、該學科的資料彙編或大型學人論著總集。

　　所以我們很容易掌握大陸各學科的研究發展狀況，對臺灣則不然。比如哲學、文學、社會學、政治學都各有哪些學派、名家、主要著作，研究史又如何等等，個中人也常弄不清楚，僅熟悉自己身邊幾個學校、機構或團體而已。

　　本來名家最該做這種事，但誰也不願意做綜述、概括這等沒甚創見的勞動；編名家論集嘛，既抬舉了別人，又掛一漏萬得罪人，何必呢？

　　我在學生書局時，編過一些學科綜述，頗嘗甘苦。到大陸以後，也曾想在人文與社會學科中，每學科選二十位名家，做成論文集，以整體呈現臺灣二十世紀下半葉的學術成果，遷延至今，終於未成。所以我看卓克華兄編成的這套《臺灣史研究名家論集》特有會心、特深感慨。

　　正如他所說，現在許多學科都面臨大陸同行的參與，事實上也是巨大的壓力。大陸人數眾多，自成脈絡。臺灣如果併入其數量統計中去，當然立刻被淹沒了。他們在許多研究成果綜述中，被視野和資料所限，也常不會特別關注臺灣。因此我們自己的當代學術史梳理就特別重要、格外迫切。

　　《臺灣史研究名家論集》從這個意義上說，本身就是一種臺灣學術史的建構。所選諸名家、各篇代表作，足以呈現臺灣史這個學科的具體內容與發展軌跡。

　　這些名家，與我同時代，其文章寫作之因緣和發表時之情境，讀來歷歷在目，尤深感慨。

　　因為「臺灣史」這個學科在臺灣頗有特殊性。

　　很多人說戒嚴時期如何如何打壓臺灣史研究，故臺灣史尟有人問津；

後來又如何如何以臺灣史、臺灣文學史為突破口，讓臺灣史研究變成了顯學。克華總序中提到有人說臺灣史從「鮮學變成顯學」，然後又受政治影響，成了險學，就是這個意思。

但其實，說早年打壓臺灣史，不是政治觀點影響下的說詞嗎？卷帙浩繁的《臺灣風物月刊》、《臺北文獻季刊》、《臺灣文獻季刊》、臺灣銀行《臺灣文獻叢刊》等等是什麼？《臺灣文獻季刊》底下，十六種縣市文獻，總計就有四億多字，怎麼顯示五十年代到八十年代中期政府打壓了臺灣史的資料與研究？我就讀的淡江大學，就有臺灣史課程，圖書館也有專門臺灣史料室，我們大學生每年參加臺灣史蹟源流會的夏令營，更是十分熱門。我大學以後參與鄉土調查、縣誌編撰、族譜研究，所感受的暖心與熱情，實在不能跟批評戒嚴時期如何如何打壓臺灣史研究的說詞對應起來。

反之，對於高談本土性、愛臺灣、反殖民的朋友所揭櫫的臺灣史研究，我卻常看到壓迫和不寬容。所以，他們談臺灣文學時，我發現他們想建立的只是「我們的文學史」。我辦大學時，要申辦任何一個系所都千難萬難，得提前一兩年準備師資課程資料及方向計畫去送審；可是教育部長卻一紙公文下來，大開後門，讓各校趕快開辦臺灣史系所。我們辦客家研討會，客家委員會甚至會直接告訴我某教授觀點與他們不合，不能讓他上臺。同樣，教師在報端發表了他們不喜歡的言論，各機關也常來文關切……。這時，我才知道有一個幽靈，在監看著臺灣史研究群體。

說這些，是要提醒本叢刊的讀者：無論臺灣史有沒有被政治化，克華所選的這些名家，大抵都表現了政治泥沼中難得的學術品格，勤懇平實地在做研究。論文中七巴不驚，而實際上外邊風雨交加。史學名家之所以是名家，原因正要由此體會。

但也由於如此，故其論文多以資料梳理、史實考證見長。從目前的史學潮流來看，這不免有點「古意盎然」。他們這一輩人，對現時臺灣史研究新風氣的不滿或擔憂，例如跨學科、理論麾指史料、臺灣史不盡

為史學系師生所從事之領域等等，其實就由於他們古意了。

　　古意，當然有過時的含義；但在臺灣，此語與老實、實在同意。用於臺灣史研究，更應做後者理解。實證性史學，在很多地方都顯得老舊，理論根基也已動搖，但在臺灣史這個研究典範還有待建立，假史料、亂解讀，政治干擾又無所不在的地方，卻還是基本功或學術底線。老一輩的名家論述，之所以常讀常新，仍值得後進取法，亦由於此，特予鄭重推薦。

龔鵬程

《臺灣史研究名家論集》——推薦序

　　臺灣，在許多大陸人看來是一個地域相對狹小、自然資源有限、物產不夠豐富、人口不夠眾多且孤懸於海外的一個島嶼之地。對於這座寶島的歷史文化、社會風貌、民間風俗以及人文地貌等方面的情況知之甚少。然而，當你靜下心來耐心地閱讀由臺灣蘭臺出版社出版的《臺灣史研究名家論集》（已出版三編）之後，你一定會改變你對臺灣這個神奇島嶼的認知。

　　《臺灣史研究名家論集》到目前為止，已經輯錄了近五十名研究臺灣史的專家近千萬字的有關臺灣史的研究成果。這些研究成果大都以臺灣這塊獨特的地域空間為載體，以發生在這塊神奇土地上的歷史事件、人物故事、社會變遷、宗教信仰、民間習俗、行政建制、地方史志、家族姓氏、外族入侵、殖民統治、風水習俗以及建築歷史等等為研究內容，幾乎囊括了臺灣的自然與社會生活的方方面面。例如，尹章義的《臺灣移民開發史上與客家人相關的幾個謎題》，林滿紅的《清末臺灣與我國大陸之貿易型態比較（1860-1894）》，林翠鳳教授的《臺灣傳統書院的興衰歷程》，武之璋先生的《從純史學的角度重新檢視二二八》，洪健榮的《明鄭治臺前後風水習俗在臺灣社會的傳佈》，張崑振的《清代臺灣地方誌所載官祀建築之時代意義》，張勝彥的《臺灣古名考》，戚嘉林的《荷人據台殖民真相及其本質之探討》，許世融的《日治時期彰化地區的港口變化與商貿網絡》，連心豪的《日本據臺時期對中國的毒品禍害》，葉乃齊的《臺灣古蹟保存技術發展的一個梗概》，趙佑志的《日治時期臺灣的商工會與商業經營手法的革新（1895—1937）》，賴志彰的《台灣客家研究概論─建築篇》，闞正宗的《清代治臺初期的佛教（1685-1717）——以《蓉洲詩文稿選集》、《東寧政事集》為中心……

　　上述各類具體的臺灣史研究，給讀者全面、深刻、細緻、準確地瞭解臺灣、認知臺灣、理解臺灣、並關注臺灣未來的發展，提供了「法國年鑒學派」所說的「全面的歷史」資料和「完整的歷史」座標。這套叢書給世人描摹出一幅幅臺灣社會、文化、經濟、生態以及島民心態變遷

的風俗畫。它們既是臺灣社會的編年史、也是臺灣的時代變遷史,還是臺灣社會風俗與政治文化的演變史。

《臺灣史研究名家論集》在史學研究方法上借鑒了法國年鑒學派以及其他現代史學流派的諸多新的研究方法,給讀者提供了新的研究視角,使得史學研究能夠從更加廣闊、更加豐富的空間與視角上獲取歷史對人類的啟示。《臺灣史研究名家論集》的許多研究成果,印證了中國大陸著名歷史學家章開沅先生對史學研究價值的一種「詩意化」的論斷,章開沅先生曾經說過,「**從某種意義上說,史學應當是一個沉思著的作者在追撫今夕、感慨人生時的心靈獨白。史學研究的學術的價值不僅在於它能夠舒緩地展示每一個民族精神的文化源流,還在於它達到一定境界時,能夠闡揚人類生存的終極意義,並超越時代、維繫人類精神與不墮⋯⋯**」

閱讀《臺灣史研究名家論集》,能夠讓讀者深切感受到任何一個有限的物理空間都能夠創造出無限的精神世界,只要這塊空間上的主人永遠懷揣著不斷創造的理想與激情。我記得一位名叫唐諾(謝材俊)的臺灣作家曾經說過,由於中國近代歷史的風雲際會,使得臺灣成為一個十分獨特的歷史位置。「**在很長一段時間裡,臺灣是把一個大國的靈魂藏在臺灣這個小小的身體裡面⋯⋯**」,的確,近代以來的臺灣,在某種程度上來講成就驚人。它誕生過許多一流的人文學者、一流的史學家、一流的詩人、一流的電影家、一流的科學家。它曾經是「亞洲四小龍」之一。

臺灣之所以能夠取得如此驚人的文化成就,離不開諸如《臺灣史研究名家論集》裡的這些史學研究名家和**臺灣蘭臺出版社**這樣的文化機構以及**一大批「睜眼看世界」**的仁人志士們持之以恆的辛勤耕耘和不畏艱辛的探索。是這些勇敢的探尋者**在看得見的地域有限物理空間拓展並創造出了豐富多彩的浩瀚精神宇宙。**

為此,我真誠地向廣大讀者推薦《臺灣史研究名家論集》這套叢書。

王國華　2021 年 6 月 7 日於北京

《臺灣史研究名家論集》——編後記

　　我在〈二編後記〉中曾慨嘆道，編此《論集》有三難：邀稿難、交稿難、成書難。在《三編》成書過程中依然如此，甚且更加嚴重，意外狀況頻頻發生，先是新冠肺炎疫情耽誤了近一年，而若干作者交稿、校稿拖拖拉拉，也有作者電腦檔案錯亂的種種問題，也有作者三校不足，而四校，五校，每次校對又增補一些資料，大費周章，一再重新整理，諸如此類狀況，整個編輯作業延誤了近一年，不得已情商《四編》的作者，將其著作提前補入《三編》出版，承蒙這些作者的同意，才解決部分問題。

　　如今面對著《三編》的清樣，心中無限感慨，原計畫在我個人退休前將《臺灣史研究名家論集》四輯編輯出版完成，而我將於今年（2021）七月底退休，才勉強出版了《三編》，看來又要耗費二年歲月才能出版《四編》，前後至少花了十年才能夠完成心願，十年，人生有多少個十年？！也只能自我安慰，至少我為臺灣史學界整理了乙套名家鉅作，留下一套經典。

卓克華　　于三書樓

2021.6.7

張崑振

臺灣史研究名家論集

蘭臺出版社

目　錄

保存論述的形成—建築史家的實務踐行

觸摸老建築，真實感受一種歷經世事的青春痕跡，
面對老建築，是建築史家沉澱歲月的憑藉，
想像老建築，挖掘它深藏不露的歷練與智慧。

自 1994 年於成大建築系第一次擔任專任助理，負責台南市古蹟西華堂、開基天后宮的修復調查研究以來，迄今已二十餘年。學生時期的訓練與養成，算是踏出了文化資產保存實踐的第一步，建築史學方法論的基礎，在實務經驗的移轉下有了新的觸發，建築歷史的調查與研究，其目的不僅只是學院或學術天地的遨遊而已，社會實踐與服務的觸角也因此展開。

接下來幾處古蹟研究的踏查實踐，包括開基武廟、景福祠、擇賢堂、興濟宮與大觀音亭等廟宇的親身經驗，這七間台南古蹟廟宇調查研究的操作，於 1999 年九二一地震前取得博士學位恰為這個經歷的句點，此時台灣文化資產保存環境也同時產生極大了的轉變。

2001 年進入北科大任教，回歸保存研究的第一次經驗為北市大安區、中正區地區（東半部）潛力歷史建築的清查工作。於方法上，不同於單一古蹟或建物的調查，透過地毯式的踏查，一座座房舍的發掘，計完成五百餘棟建物的建議名單，有三合院民宅、閩南寺廟、辦公廳舍，也有為數眾多的日式宿舍，此名單後來亦作為台北市文化局列冊歷史建物的基礎，而普查方法論的操作，則為初次的試驗與收穫。

緊接著，因全台國有眷舍土地拍賣的風潮，日式木造建築進入了台灣保存領域的工作議題，一個新建築類型的保存也隨之在台為人所理解、經驗。日本傳統木造營造技術與知識體系的引進，伴隨著國內日本時代大型建築的修復開展，過去二十年，日式宿舍保存幾乎成了全台日本建築案例的競技場域。

在此風潮下，首先開端的是李國鼎故居 2003 調查研究計畫的主持

工作，其後陸續受託研究梁實秋故居 2004、陽明山眾樂園別館、基隆水產學校官舍 2005、新竹李克承故居 2006、台大戴運軌故居 2011、新竹公園湖畔料亭 2011、新竹刑務所官舍群 2012、台銀淡水分行官舍 2013、桃園茶葉改良場官舍 2015、桃園農工日式宿舍 2018 等都是。

圖　台北李國鼎故居　　圖　台北梁實秋故居　　圖 新竹李克承故居

　　同一時間，由於長期擔任金門縣、基隆市的文化資產審議委員，人親土親，不知不覺地完成了許多的研究計畫作業，一系列軍事建築遺產的研究工作便是由此而來。包括基隆要塞司令部 2004、台北婦聯總會 2008（原陸軍偕行社）、基隆社寮島砲台 2009、二砂灣砲台 2010、木山砲台 2011、白米甕砲台 2010 等，逐漸形成系列的研究工作。前些年，與日本著名明治時期軍事歷史學者－立命館大學文學院唐澤靖彥教授的合作，此後跨國軍事研究計畫（台灣基隆、澎湖島要塞），2016 年日本交流協會補助前往該校的訪問計畫，自是奠基於此。

圖　基隆要塞司令部廳舍　　　圖　基隆社寮砲台　　　圖　基隆木山砲台

　　近年，網路數位資訊的快速流通，世界遺產觀念引進，台灣的文資保存思潮幾乎與世界同步，隨時更新。此時的文資新領域，包括文化景觀、產業遺產，以及無形文化遺產的保護思潮，民眾參與保存論壇等民主發展，幾乎成了全台各地保存過程中不可或缺的一部分。尤其，2010年以後的遺產路徑、現代建築新興保存標的，也逐漸成為當代關注的保存議題。

　　不可免俗的，這些年陸續也參與了這些新類型的調查工作，包括基隆文化景觀普查 2006、基隆市保存者與保存技術普查計畫 2007（與劉秋蘭共同主持）、基隆市社區文化性資產守護網計畫 2009、臺灣產業文化資產價值體系 2012、中央各機關具文化資產潛力建物調查及評鑑計畫 2014-2015、台糖南北平行預備線的調查研究 2017，都是近年保存風潮與爭議議題的延伸研究工作。

  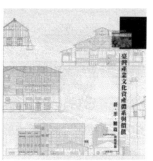

圖　基隆文化景觀普查　　圖　基隆保存技術與保　圖　菸茶糖產業遺產調查
　　　　　　　　　　　　　　　　存者普查

　　另外，2005 年因緣際會參與了國內第一件古蹟搬遷工程，負責擔任古蹟顧問，有因此開展了建築基礎遺構的調查研究工作，臺北工場古蹟挪遷 2006、原鐵道部塗工場暨遷車台基礎遺跡 2008、基隆社寮島清代砲台營兵舍遺構 2009、臺北城北側鐵道橋墩遺構調查計畫 2009。以後多年，地面下的各項建物基礎遺構與文物的探掘，提供過去有關建築史研究理論與實體史料內涵的重新思考。

圖　西班牙賽維亞 India　圖　和平島挖掘計畫圖　圖　與和平島西班牙考
　　中心訪問　　　　　　　　　　　　　　　　　古隊合影

　　2008 年，隨著台西科技研究代表團前往西班牙探查雙方科技人員合作研究會議，回國後與台大鮑曉鷗教授、中研院史語所臧振華教授共同主持三年期的科技部計畫：基隆社寮島聖薩爾瓦多城遺址挖掘計畫 2010-2013。期間除與台籍考古人員密切的學習與經歷外，亦與西班牙

考古團隊有著第一手的溝通與經驗交流，對於考古挖掘有了跨領域的新感受，考古學方法與知識已成為近年思考古蹟保存實踐的重要理論基礎的一環，2014 年淡水清法戰爭滬尾古戰場城岸遺蹟計畫等，都有相關方法的涉略，可為文資調查研究番外篇的學習經驗。

　　而其具體影響，便是近年主持多項古蹟修復工作報告書的工作，希望透過修復現場的遺產實體，回應建築史研究的關鍵課題，諸如台北市大同之家暨自由之家修復工程 2015、原大阪商船株式會社臺北支店 2016、臺灣總督府博物館室內裝飾檢修工程 2016、臺北機廠員工澡堂及總辦公室修復工程 2019、基隆市漁會正濱大樓修復工程 2019、臺北公會堂外牆修復工程 2020 等。

　　本次論文集的十四篇文章，其實便是過去多年有關建築空間文化探究歷程的思路呈現，它們透露了一位建築史家二十多年來學術研究底子的鋪陳與架構，也可看出其面對文化遺產保存實務對話下的多元轉變與思考脈絡。

　　早期的四篇文章：2005 年清代台灣地方志所載官祀建築之時代意義、2005 年清代官祀空間的祭祀關係及台灣附祀空間特徵之探討，2008年由清代官祀天后體系看臺灣官祀天后宮建築的幾點特色，以及 2009年台灣齋堂空間所屬觀音信仰特質的探討等，這些有關官祀建築的研究的主題，都是教書以後科技部多年研究計畫的部分成果。延續博士論文有關「神聖空間」理論的延續性思考，再次檢視神聖空間理論模型結構的完整性，以及儀式空間解析在方法論面向的能力探討，以之作為建築史家沉澱歲月的憑藉。

　　回首過去這些文化資產調查研究計畫的執行，所開展的地方建築史料建立工作，可說是多年大學教學之外的研究重點工作。觸摸老建築，真實感受一種歷經世事的青春痕跡。透過地方建築案例的測繪、調查，除可瞭解身處環境的建築歷史與環境變遷外，也為日漸消失的歷史建築多少留下可資參考的歷史見證。

　　以下這五篇文章，便是這些案例的學術衍論的成果：2011 年客家

嘗會的真實性：由新埔林氏家廟的籌建歷程讀起、2014 年遷徙與定居：論清代新埔潘庶賢家族的空間權力變遷、2014 年建築遺產保存真實性議題的衍伸：臺灣博物館再利用的幾點觀察、2017 年從關渡宮的遷徙看關渡隘口的地景變遷、2018 文化遺產作為城市發展的手段。

最後的五篇文章，2008 年印尼婆羅浮屠石刻中所見原住民建築圖像探討、2011 年找尋金門洋樓的南洋文化基因：以新加坡為例、2011 年基隆月眉山靈泉寺與福建鼓山湧泉寺的建築淵源、2012 年在地的百年建築教育：記工業講習所木工科的成立、2014 年跨世紀的轉變—1990 年以來的台灣建築史研究。這之中有族群文化擴張的建築對話，有移民文化傳承的跨域思考，藉由建築文化形象的比較與重構，重新想像新一頁建築歷史，挖掘它深藏不露的歷練與智慧。

論文彙集的專書出版，自當特別感謝不吝邀稿的卓克華教授及出版過程中所有參與的夥伴。結識近二十年來，卓老師結合臺灣史學及古蹟歷史研究的方法與成果，恰為思考建築史論述的良師及益友。本次挑選的十四篇論文，部分已經刊於學術性期刊或其他專書之內，其他則發表則於各類型研討會學術場合並未正式出版，透過這回的再次整理，重新看待自己過去之餘，也為接下來的作為有所啟發。

清代臺灣地方志所載官祀建築之時代意義

　　清代官方典禮可分為大祀、中祀及群祀三類,各有其祭祀的對象,為國家祭祀的具體表徵。這些典禮通常在固定的時節,依照官方制式的儀節規定舉行,也因為相應的空間需求同時出現,官祀建築也因應而生。

　　儘管如此,官方「典禮」一詞在臺灣地方志的記載中,曾出現許多不同的稱呼,如「典秩」、「禮儀」、「禮制」、「公式」、「祀典」、「壇廟」、「祠廟」、「祠祀」等,其下屬官祀建築的類型,因各方志版本的不同而有所差異,也因此引出了許多的誤解與詮釋。其中,祀典、壇廟二詞較無爭議,一般都用於官方的祭典上,壇廟是其建築形式的通稱,也容易為人所理解。然而祠祀、祠廟二詞,卻因其詞義差異而指向「寺廟」、「民間祠廟」一類的「叢祠」、「淫祠」,如果將其一同納入官祀體系,那麼代表官祀典禮的壇、廟、祠等建築,便容易出現彼此混雜的情形[1]。尤其是在一些「偏遠」或「位階低下」的行政層級單位(如州、縣、廳),合併統稱的情形特別容易出現[2]。

　　此一混亂的現象,鷺江林豪在訂定《淡水廳志》時,即明確指陳了陳培桂原稿的問題所在:「拙稿典禮一門,凡祀典所不載者併入叢祠,附於祠祀之後,所以示區別也。培桂則分為祠祀、祠廟,名目既不甚懸;而屬壇既入祠祀,何以東壇等處別入祠廟?火神廟、龍王祠既入祠祀,何以水神廟、水仙宮別入祠廟?他如德政祠、義民亭、壽公祠,或稱循史、或為忠臣,何至混列元帥廟、國王廟之間而漫無區別耶?寺觀亦在祠祀、叢祠之間,正不妨一例附入,以省門目;……」。[3]

　　表1為清代三個時期對「臺灣縣」地方之官祀建築的記載。比較起來,陳文達所著的《臺灣縣志》,將官祀典禮的祭祀納入「典禮志」一

---

[1] 依據《淡水廳志》「訂謬」一節,「典禮」一門,凡「祀典」所不載者併入「叢祠」,附於「祠祀」之後。頁467。另外,《臺灣縣志》內亦有「非有司致祭者,概列之寺廟中」之述,顯見其差異;引自序、凡例、修志姓氏/凡例,頁10。

[2] 如淡水廳為「祠祀」、澎湖廳為「祠廟(叢祠附)」、雲林縣為「祠廟寺觀」、臺東州為「祠廟(附寺觀)」、苑裡為「祠祀」、金門為「祠祀」、廈門為「祠廟」。

[3] 《淡水廳志》淡水廳志訂謬,頁467-468。

節，而將寺廟納入「雜記志」，應該算是符合官方對於官祀與淫祠的定義[4]。其羅列內容雖然將朱文公祠、土地祠納入，主要是因為二祠皆附祀於文廟之中所致，因此仍舊併入官方之祭祀範疇。而後二者，則是將所有的壇廟祠合併起來，不論原來是官祀或淫祠，一併編入「祠宇志」、「政志」之內，因此也出現了各類官、民祠廟混列的情形。

　　分析其原因，二位方志撰者在其書中序言中皆曾提到其作志的想法與原則。例如王必昌在其《重修臺灣縣志》一書祠宇志序言曾及：「秩祀有典，以報功也。…夫通祀既行，義祀爰舉。禦災捍患，固民命之攸依；樽俎荔蕉，亦人間之美報。第無文咸秩元祀，宗功不揭其旨，則馨香之奉，豈必夫婦與知耶？謹臚郡邑祀族，詳考所由，擇其言之雅馴者，繫於編中；若梵宮禪剎，亦附見焉。……志祠宇。」[5]對王必昌而言，因有「通祀既行，義祀爰舉」之意，而產生臚列「郡邑祀族」之舉，代表了方志撰者的個人觀點。

　　而謝金鑾在其《續修臺灣縣志》序言中也提到「志、史」的不同：「作志與作史相傲，而實有不同。史之所重者在時事，志之所重者在地產（山川、疆域為地，人與物皆為產）；史以時事別異同於古今，志以地產別異同於方偶也。……苟能詳而不略、變而不失其正，則庶幾矣。是編於二者之間，私折衷焉。」[6]由於他認為作志主要在「以地產別異同於方偶也」，因此詳實的陳述臺灣縣地方的各個祠廟，以作為臺灣縣有別於其他地方方志的特徵所在。

表 1　不同時期臺灣縣志的差異

方志	臺灣縣志		重修臺灣縣志	續修臺灣縣志
時間	陳文達 1720		王必昌 1752	謝金鑾 1807
卷名	典禮志	雜記志	祠宇志	政志

---

[4] 陳文達另撰有《鳳山縣志》一書，其官祀建築列於卷三「祀典制」下，分成文廟、壇（社稷壇、山川壇、邑厲壇）、廟（城隍廟、旗纛）、祠（八蜡祠）；而其他廟宇，則列於卷十「外志」之寺廟一節。

[5] 引自《重修臺灣縣志》卷六 祠宇志，頁 163。

[6]《續修臺灣縣志》弁言、序、續修職銜、凡例，頁 12。

篇名	祭祀	寺廟	壇、廟、祠（附寺宇）		壇、廟	
明代官祀 類型 京畿 屬性演伸 其他 叢祠 類型	文廟 城隍 社稷壇 厲壇 名宦祠 鄉賢祠 旗纛 朱文公祠 土地祠	馬王廟 東嶽廟 大媽祖廟 大關帝廟 大上帝廟 龍王廟 開山王廟 開山宮 小媽祖廟 小太子宮 聖公宮 王宮 大眾壇 觀音亭 大道公宮 玉皇太子廟	文廟（附學校） 壇 社稷壇 風、雲、雷、 雨、山川、城 隍同壇 先農壇 厲壇 廟 府城隍廟 縣城隍廟 關帝廟 天后廟 澎湖天后廟 火神廟 馬王廟 嶽帝廟 真武廟 藥王廟 倉神廟 田祖廟 龍神廟 風神廟 水仙廟	五帝廟 吳真人廟 奎光閣 魁星堂 臨水廟 三山國王廟 精忠廟 聖公廟 祠 朱文公祠 文廟土地祠 將軍廟 名宦祠 鄉賢祠 忠義祠 忠義孝悌祠 節孝祠 施侯祠 吳將軍祠 蔣公祠 高公祠 靳公祠 衛公祠 吳公祠 五忠祠 游將軍祠	社稷壇 風雲雷雨山 川城隍同壇 先農壇 厲壇 府城隍廟 縣城隍廟 關帝廟 天后廟 澎湖天后廟 施公祠 吳將軍祠 安平城隍廟 （附 馬王廟 火神廟 田祖廟 倉神廟 藥王廟 風神廟 龍神廟 精忠廟 韓文公祠 張睢陽廟 謝東山廟	蔣公祠 高公祠 靳公祠 衛公祠 吳公祠 五忠祠 游將軍祠 功臣祠 昭忠祠 旌義祠

　　儘管如此，清代的官祀建築依據官方《大清通禮》、《欽定禮部則例》的規範，有其一定且不變的通行定制。地方志所謂的「典禮」一詞，可依據其屬性區分成「祀典」、「禮制」二種，其差異則表現在「以別神、人」之上[7]。其中，祀典專注於酬神的儀式，也就是官方所舉行的祭祀儀典；而禮制則為處理官、民間的禮儀。因此，官方舉行的典禮依其行事類型的差異與特性，可進一步細分為「官祀」及「官禮」二類。

　　其中，「官禮」處理有關「人」事，經常以「公式」一詞為其名目，其內容包括了慶賀（或朝賀）、接詔（或詔令）、鄉飲酒、鄉約（或講約）、救護（日月）等禮儀。儘管有時慶賀、接詔會單獨照列[8]，不過由於性

---

[7] 依據《噶瑪蘭廳志》自序（二），頁10。

[8] 如《臺灣縣志》「典禮志」就分為朝賀、祭祀、公式、鄉飲酒禮、講約（附養老）幾類，頁

質相近，因此常列於「公式」目下，為「各縣通行儀節」之禮[9]。這些禮儀，除了救護（日月）屬五禮中的「軍禮」外，都歸屬於「嘉禮」。相較之下，「官祀」一類就單純許多，包括「祀典」、「壇廟」、「祠祀」、「祠廟」等詞，都為「祭祀」典禮之統稱，屬於五禮中的「吉禮」。其祭祀對象大致包括了社稷、風雲雷雨、先農、耕耤、城隍、邑厲、⋯等。不過，像是迎春（土牛、芒神）等禮儀，因其祭祀屬性不若其他祭典明確，因此經常被劃分到「公式」類下。

　　據此，臺灣地區各地方志所載的祠祀建築內容，顯然已經超過制式的規制。面對這樣的情形，連橫《臺灣通史》於「典禮志祀典」一節中，有一「各府廳縣壇廟表」，大致完整地整理了臺灣地區清代地方志所載的祀典建築類型（如表 2 所示）。在各類官祀類型中，儘管連氏已經較為清楚地將規範所屬「祀典」之官祀建築整理出來，然而其內容其實還是存在著許多原來應該不是清代臺灣「府（州）縣」層級之基本建築類型稱呼，例如龍神廟、田祖廟、倉神廟、風神廟、火神廟、海神廟、五子祠、朱子祠、八蜡祠等（即表中畫有底線者），這些泛官祀建築的出現，究竟是什麼原因，以及代表何種特殊的意義？

表 2　連橫《臺灣通史》一書所記載的清代臺灣各府（州）縣官祀建築一覽表

臺南府	嘉義縣	鳳山縣	恆春縣	澎湖廳	臺北府	新竹縣
社稷壇	社稷壇	社稷壇	文廟	文廟	社稷壇	社稷壇
風雲雷雨山川壇	風雲雷雨山川壇	風雲雷雨山川壇	武廟	武廟	風雲雷雨山川壇	山川壇
先農壇	先農壇	先農壇	天后宮	城隍廟	先農壇	先農壇
文廟	文廟	文廟	城隍廟	程朱祠	文廟	田祖祠
武廟	武廟	武廟	邑厲壇	文昌祠	武廟	龍神祠
天后宮	天后宮	天后宮		天后宮	天后宮	風雲雷雨壇
府城隍廟	城隍廟	八蜡祠		風神廟	府城隍廟	文廟
龍神廟	邑厲壇	城隍廟		龍王廟	縣城隍廟	武廟
田祖廟	名宦祠	邑厲壇		施將軍祠	厲壇	文昌祠
				昭忠祠		天后宮

151。

9　以《臺灣縣志》「典禮志六」為例，除了「祭祀（文廟、先師廟、啟聖祠、朱文公祠、城隍、社稷壇、山川壇、厲壇、土地祠、旗纛、名宦祠、鄉賢祠）」外，還有朝賀（萬壽節、元旦、冬至）、公式（立春、新官上任）、鄉飲酒禮、講約等。

倉神廟 風神廟 火神廟 海神廟 五子祠 朱子祠 文昌祠 名宦祠 鄉賢祠 孝悌祠 節孝祠 旌義祠 府厲壇 延平郡王祠 施將軍祠 吳將軍祠 衛公祠 吳公祠 蔣公祠 高公祠 靳公祠 洪公祠 游將軍祠 王公祠 五忠祠 功臣祠 昭忠祠 縣文廟 縣城隍廟	鄉賢祠 忠義孝悌祠 烈女節婦祠 羅將軍祠	名宦祠 鄉賢祠 忠義孝悌祠 烈女節婦祠 曹公祠 昭忠祠		武忠祠 胡公祠 節孝祠	名宦祠 鄉賢祠 忠義孝悌祠 烈女節婦祠	城隍廟 邑厲壇 火神廟 名宦祠 鄉賢祠 昭忠祠 節孝祠 孝友祠 德政祠
	宜蘭縣	臺灣府	彰化縣	雲林縣	苗栗縣	臺東直隸州
	社稷壇 風雲雷雨山川壇 先農壇 文廟 武廟 文昌宮 天后宮 城隍廟 火神廟 神祇壇 名宦祠 鄉賢祠 忠義孝悌祠 烈女節婦祠 楊公祠	社壇 風雲雷雨山川壇 先農壇 文廟 天后宮 府城隍廟 厲壇 名宦祠 鄉賢祠 林剛愍公祠	社稷壇 風雲雷雨山川壇 先農壇 文廟 武廟 文昌祠 天后宮 城隍廟 龍神廟 邑厲壇 名宦祠 鄉賢祠 忠烈祠 節孝祠 朱公祠 義民祠 十八義民祠	武廟 城隍廟 厲壇 朝天宮 義民祠 昭忠祠 將軍廟 文昌祠	武廟 城隍廟	天后宮 昭忠祠

出處：《臺灣通史》卷十典禮志/祀典，頁 247-265。

　　本文一方面試圖由基本官祀建築類型的對照，藉以釐清地方志中混記的現象；另一方面，則就這些泛稱的官祀建築類型，進行其內在歷史源流的討論，以瞭解其「為何」會被納入清代地方志官祀建築的源由與背景。以下即就臺灣地方志所出現過的「泛祀典」建築，先行論述官方規範的官祀建築標準類型，其後再就其餘的泛官祀建築類型依其屬性分別討論。

一、清代府（州）縣層級的標準官祀建築類型

清代的規制，直省地方的官祀建築類型可區分成四類[10]，第一，基本型：包括社稷、先農、風雲雷雨、境內山川、城隍、厲壇、先師、關帝、文昌等。第二，禦災捍患諸神祠：其類型以「為民御災捍患者，悉頒於有司，春秋歲薦」，如沿海省分的天后宮。第三，名臣忠節專祠：凡名臣忠節諸臣，於直省建立專祠者，歲以春秋擇吉致祭。第四，賢良祠、昭忠祠。根據這些分類，清代地方府（州）縣官祀建築的標準類型即可清楚地界定出來。以下即就臺灣地方志所述官祀建築類型的沿革分別概述，以瞭解其源由梗概。

（1）社稷壇

社稷壇主祀社稷之神，「社」為土神，「稷」為穀神，祭之以祈福報功、五穀豐登之意。自古以來，自京師以至府（州）縣皆有社稷祀典，《考工記》中「左祖右社」的舊制便是其代表。按《左傳》「昭公」篇的記載：「祀為貴神，社稷五祀，是尊是奉」，其中「土正曰后土。……共工氏有子曰句龍，為后土，……后土為社」；至於稷，「田正也。有烈山氏之子曰柱，為稷，自夏以上祀之；周亦為稷，自商以來祀之」。漢儒鄭玄曾謂：「社為五土總神，稷為原隰之神。句龍有平水土功是故屬山氏之有天下也。其子曰農。能殖百穀。……故祀以為稷。共工氏之霸九州也。其子曰后土。能平九州。故祀以為社」。由於句龍有平水土功，因此配社；而后稷有插種功，故配於稷，社稷典制也因此而來。漢代以後，曾以夏禹配官社，后稷配官稷；到了唐、宋及元代時，又以句龍配社；歷朝制度更易，完全因時而論。明洪武初年（1368），頒定社稷壇制行於天下，規定各郡邑建社稷壇於本城西北，右社左稷；其後再定社稷同壇合祭。清順治初年，定每年春秋仲月上戊日舉行祭典，祭大社、

---

[10] 有關清代官祀建築類型的說明，可參考張崑振（2003）〈清代閩南地區官祀建築的類型與構成〉一文。

大稷，並奉后土句龍氏、后稷氏配祀之。雍正 2 年（1724）奏准，自京師以至直省府（州）縣皆需設壇祭祀，府稱「府社之神，府稷之神」；縣稱「縣社之神，縣稷之神」，祭典結束後則奉神位藏於城隍廟中。

（2）山川壇

山川壇所屬的「嶽鎮海瀆」祀典由來已久，虞舜時曾以四仲月巡狩而祭四嶽。《周官》有「四郊四望」之記，鄭玄注解四望即是「五嶽、四鎮、四瀆」之意。《毛詩》中有：「巡狩而禮四嶽河海」。自此以後，嶽鎮海瀆及山川祭禮，便成為歷朝的重要大典。唐代合祀山川、雨師、雷師；宋代合山川、社稷以祀，到了元代則合祀風雲雷雨、社稷，而別祀山川。明洪武初年，曾建山川壇於正陽門外天地壇西，後並合祀太歲、四季月將、風雲雷雨、嶽鎮海瀆，以及各地、諸國山川大神等各類「天神、地祇」諸神；洪武 9 年（1376），再定山川壇制共十三壇，包括正殿祭祀太歲、風雲雷雨、五嶽、五鎮、四海、四瀆、鍾山等七壇；東廡京畿山川、夏冬二季月將；西廡為春秋二季月將、京都城隍等，僅於每歲八月中旬擇日祭之而已；至嘉靖 10 年（1531）時，改山川壇為天神、地祇壇，分列左右；天神、地祇也從此分屬二個祀典，天神包括雲、雨、風、雷，而地祇則有五嶽、五鎮、基運翊聖神烈天壽純德五陵山、四海、四瀆、京畿山川、天下山川等，此制也直接影響了清代的祀典規制。清順治初年，詔令各府（州）縣建山川壇致祭；乾隆 22 年（1757），再定各府（州）縣祭祀境內山川，以春秋仲月戊日致祭。由於特殊的歷史淵源，雲雨風雷、山川、城隍等神經常同壇合祀，或彼此依附。

（3）先農壇

主祀先農之神，其祭典始於周代的「田祖」祈年典禮，以祈求未來一年五穀豐收之意。中國以農立國，漢代以後以耤田之日祀先農儀式，或建立先農壇舉行祭禮以興農事，幾乎都是歷朝各代相當重要的祀典。漢鄭玄曾謂：「王社在耤田之中」；《後漢書》記載：「先農即神農炎帝也」，

先農為王社或神農等說法不一，先農壇因而又有籍田壇、帝社壇稱呼。明洪武以後，「耕籍田、饗先農，以勸天下」，於是每年以仲春擇日行先農祭禮；到了清代，再令各省府（州）縣擇地設立先農壇，每歲仲春亥日祭典當日，由地方主官率領屬員、耆老、農夫恭行祭禮，並行九推籍田之禮。

（4）風雲雷雨壇

風雲雷雨為官方祭祀天然神祇之一，按風師、雨師之祭起源於《周禮》「春官，大宗伯」的天神祭祀：「以禋祀祀昊天上帝，以實柴祀日月星辰，以槱燎祀司中、司命、風師、雨師」。東漢鄭玄注謂：「風師、雨師乃箕、畢二星」。至唐天寶時，始增「雷師」於雨師之次。隋、唐二代以後，將風師、雨師祭祀納入「小祀」祀典，以少牢祀之，並於都城東北通化門外建風師壇，祀以立春後丑日；西南金光門外則建雨師壇，祀以立夏後申日；各郡設風伯壇於社壇之東、雨師壇於西，各稍北數十步左右，略卑下於社壇。宋代以後，增「雷師」祀典，並從祀雨師之位，同入「中祀」。明洪武初年，再增「雲師」於風師之次，並合祭於太歲月將壇；到了嘉靖11年（1532），正式將山川壇名改為天神地祇壇，確立了雲師、雨師、風伯、雷師合祀的序列。清代延續明制，順治初年，以天神壇祀之，而省府（州）縣則是以風雲雷雨、山川、城隍共壇，於每年春秋仲月致祭。

（5）城隍廟

城隍的信仰，最初是源於《周禮》八蜡之祭的水庸祭祀而來。其中，庸為城，水為隍，因此城隍與其它天地神祇一樣，都具有自然神格的特質。有關官方祭祀城隍的記載，早在明代洪武初年就已出現，洪武2年（1387）敕封城隍官爵位階，京都為「承天鑒國司民昇福明靈王」，府為「鑒察司民城隍威靈公（公爵）」，州為「靈佑侯（侯爵，或稱綏靖侯）」，縣為「顯佑伯（伯爵）」，俱稱作「鑒察司民城隍」。儘管此項規定在次

年隨即詔令去除封號，止稱「某府（州）縣城隍之神」而已，然而其說卻已深刻影響民間祀奉的城隍稱號。清雍正 2 年（1724），詔令每歲春秋仲月，由府（州）縣主官親就壇位祭祀；從此以後，凡守土官入境，必告城隍廟而後履任，朔望日則行香致意。此外，基於所蘊含的城、水意涵，城隍爺除了與風雲雷雨、山川神祇同壇祭祀外，自古以來還擔負了「祈禱水旱」的職責：「凡祈禱水旱，必先牒告於廟而後禱於壇」，也就是城隍廟與祈雨壇之意。另外，「城隍以治幽也，福善禍淫、順其四時、阜其百物、驅其魑魅蠱毒，使邑無災眚夭枉而不即於淫者，城隍之責也」。因此，每當府（州）縣厲壇舉行厲祭時，必當迎請所屬城隍奉為主祀。

（6）厲壇

祭厲又稱無祀壇，上自京師下迄府（州）縣、鄉邑，依制都設有厲壇，以致祭無祀孤魂。《春秋》「左傳正義」曰：「鬼有所歸，乃不為厲」。《禮記》「祭法」，王祭泰厲，為七祀之一；諸侯祭公厲，大夫祭族厲。至明洪武年間，制定京都祭泰厲，設厲壇於元武湖中，「王國祭國厲，府州祭郡厲，縣祭邑厲，皆設壇城北。里社則祭鄉厲。後定郡邑鄉厲祭，皆以清明日、七月十五日、十月朔日」。清初延續明制，先於盛京地載門外建厲壇；順治初年，再定直省府（州）縣設壇於城北郊，致祭境內無祀鬼神；祭厲當日奉請城隍神位安壇正中，以主持祭厲大典。

（7）文廟（孔子廟）

孔子廟為祭祀「先師孔子」的廟，或稱文廟以對應武廟。所謂先聖、先師，或指周公，或指孔子，或弟子顏回，歷朝稱呼不一，因此孔廟又有先聖廟、宣尼廟、宣聖廟、文宣王廟之稱，至民國 3 年（1915）才稱孔子廟。溯其源流，孔子死於魯哀公 16 年（前 479 年），翌年，哀公於孔子舊宅立廟守塋，是為孔子立廟之始（即今山東曲阜孔廟的由來）。《禮記》〈文王世子〉記載：「凡學，春官釋奠於其先師，秋冬亦然；凡始立

學者，必釋奠於先聖先師」。到了唐代，除了確立孔子的先聖地位，於官學（州學、縣學）中普設孔廟，進而促成孔廟、學校併置的「廟學合一」制度外，並建立從祀制，奠定了明清時期，從祀四配、哲位、先賢、先儒的「學宮」制度基礎。

（8）關帝廟（武廟）

關帝廟也有「武廟」稱呼，追溯關羽入祀官方祀典的過程，元代稱關羽為「義勇武安王」，明嘉靖年間改稱「漢前將軍漢壽亭侯」，明萬曆年間，敕封關羽為帝，天啟年間則有「三界伏魔大帝神威遠鎮天尊關聖帝君」出現。順治元年（1644），訂定每年 5 月 13 日致祭，其後加封「忠義神武」。雍正 3 年（1725），敕封關羽三代公爵：曾祖光昭公、祖裕昌公、父成忠公。二年後關帝正式晉升「群祀」，成為官方固定祀典，每歲春、秋祀以太牢。咸豐 4 年（1854），關羽晉升「中祀」。

（9）文昌廟

文昌廟主祀文昌帝君（即梓潼星君）或五文昌帝君（包括文昌帝君、孚佑帝君、文衡帝君、朱衣、魁星）。文昌信仰最早源自戰國時期對星辰的崇拜，文昌既是星名，亦為神明，民間一般稱文昌星、文昌神或文昌公。由於文昌帝君主持文運、崇聖辟邪，歷來皆為士子、文人虔誠祭祀的對象，也多次受到敕封。《明史》「禮志」記載梓潼帝君：「姓張，名亞子，居蜀七曲山，仕晉戰歿，文為立廟，唐宋屢封至英顯王，道家謂梓潼掌文昌府，事及人間祿籍，元加號為帝君，而天下學校亦有祠祀者」。清嘉慶 5 年（1800），敕封文昌帝君入「群祀」祀典，每年「春祭以二月初三誕日，秋祭，仲秋諏吉將事，遣大臣往。前殿供正神，後殿則祀其先世」；咸豐 6 年（1856），文昌祀典進一步晉升「中祀」。

（10）天后宮（媽祖廟）

天后宮主祀神媽祖又稱作天妃、天妃娘娘、天后、天上聖母等，自宋代以後歷代皆奉為護航之神，所賜封號由「夫人」進爵為「妃」、「天妃」，清康熙時再進爵為「天后」；至清嘉慶年間，媽祖的封號已經累積到二十八字。媽祖祭祀在明代永樂年間編入祀典，以正月 15 日及 3 月 23 日遣官致祭。康熙 59 年（1720），天后納入官方「群祀」，成為「禦災捍患諸神祠」祀典類型之一。雍正 11 年（1733）進一步詔令「江海各省一體葺祠致祭」，天后廟也因此成為沿海各直省府（州）縣的官祀建築。

（11）節孝祠

依《欽定禮部則例》規定，各省府（州）縣應建節孝祠一座，並於祠外建大坊，將應旌表者題名其上；身故以後則設位祠中，春秋享祀，作為改善風俗人心的象徵。節孝祠為儒學四祠之一（其它為鄉賢、名宦、忠義孝悌），「節孝」一詞，其實包含有孝子、貞女、節婦、烈婦等項。旌表的條件有好幾種，例如守節之婦（即節婦）自三十歲以前守節至五十歲，或年未五十身故，其守節時間超過十五年者，給與「清標彤管」四字匾額。另外，夫婦未成婚流離失散，仍守志至老合巹者，賜用「貞義之門」建坊。只要符合官方的規定，皆可一體旌表；或鑴刻姓氏於節孝祠前碑記、或給銀建節孝坊、或設位節孝祠中，各依例而定。

（12）賢良祠

賢良祠主要祭祀「守土大吏有功德於民者」，凡「外任文武大臣，忠勇威愛，公論允翕者，俾膺祀典，用勸在官」。雍正 8 年（1730）詔曰：「古者大烝之祭，凡法施於民，以勞定國者，皆列祀典，受明禋。我朝開國以後，名臣碩輔，先後相望。或勳垂節鉞，或節凜冰霜，既樹羽儀，宜隆俎豆。俾世世為臣者，觀感奮發，知所慕效。庶明良喜起，

副予厚期。京師宜擇地建祠，命曰『賢良』，春、秋展祀，永光盛典。」於是興建京師賢良祠於地安門外西偏，由正殿、後室、東、西二廡組成，每年春、秋仲月，擇吉遣官致祭。雍正 10 年（1732），再定各地省會設立賢良祠；春、秋祭日如同京師賢良祠，並以知府承祭。

（13）忠義孝悌祠

府（州）縣儒學內設有忠義孝悌祠的制度，係雍正元年（1723）諭定而來：「禮部致治之要，首在風化。移風易俗，莫先於鼓勵良善。使人人知彝倫天則之為重，忠孝廉節之宜敦，古帝王勞來匡直，所以納民於軌物者，舍是無由也。」忠義孝悌祠與昭忠祠的意義相近，早期稱作「忠義祠」，原係雍正 2 年（1724）詔定於京師建立忠義祠而來，乾隆年間，更訂凡明代殉國諸臣，或諸生、韋布、山樵、市隱者流等「遂志成仁」者，皆准入祀祠內。

（14）昭忠祠

昭忠祠有京師昭忠祠、直省府（州）縣昭忠祠、或陣亡地方、任所建立專祠奉祀等類型。《周禮》「夏官」有司勳之官，「凡有功者，銘書於王之大常，祭於大烝，司勳詔之」。《禮記》「祭法」有云：「以死勤事則祀之」。昭忠祠的興建，即是有死勤事的表現，以期能夠「獎忠烈而昭激勸」之意。雍正初年，先建昭忠祠於崇文門內，正殿祀王公大臣位，兩配樓暨後方正室祀諸臣位，並附祀兵士神位，每年春、秋仲月，分別擇吉遣官致祭，其後再令各省設立「忠義祠」。嘉慶 7 年（1802），進一步詔定於各直省府城建立昭忠祠，凡陣亡文武官員暨兵士、鄉勇，按籍入祀。

（15）旗纛廟

「纛」謂旗頭，原意為飾以犛牛尾或雉尾的大旗，祭旗纛即是祭軍

牙六纛之意，相傳為祭蚩尤氏而來。唐、宋及元歷朝皆有旗纛祭禮，明洪武元年（1368），詔訂親征遣將祭旗纛，因而立廟，並定霜降日祭旗纛於教場，仲秋祭旗纛廟。洪武 9 年（1376）獨立建廟，供奉旗頭大將、六纛大將、五方旗神、主宰戰船正神、金鼓角銃砲之神、弓弩飛鎗飛石之神、陣前陣後神祇等神位。洪武 26 年（1393），詔訂各省納入旗纛祀典（中祀）。據《大明會典》規定，凡各處守禦官具於公廨後築臺立旗纛廟，設軍牙六旗纛神位，春祭用驚蟄日，秋祭用霜降日；後來停止春祭，僅於霜降日於教場祭祀而已。清代延續明代禮儀，雍正初年曾訂定三年一祭，不過都僅止於軍隊內部祭祀而已。

　　這些構成府（州）縣官方祀典的建築基本類型，具體表現出幾個明顯的特徵，例如創建的時間與縣治設置的時間約略同時；由地方主官發起設立，而興建費用多由官府獨自出資或倡捐興建而來，至於日常的維修費用也是由官府公帑支應；其次，所屬祭祀之維持費用，按例皆皆由官府出資舉行，主祭者亦由地方主官擔任；而祭典日期除了關帝廟與文昌廟多了祀神屬性的節日外，皆為春、秋二祭；最後，官祀建築的建築格局除了壇制外，多仿官府衙門建築格局。可以說，清代官祀建築表現出與民間祠廟建築完全不同的差異與特色。

二、明代官祀建築類型的遺續

　　明代官方的祀事與清代一樣，同屬五禮中之「吉禮」，其祭祀內容如「圜丘、方澤、宗廟、社稷、朝日、夕月、先農」之祭祀為大祀，而「太歲、星辰、風雲雷雨、嶽鎮、海瀆、山川、歷代帝王、先師、旗纛、司中、司命、司民、司祿、壽星」為中祀，「諸神」為小祀[11]。其中，所謂的「諸神祠」，依據《新校本明史》的記載：「洪武元年命中書省下郡縣，訪求應祀神祇。名山大川、聖帝明王、忠臣烈士，凡有功於國家及惠愛在民者，著於祀典，令有司歲時致祭」[12]，其後，由於歷代對於諸

---

11 引自《新校本明史》卷四十七，頁 1225。
12 引自《新校本明史》卷五十，頁 1306-1310。

神祭祀有許多陳議，最終納入諸神祠祭祀的有「東嶽、真武、城隍廟、靈濟宮」等，仍舊維持祭祀，其餘則屬淫祠，一律廢除[13]。

明代祀典的類型，同樣也有王國京畿、府（州）縣地方的分別，例如京師有郊祀、祈穀、大雩、令節拜天、社稷、朝日夕月、先農、先蠶、高禖、祭告、祈報、神祇、星辰靈星壽星（司中、司命、司民、司祿）、太歲月將、風雲雷雨、嶽鎮海瀆山川、城隍、歷代帝王陵廟、三皇、聖師、先師孔子、旗纛、五祀[14]、馬神、南京神廟（十五廟）[15]、功臣廟、京師九廟[16]、諸神祠、厲壇等[17]。而在府（州）縣地方，則有社稷、風雲雷雨、山川、厲壇、先師廟及所在帝王陵廟等。與清代官祀建築類型比較起來，京師中的三皇、旗纛、五祀、馬神及諸神祠中的東嶽、真武、靈濟宮等，都有其獨特的象徵，當中雖然有幾個祀典類型到了清代以後，轉化或衍生成其他祠廟出現，如「三皇」與「先醫」的關連，不過根本上仍具有明代官祀建築的歷史意義。以下即就這幾個官祀建築之源由略述一二：

（1）三皇廟

三皇的崇拜，起於元代各府（州）縣設立「三皇廟」的規定開始，三皇廟中主祀太昊伏羲氏、炎帝神農氏及黃帝軒轅氏。明洪武初年，先訂定每年 3 月 3 日及 9 月 9 日舉行祭祀三皇之禮，爾後幾年陸續詔定配祀勾芒、祝融、風后、力牧等，並以歷代十大名醫從祀，不過洪武 4 年

---

13 此外，另有各郡縣山川龍神、忠烈之士，及祈禱有應而祀者，都於《會典》有所記載。

14 五祀為戶、中霤、門、井五類。清代初期仍舊延續明制，不過到康熙年間罷除。引自《新校本明史》卷五十，頁 1032-1033；《新校本清史稿》卷八十四，頁 2550。

15 南京神廟包括北極真武，道林真覺普濟禪師實誌、都城隍、祠山廣惠張王渤、五顯靈順、漢秣陵尉蔣忠烈公子文、晉成陽卞忠貞公壼、宋濟陽曹武惠王彬、南唐劉忠肅王仁贍、元國忠肅公福壽、功臣廟、關公廟、天妃、太倉神廟、司馬、馬祖、先牧神廟。引自《新校本明史》，卷五十，頁 1303-1304。

16 京師九廟包括真武廟、東嶽泰山廟、都城隍廟、漢壽亭侯關公廟、京都太倉神廟、司馬、馬祖、先牧神廟、宋文丞相祠、洪恩靈濟宮、榮國公姚廣孝祀等。引自《新校本明史》，卷五十，頁 1303-1304。

17 引自《新校本明史》卷四十七，頁 1225。

（1371）便即改制，僅祀藥王韋慈藏而已。清順治年間，仿照明代制度，定每年春、冬仲月上甲日，舉行「先醫」祀典，除主祀三皇、四配外，再於東、西二廡從祀醫神華陀、藥王韋慈藏、孫思邈、名醫扁鵲、醫聖張仲景等二十八位古代神醫。藥王並非專指一人，有炎帝神農氏、東漢邳彤、唐代韋慈藏、宋代吳本（即保生大帝）等人各說出現，而最著名的當是唐代的孫思邈；由於清代官方以「藥王韋慈藏」稱之，唐代御醫韋慈藏因此成為藥王廟的主祀神祇。清代的藥王廟顯然已非官定的先醫大典，然而供奉藥王在民間卻是十分普遍的風俗。

（2）司馬之神

馬神崇拜起源甚早，據《周禮》「夏官」記載，有「校人」一職，「掌王馬之政。……春祭馬祖，執駒；夏祭先牧，頒馬攻特；秋祭馬社，臧僕；冬祭馬步，獻馬，講馭夫」。春季為萬物始生之時故祭「馬祖」天駟星；而夏季時，由於夏草方茂，馬出就牧，因此祭祀始養馬者「先牧」；至秋季時，馬入廄中，因此祭祀馬廄中的土神「馬社」；到了冬季，為了避免馬廄中的馬受到病害，於是祭祀災害神靈「馬步」，這些都是與馬相關的神祇。隋唐以後，沿用周制，將馬祖、先牧、馬社、馬步等神祇列於「小祀」祀典，都以四季仲月剛日（即甲、丙、戊、庚、壬五日）祭祀馬神。明洪武年間，先改定春秋二仲月甲戊庚日致祭，後來再合諸神為一壇，僅於春季致祭而已。清代官方的馬神祀典，僅見於滿人特有的「堂子祭天」禮儀中的「馬祭」，而未將馬神祭祀納入直省府（州）縣的祭典中。因此，各地方出現的馬王廟，多因明代司馬神祇的奉祀，或是民間馬神信仰而來，特別是營伍內武職官員或畜養車馬人家。

（3）東嶽殿

主祀東嶽大帝，有時亦稱為嶽帝廟。嶽帝有東嶽泰山、南嶽衡山、中嶽嵩山、西嶽華山，北嶽恆山之分，為古人自然崇拜中的山川崇拜。五嶽祭典起源甚早，虞舜時即有四嶽祭禮；鄭玄注《周官》時曾謂天子

「兆四望於四郊」，四望即是「五嶽四鎮四瀆」之意。自此以後五嶽祭祀便成為歷朝官方祀典之一。唐玄宗開元年間，曾封五嶽山神王號，如東嶽為「天齊王」，每年以各郊迎氣日祭之。宋代時，於立春日祭祀四方「嶽鎮海瀆」，並詔封帝號，如東嶽有「天齊仁聖帝」稱呼。明代延續前朝制度，洪武年間，因「夫英靈之氣，萃而為神，必受命於上帝，豈國家封號所可加？」於是去除前代所封名號，止稱「某嶽某山之神」而已，並合祀「嶽鎮海瀆」及天下山川、城隍諸神祇於地祇壇，與天神壇並列，同享春秋專祀，至清代時亦大抵如此。

（4）真武廟

供奉真武大帝，也就是民間信仰中的玄天上帝。官方祀典的真武大帝，原稱「北極佑聖真君」，乃北方玄武七宿（包括斗、牛、女、虛、危、室、壁）之神，因其位居北方，北方屬水，故有水神一說。《後漢書》記載：「玄武，北方之神，龜蛇合體」，「玄武謂龜蛇。位在北方，故曰玄；身有鱗甲，故曰武」，後人稱以真君形象，並作龜蛇於其足下。官祀真武大帝之禮，隋代有七玄武星宿祭禮，唐代則以瑞獸玄武致祭，與五方貓、於菟（即虎）、龍、麟、朱鳥、白虎同以少牢禮祭之。宋沿唐制，不過宋真宗時因避諱而改玄為真，於是出現「真武」大帝的稱呼。元代時，曾加封真武為「元聖仁威玄天上帝」，玄天上帝之名由此而來；明朝時曾於南京建廟崇祀，每年3月3日、9月9日用素羞致祭。到了清朝順治及康熙年間，僅有在萬壽聖節遣官致祭而已，並未將真武大帝納入直省府（州）縣的常設祀典中。

綜合而言，這些具有明代官祀建築特色的祭祀建築，其創建時間大多在明代（南明）即已設立，例如臺灣府的真武廟、馬王廟、東嶽殿等，都是創建於明鄭時期（志書的「偽時」），其後才經清代地方官或仕紳發起重修而來。雖說如此，其祭典之舉行時間並無春秋祭、祭典的花費也甚少見於相關的記載中，其實並不像前述那些基本官祀建築具有一定的「官方」特色。其次，這類建築大多在清初時期（特別是順治、康熙年

間）仍准於京師特定祠廟致祭，以真武廟為例，「國朝順治八年題准，萬壽聖節，遣官致祭。其泰安州廟，每歲春秋二祭，泰安州主之。凡恭遇慶賀大禮，必遣官致祭。康熙二十八年並乾隆十三年，聖駕東巡至於岱宗，躬祀尤為盛典云。按神居東震，以生為德，郡邑故通祀之」[18]。這些特定的泛官祀建築，並非地方祀典的基本類型，其出現顯然是因為京師官方並未「完全」將其納入淫祠的影響而致。

三、清代京師官祀信仰的衍生

　　清代京師的官祀建築類型，除了圜丘、方澤，大明、夜明、天神、地祇、太歲、日月星辰、雲雨風雷、社稷、嶽鎮海瀆山川、太廟、先農、先蠶、先師、帝王、關帝、文昌、火神、東嶽、都城隍等類外，另有天后、龍神、河神等神廟（如黑龍潭廟、綺春園河神廟），以及一些「祀之無定時、定所，及有司以時專祭者」之案例，如后土司工之神、司機神、司倉神等。這些官祀神祇原來都只是京師的祭祀專廟而已，而臺灣等各地方之所以出現像火神、龍神、河神、倉神等神廟，其實便是由於京師的「範型」影響所致。此類官祀建築類型，以風雲雷雨、嶽鎮海瀆等自然神祇屬性的專廟較多。以下即就其沿革分別說明：

（1）火神廟

　　火神祝融，《呂氏春秋》「孟夏」紀曰：「其帝炎帝，其神祝融」；《山海經》則稱祝融為炎帝後裔；《春秋左傳》謂：「顓頊氏有子曰犁，為祝融」。有關祝融的傳說不一，鳳山縣令宋永清曾有〈火神廟記〉載其源流：『嘗稽燧人氏上觀星辰、下察五木，以為火。炎帝以火紀官，而為火師。陶唐氏有火正，曰祝融。《周禮》：「夏官司爟，掌行火之政，令四時變國火以救時災」。故凡州邑，皆置神而崇祀焉。』唐宋以來，火神祝融之祭入五祀之列，明代祭祀「三皇」，則以祝融配之；清代延續

明制，在祭祀「先醫」的祀典中，伏羲、神農、黃帝等三皇為主祀神位，而以祝融為四配之一（其它是句芒、風后、力牧），位列「群祀」，季夏（即六月）祭之；康熙 2 年（1663），訂每歲 6 月 23 日祭之，不過僅止於京師一地而已。

（2）風神廟

風神又有風伯、風師、飆師、箕星、箕伯等稱呼。《周禮》春官記載，以槱燎祀飆師；漢儒鄭玄注曰：「**風師為箕星，即虞書六宗之一**」。宋代史學家馬端臨曾謂：「**周制立春丑日，祭風師國城東北，蓋東北箕星之次，丑亦應箕位**」。漢唐以後，或立風伯廟於東郊，或就箕星位為壇，各以時致祭。到明太祖時，合祀太歲、風雲雷雨諸天神為一壇；清代延續其制，風伯祭典除了配饗圜丘外，另於天神壇內設「雲雨風雷」神位祭之。雍正 6 年（1728），諭建風神廟專祠奉祀，每年以立春後丑日致祭。乾隆 22 年（1759），曾定「**風、雷諸神，特錫封廟號以祀**」[19]，爾後官祀風神廟也因而普設於各地。

（3）龍神廟

龍神廟主祀龍神，或稱龍王。龍為古代傳說的四靈之首，具有降雨的神性，《山海經》中的應龍，便是「**能興雲雨者**」。漢代時，便常用土龍祈雨，有所謂「**龍見者，輒有風雨興起**」。唐代以後，道教吸取龍王信仰，有稱諸天龍王、四海龍王、五方龍王者。宋大觀年間，詔封五龍王爵，青龍神為廣仁王、赤龍神為嘉澤王、黃龍神為孚應王、白龍神為義濟王、黑龍神為靈澤王。此後，拜祭龍王風氣大開，凡江河湖海都有龍王駐守，龍王廟也成了各地常見的廟宇。清雍正 2 年（1724），敕封四方「嶽鎮海瀆」神祇，包括江淮濟河四瀆、東南西北四海皆列其中。儘管並未明言四海龍神，然而「海龍」之意明顯，地方所設龍王廟儘管

---

[19] 引自《新校本清史稿》卷八十三，頁 2523-2524。

並非府（州）縣基本官祀建築，不過府（州）縣官員仍舊會依慣例創立龍神廟，並以祀典祭禮致祭龍王。

（4）田祖廟

主祀田祖，為耕種、穀物神祇。《周禮注疏》:「琴瑟擊鼓，以御田祖，以祈甘雨，以介我稷，……田祖，先嗇者也」。農穀之祀，原與社稷、先農、三皇祭典相似，巡道梁文科曾有〈新建田祖廟碑記〉一文記載甚詳:「粵稽洪荒之世，茹毛飲血；至神農氏，始為耒耜教民，而稼穡之事興焉。唐、虞之交，稷教播種，示民五穀，要皆本神農之法以推之。三代立社報功，而以句龍配之。田祖之廟，由來舊矣。今國家軫念民瘼，教農桑、務耕織，以復先代雍熙之化；至於田祖之廟，祀典攸隆，蓋欲民知所自也」。

（5）倉神廟

主祀司倉神，為穀倉之神，另有倉王、倉官稱呼。倉神原為倉星，《晉書》「天文」一節曾載:「天倉六星，在婁南，倉穀所藏也」。明代洪武初年，南京曾建有太倉神廟；永樂以後，倉神成為京師祭典，每年春秋仲月，由戶部官員以少牢禮致祭。到了清代，倉神仍是祀典之一，只是其祀禮「無定時、定所」，因此倉神廟並非固定出現的官祀建築類型。倉神廟經常與各地糧倉一起設置，倉中設祠，立神位，並以黎明進行祭祀禮儀。一般而言，京師或州縣各有糧倉，地方則設有義倉、社倉，以儲糧備荒，由於糧倉多為官方所建或管理，因此民間倉神廟並不常見。

就其特徵而言，前述這些廟宇的創建或修復幾乎都與地方主官有關。例如臺灣府風神廟，由巡道鄂善於 1739 年創建，新竹風神廟於 1756 年由淡水廳同知王錫縉建、恒春風神廟於 1885 年由代理縣程邦基倡建、澎湖風神廟於 1716 年由知廳王慶奎倡建。另外，龍神廟案例亦是如此，臺灣府龍神廟為臺廈道梁文科於 1716 年創設；鳳山縣於 1843 年由知縣魏彥儀創建；新竹龍神廟於 1803 年由邑令曹世駿倡建、苗栗龍神廟於

1882 年由福建巡撫岑毓英建立，以及澎湖龍神廟於 1826 年由通判蔣鏞倡建而成。這些風神廟與龍神廟都是地方令官主持創建，可見其獨特的「官方」地位。

而在官祀建築的其他特徵上，也幾乎與前述基本類型一致。換句話說，儘管這些建築並非各府（州）縣必備的類型，不過仍舊可以視之為基本的官祀建築。此類官祀建築受到京師官祀類型的影響所致，明確地「載於祀典」，其出現與否，完全視地方主官的「意識」而定。至於決定其出現與否的關鍵因素，則多起因於地方的水旱、火災、蟲災等天災而來，海神廟、河神廟、火神廟、八蜡廟也因而出現。

以創建臺灣縣火神廟的鳳山縣知縣宋永清為例，其創建火神廟時即曰：「予宰斯土，見祭爟之義不講；居民廛舍，屢遭回祿。斯固出納之遺時，抑亦司之之神未有寧宇也。……火也者，生民之所利賴也。至或鬱為虐災，則恃為政者修德以弭之。……第以火之為功至大，而司火之神載於祀典，則建廟以祀之，不可不亟；祀之之禮，不可不備且虔也。」[20] 同樣的情形，康熙 55 年（1716）巡道梁文科建龍王廟時，也留下當時興建之源由：「龍王為海瀆之神，建廟崇祀，所以保障海邦，非第為祈禱甘霖也。余觀察閩中，歲乙未，移調臺灣。……越明年，雨澤偶愆，齊禱於城隍之壇，乞靈於元帝之宮；問所謂龍王廟者，蓋缺焉。是豈龍王之神，遍於寰宇之內，獨見遺於海東之疆乎？又豈臺地之人，盡誠敬於他神，獨不隆享祀於龍王乎？蓋莫為之倡，雖靈弗彰也……」[21]。

其實，官祀建築作為「正祀」的一環，事實上已經有很久的歷史存在。對於這個提供政權重要穩定力量的特殊祀典，有的學者甚至以「國教」或「正教」的稱呼來統稱。臺灣地區目前除了孔廟較完整的保留原有官祀建築的特色外，其餘的官祀建築今日幾乎都已經轉型成民間祭祀系統的祠廟，或是像壇制建築一樣，根本的消失在歷史記憶之中，因此很難體會往昔豐富的官方祀典文化體系的面貌與真相究竟為何。

藉由前述對於清代地方志所載之祀典建築類型的比較與分析，本文

---

[20] 引自《重修臺灣縣志》卷六祠宇志，頁 173-174。
[21] 引自《重修臺灣縣志》卷六祠宇志，頁 174-175。

系統地釐清了「直省府（州）縣地方」的官祀建築類型，及其出現在地方志後的混記現象；也同時藉由各類官祀建築內在歷史源流的討論，了解其入祀官祀建築的來龍去脈。綜合而言，地方志所載之官祀建築內容，除了顯示地方官對於方志論述的主觀意識表達外，具體展現了包括清代「府（州）縣」地方基本官祀建築的基本規定與制度、明代官祀建築類型的遺續和清代京師官祀建築類型的衍生等幾個特色。這個釐清，除了有助於地方志的解讀與了解外，也突顯出「地方官」於操作與遵守國家權力施行的規則與手段同時，事實上還是有許多自主的空間與條件，此或許即是國家正教下地方信仰的另一表現，儘管範疇不大，不過仍然具體可見。

參考書目

1. 自立晚報 1994《臺灣廟宇文化大系：天上聖母》。臺北：自立晚報社。

2. 宋永清 1985《重修臺灣府志》。北京：中華書局。

3. 胡傳 1960《臺東州采訪冊》。臺北：臺灣銀行經濟研究室。

4. 倪贊元 1959《雲林縣采訪冊》。臺北：臺灣銀行經濟研究室。

5. 徐明福、徐福全 1998《臺南市媽祖廟之變遷》。臺南：臺南市政府。

6. 張廷玉 1987《新校本明史》臺北：鼎文書局

7. 張崑振 2003〈清代閩南地區官祀建築的類型與構成〉《閩南文化學術研討會論文集》。金門：金門縣文化中心。

8. 連橫 1957-1961《臺灣通史》。臺北：臺銀經研室。

9. 陳壽祺 1961《福建通志臺灣府》。臺北：臺銀經研室。

10. 馬書田 1997《中國民間諸神》。北京：團結出版社

11. 趙爾巽 1987《清史稿》。臺北：鼎文書局。

12. 蔡沛霖 2003《臺灣城隍廟的儀式空間之研究》。北科大建築所碩論。

13. 廣陵書社編 2003《中國歷代禮儀典》。北京：廣陵書社。

14. 廖麗君 1998《臺灣孔子廟建築之研究：廟學制的影響及廟學關係的變遷》。成大建築所碩論。

15. 謝金鑾 1962《續修臺灣縣志》。臺北：臺灣銀行經濟研究室。

16. 薩迎阿 1966《欽定禮部則例》。臺北：成文。

清代官祀空間的祭祀關係及臺灣附祀空間特徵之探討

　　清代官方祀典可以簡單分成尊天、祭祖、祀孔三個體系，這些官方典禮按規定必須於固定的時間，依照制式的儀節和規定舉行，而官祀建築正是提供典禮進行、儀式操演的特定建築空間。直省府（州）縣的官祀建築大致可分成「社稷、先農、風雲雷雨、境內山川、城隍、厲壇、先師、關帝、文昌」、「禦災捍患諸神祠」、「名臣忠節專祠」、「賢良祠、昭忠祠」四類，清代臺灣地區的官祀建築類型亦不例外。其中，又以府治所在臺灣縣最為完整，然大抵不脫傳統祀典制度，形成了臺灣府（州）縣官祀建築的一個體系。

　　官祀空間也就是祀典舉行的場所或空間，官祀建築的構成，基本上反應了儀式空間的組成，其他非必要的空間與建築一般極少出現。例如直省地方必備的社稷壇，其建築空間除了主壇外，還包括瘞坎、拜殿、戟門、神庫、神廚、四向門、宰牲亭、井、奉祀署等空間元素，皆是儀式進行時的必備空間。先農壇也是一樣，包括觀耕臺、耤田、具服殿、神倉、收穀亭，祭器庫、齋宮後殿、配殿、拜殿、燎爐等，無一不是儀式過程中不可或缺的空間元素。依此，官祀建築之意，其實便是提供儀式空間操演的建築物（群），有所謂「築土曰壇，置宮曰廟」，「壇而不屋，宣天地之氣也」。官祀建築的形式，有壇有廟，有圓有方，有北向、有南向，各依其制而設[1]。

　　一般而言，官祀建築同時具備了幾項特徵：（1）創建的時間與府、縣治設置的時間約略同時；（2）由地方主官發起設立，而興建費用多由官府獨自出資或主官倡捐興建而來，至於日常的維修費用也固定由官府公帑支應；（3）祭典日期除了關帝廟與文昌廟多了祀神屬性的節日外，皆為春、秋二祭，而祭祀維持費用皆由官府出資舉行，主祭者亦由地方主官擔任；（4）建築格局除了壇制之外，多仿官府衙門建築格局，而一

---

[1] 有關官祀建築之意及其型制，可參張崑振（2003）〈清代閩南地區官祀建築的類型與構成—以福建省臺灣府為例〉《2003閩南文化學術研討會論文集》一文。

些主祀人格神的後殿，經常供奉主祀神的父母或三代祠。

儘管如此，或許是因為地方建置草創，或是因為經濟上的困窘，各廳縣經常出現不同的官祀空間卻同祀於一官祀建築（群）之中的情形。本文擬以臺灣地區官祀空間「附祀」其它廟宇的現象為出發，透過各地附祀案例的討論，除了瞭解官祀建築於祭祀空間所展現之特殊祭祀關係與特徵外，並就「官祀」與「民祀」相關議題的討論，進一步探討附祀的關聯與空間意涵。

一、官祀建築中的祭祀空間關係

在各地方志的記載中，因祭祀神祇對象與配置空間的相互關係差異，出現了「合祀」、「分祀」、「附祀」、「從祀」等不同的稱呼。其中，「合祀」有聚、會、相符、整體之意，泛指二位以上的「主祀」對象，同於一祭祀空間供奉，一般以同屬相等階級或位階的對象為主。例如在天地神祇方面，有合祀天地、合祀天神地祇、合祀丘澤、合祀天地日月暨諸神等類型，或者是社、稷合祀，亦有城隍合祀神祇壇之例；另外，有因功獲贈而合祀於雙忠祠、三忠祠等功臣專祠的情形。至於「分祀」則是相對於合祀而來，有分別、劃分、分離之意，也就是將合祀分開辦理，如分祀嶽鎮海瀆、分祀雲雨風雷等。

而「從祀」中的「從」字，有順服、跟隨、隨侍，以及附屬、次要的意思，從祀之意因此與「主祀」對象通常有位階、次序關係的分別，而屬配位角色，例如「*夏至，祭皇地祇于方丘，…神州及五嶽、四鎮、四瀆、四海、⋯⋯，並皆從祀*」[2]，其它像是斗六門義烈剛烈勇烈祠原祀方振聲、馬步衢等人，並以幼女、幕友、家丁從祀[3]；此外，依規制府縣學宮從祀有節烈祠、鄉賢祠、名宦祠及忠義孝悌祠：『*附其目於「祀典」之後，寧詳毋闕；亦以昭盛世從祀之典也*』[4]。雖說如此，自從先

---

[2] 引自《新校本舊唐書》卷二十一志第一/禮儀一，頁 119-120。

[3] 引自《福建通志臺灣府》壇廟卷二十八，頁 820。

[4] 引自《鳳山縣志》弁言、序、修志姓氏、凡例/凡例，頁 15。

師廟中的「從祀制度」出現，從祀二字，似乎便轉向專稱先師廟（或文廟、孔廟）中，從祀諸賢以列東西兩廡的討論，不過大抵仍然通用。

　　與從祀相近的，有所謂「附祀」，其意指在主祀之外，另加其它的祭祀對象，然而兩者間似乎並不一定會有前述的關係出現。如功臣專祠中，有兄弟、子婦孫僕附祀者、有兵士或部屬附祀將官者：「將帥之臣，守土之官，沒身捍國，……允宜立祠京邑，世世血食。其偏裨士卒殉難者，亦附祀左右。」[5]當然亦有功臣名將附祀地方廟宇者。

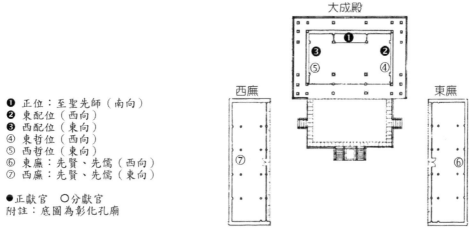

❶ 正位：至聖先師（南向）
❷ 東配位（西向）
❸ 西配位（東向）
④ 東哲位（西向）
⑤ 西哲位（東向）
⑥ 東廡：先賢、先儒（西向）
⑦ 西廡：先賢、先儒（東向）

● 正獻官　○ 分獻官
附註：底圖為彰化孔廟

　　很明顯地，祭祀的關係若從前述的文字敘述加以討論，其實無法清楚地作一區隔與界定，包括合祀與分祀、從祀與附祀之意，便皆有含混之處。然若就儀式空間而論，有兩個面向可供觀察：首先是儀式空間中的位置關係，依祭祀對象的陳設位置，有所謂「正位」、「配位」、「從位」之稱呼出現。以臺灣地區最高位階的祭先師--孔廟中祭祀空間「文廟神主位次」為例，其正位為至聖先師孔子位的「中位」及「四配位（含東西配）」由「正獻官」負責祭祀；其它另有「東、西哲位」及「兩廡位」，由「分獻官」負責祭祀[6]。其中，兩廡位所屬的先賢先儒位並不在大成殿中，而是位於東西廡廂房之中（參圖）。

　　其次為儀式過程進行的先後關係，正獻官與分獻官分頭進行，一在

5 引自《新校本清史稿》卷八十七志六十二/禮六/昭忠祠，頁 2595。
6 引自《重修臺灣府志》卷八學校/學宮/文廟祭儀，頁 286-287。

殿內，一在殿外東西廡，正獻官先由正位開始，其次才續及配位。待正
獻官完成後，才續由分獻官進行大成殿中東、西哲及東、西廡所屬神位
的「從祀」祭祀，其過程如下：「祭崇聖畢，文廟中鼓初嚴，……陪祭
官各就位，……分獻官各就位，……正獻官就位，……瘞毛血（執事者
捧毛血，正祀由中門，四配東西哲由左右門出，兩廡隨之，瘞於坎）。……
捧帛（執事者各捧帛盤，正祀由中門進，配哲由左門進，兩廡分東西進，
詣各神位之左，鞠躬旁立）。……行初獻禮，……詣至聖先師孔子神位
前（獻官隨引贊由左偏門入至聖神位前，朝上立）」。就位後，分依「奠
帛」、「獻爵」、「讀祝文」等科儀進行，隨後為復聖顏子、宗聖曾子、述
聖子思子的神位。在完成正位、配位的祭祀後，緊跟著的是「行分獻禮」，
由分獻官依序分詣「十哲」、「先賢先儒」，其儀如正祀儀，依序為亞聖
孟子神位，初獻才告完成。而後亞獻、終獻如初獻之儀依次進行，整個
儀式在飲福受胙、徹饌、結束之後，執事者捧帛各詣瘞所，正祀由中門，
左右配哲由左右門，兩廡各隨班，望瘞、焚祝帛後結束[7]。

　　很明顯地，主位與配位皆由正獻官主祭，而與分獻官進行的對象各
不相同。其執事者依《大清會典》的記載，正獻官一人（府州縣掌印官）、
分獻官四人（殿上以佐貳官、兩廡教官），各執事人數不一，另有各類
官員一起陪祭。其中，正獻官先行到位行禮，而後才是分獻官；而奉祝
的帛、爵，正位皆由「中門」進，其餘則從「左門（偏門）」進，其主
從位序之別由此區分。比較特殊的，兩廡之儀未待正殿獻禮結束前即已
開始，在通贊於引贊贊誦四配最後一位「詣亞聖孟子神位前」之前，出
現了先行贊誦行分獻禮之舉。儘管如此，正獻官一人於初獻時的對象包
括了至聖孔子及四配應無爭議，這可從祝文的內容得到說明：「……正
獻官某、分獻官某敢昭告於至聖先師孔子之神曰……。今茲仲春（秋），
謹以牲帛、醴粢，祇奉舊章，式陳明薦；以復聖顏子、宗聖曾子、述聖
子思子、亞聖孟子配。尚饗」！[8]

　　此一儀式空間所展現的差異，也可以說明祭祀對象即使在建築空間

7　引自《彰化縣志》卷四學校志/祭禮，頁134-139。
8　引自《重修臺灣縣志》卷七禮儀志/祭祀/文廟儀注「祝文」，頁225。

上同樣位屬「大成殿」這個大空間內，然其儀式空間卻有明顯的不同。例如正獻官僅負責大成殿中的主位及四配位，殿中兩側從祀的十哲，卻與殿外「兩廡」建築中的從祀先儒先賢同屬一儀式空間系統，由分獻官負責。同樣的情形也反映在大成殿與崇聖祠的儀式空間關係之中。從建築空間主從來看，大成殿屬正殿，崇聖祠屬後殿，前者位階較高，因此在建築規模與形式上皆採用了較高位階的建築規制。然而以儀式空間而論，崇聖祠的儀式卻較大成殿的儀式先行開始，待完成後大成殿中的儀式才可以進行：「凡祭文廟，先必祭崇聖祠」，「祭崇聖祠畢，文廟中鼓初嚴……」[9]。一種不同於建築空間位序的關係，藉由儀式空間的分析而展現出來。

依此，歸結前述所出現的合祀、分祀、附祀、從祀等諸多稱呼，本文試著依據儀式空間屬性的差異進行界定，其特性如下：

所謂「合祀」乃指二個以上的祭祀對象，供奉於一個祭祀空間中，並同時供享祭祀之禮，其特色為祭器、供品皆設於同一祝案上供獻，不再分別設置，由一主祭官完成儀式。例如社稷壇這一官祀建築中，其實就是社神、稷神合祀而來，其祭禮：『社稷壇以每歲春秋二仲上戊日，共壇致祭。設木主二：一書「府（縣）社之神」、一書「府（縣）稷之神」。牲用羊一、豕一，籩、豆各四，簠、簋各二，鉶各一，帛用黑色各一，無樂』[10]。社、稷神位雖有不同，不過祭器、祭品皆同。

而合祀（含單一祭祀對象）所對應的「從祀」一詞，主因從屬位階的關係差異，其獻禮儀式由正獻官依其位階高低分段先後進行，或由分獻官處理。而其特色則是儀式過程中的牌位、牲品、祭器等，也因有序位關係的差異而有所分別。然而最重要的關鍵，從祀的祭典會與合祀的儀式於同一完整的儀式過程中完成，儘管彼此有先後之別，不過仍屬同一儀式結構。換句話說，也就是在請神、送神之期間完成。

相較之下，「附祀」則是代表有兩個可能不具有任何關係的官祀對象存在，其中一個祭祀對象附置於另一建築（群）空間之中以供祭祀。

---

[9] 引自《續修臺灣府志》卷八學校/學宮/文廟祭儀，頁 343-352。
[10] 引自《重修臺灣府志》卷六典秩志/壇，頁 228。

而其儀式的進行，通常都是在不同的時間（吉時），或是不同的空間舉行。也就是說，即使兩官祀空間同併在一官祀建築（群）之內設置，其祀典儀式也獨立進行，各不相關。因此就儀式空間而論，兩者並無其它特殊的關連意義存在。

至於前面所述及的「分祀」，其實只是形容相對應的兩個祭祀對象關連而已，在儀式空間上並無任何意義存在，亦即在同一個建築（群）或空間中兩個完全不同或無關的祭祀對象而已。相較於附祀的關係，兩者似乎有著類似的空間關係，然而分祀有更多的對等關係，或可說是平行的祭祀關係，而附祀卻有附屬、次要於主祀對象之意，其差異的表現不只是在建築或空間上而已，特別是在儀式空間的表現上更是如此。

二、官祀空間的祭祀關係類型

依據《大清通禮》的規定，除了直隸京畿順天府的京師級官祀典禮，各有特定的官祀建築提供舉行外，其它直省、府（州）、縣的合祀與附祀的案例事實上非常常見，有時也變成各地方政府執行祭祀典禮的制式規範。例如忠義孝悌祠、節孝祠、鄉賢祠、名宦祠等，依規定，其在直省省會獨立設置，而在縣治則是置於縣儒學內，不單獨建築。這可從官方規範對於直省文廟「附祀」各祠的記載看出：「**直省府、州、縣先師廟左右建忠義孝弟祠，祀本地忠臣義士、孝子、悌弟、順孫；建節孝祠，祀節孝婦女；建名宦祠，祠仕以其土有功德者；建鄉賢祠，祀本地德行著聞之紳士，歲以春秋致祭**」[11]。其它像是清順治初年，曾訂定風、雲、雷、雨、山川、城隍等共為一壇，每歲春秋仲月分設神牌固定致祭。後來到了雍正 2 年（1724），其祭祀關係「風、雲、雷、雨之神」居中，「本府本縣境內山川之神」居左，「本府本縣城隍之神」居右，祭畢則將各神牌藏於城隍廟之中等[12]，皆為「合祀」的代表案例。

臺灣地區官祀空間的祭祀關係類型大抵如此，合祀、附祀之案例都

---

11 引自《臺灣私法人事編》第三款「宗教」，頁 42。
12 引自《重修臺灣縣志》卷七禮儀志/公式/耕耤禮，頁 208。

曾經出現。分析其出現的原因,最主要是因為臺灣地處偏遠,設治過程歷盡波折。尤其,一直到 1884 年才正式設省,其設治位階一直屬於較低的府(州)縣層級,在各種資源嚴重缺乏的情況下,雖已建治,但各別的官祀建築經常未能即時建立或全部完備,然而在官方祀典的儀式必定要舉行的強制規範下,各地方政府通常會以前述合祀、附祀的措施以為因應。其類型大致如下:

(一)官祀空間同壇(廟)設置

同壇制意味著不同的祭祀對象(官祀空間),建置於同一建築(群)內,此類型官祀空間以社稷壇、山川壇、先農壇及風雲雷雨壇為代表,其特色是各官祀對象位階及屬性大致相同。如新竹縣(淡水廳)為社稷壇、山川壇、先農壇同壇,恆春縣則是將風雲雷雨壇和山川壇同併一壇。至於同廟(祠)制,有噶瑪蘭廳文昌廟常與關帝廟共同供祀於同一建築(群)內之例。雖說如此,同壇(廟)並不意味著合祀之制的出現,如社稷壇、山川壇、先農壇同壇的淡水廳,其先農之祭時為「歲仲春吉亥」或「季春有事先農之日」,就與祭社稷的「春秋仲月上戊日」不同[13],因此,就儀式空間而言,應為前段所提及的分祀,也就是同壇分祀之意。

再來看看噶瑪蘭廳幾間同祀於五穀廟的官祀空間的例子。宜蘭五穀廟的創設,根據廟中沿革志的記載,可溯自 1802 年開墾噶瑪蘭之時,由於連年欠收,於是在大三鬮深溝地(今廟址),豎立神農大帝黑令旗祭拜,以祈求五穀豐收。嘉慶 15 年(1810),改建神農大帝廟,並於次年至湖南炎帝陵迎回一尊神農大帝神像回臺奉祀。二年後工事竣工,由噶瑪蘭最高主官通判翟淦主持儀典,正式命名為「先農社稷神祇壇」,並依制舉行春秋二祭。五穀廟設立後,便成為官方祀典舉行的場所,1858年,因前幾年颱風毀壞的廟宇重建落成,再由通判白富謙主持儀典,除了祀奉開蘭先賢祿位外,並舉辦了官方典禮中的「迎春牛」儀式。咸豐9 年(1859),再由白富謙主持設立「雲雨風雷壇」,主祀東嶽山川神位、

13 引自《淡水廳志》卷六志五/典禮,頁 145-146。

城隍神祇及后土神主。1868 年，進士楊士芳將先農社稷神祇壇更名為
「五穀廟」，即今所見的稱呼[14]。

照片1　宜蘭南門五穀廟

照片2　五穀廟前的先農、社稷、風雲雷雨壇石碑（左）

照片3　先農社稷神祇壇

　　關於五穀廟中的諸多官祀空間，另據《噶瑪蘭廳志》的記載，先農
壇，「嘉慶十七年（1812）通判翟淦奉建。道光五年（1825）陞倅呂志
恆安設牌位，重加修葺。……。其左另有五穀神祠，凡耕耤、迎春、常
雩，皆祭於此」[15]。由此可見，先農壇與「五穀神祠」分屬兩個不同的
獨立空間，五穀廟應即開基的神農大帝廟，奉祀神農大帝神像，後來才
在其右旁設立先農壇。不僅如此，其它的官祀空間也是獨立的設置，如
社稷壇「北向」、神祇壇「南向」、雲雨風雷壇「西向。左為境內山川、
右為城隍牌位」[16]。不同的官祀空間雖然如方志所記的「同在一處」，然
卻分屬不同座向，彼此互不隸屬，為獨立分祀的官祀空間，為同壇分祀
之意。當然，雲雨風雷壇中的雲雨風雷、山川、城隍神位位屬同向，符
合了本段前文所描述的同壇「合祀」關係。

---

[14] 引自《五穀廟沿革簡介》，頁5-7。

[15] 引自《噶瑪蘭廳志》卷三（中）祀典/蘭中祠宇卷，頁116。

[16] 同上所引。

（二）官祀空間附祀其它官祀建築

此類現象相當常見，既為附祀，其與原有官祀建築之主祀神祇可能毫無關聯。例如嘉慶 7 年（1802），曾令「**各省府城建昭忠祠，或附祀關帝及城隍廟。**」[17]也就是說，如一地未建有昭忠祠建築，則可將敕封將士牌位入祀該地的關帝廟或城隍廟之例。其它類似的案例，如山川、先農、社稷牌位，附祀於城隍廟；再者，如前所述，縣級儒學中設置名宦、鄉賢、昭忠、節孝等祠。此類型官祀空間之配置，大都「附屬」於原有官祀建築獨立設置，並不會混淆原有的祭祀空間關係，因此其位置通常都位於原有儀式空間的邊緣，或較不重要的位置。

以澎湖的節孝祠與天后宮附祀關係為例。澎湖天后宮創建於 1604 年以前，後因荷蘭人入侵曾經燒毀[18]。有關澎湖天后宮入祀官方祀典的過程，根據地方志的記載：「**康熙二十二年（1683）水師提督施琅克澎湖，入廟見神像面有汗，衣袍俱濕，知為神助。事聞，遣禮部郎中雅虎致祭。其祭文鐫額，懸於堂上。**」[19]雍正 4 年（1726），敕贈「神昭海表」匾額。「**自乾隆四年（1739）奉文起，每歲三祭，開支錢糧銀十七兩**」[20]。自此以後，澎湖天后宮便成為澎湖廳的官方祀典建築[21]。

---

[17] 引自《新校本清史稿》卷八十二/志五十七，頁 2601。

[18] 引自《臺灣南部地區古蹟使用調查與評估》，頁 545。

[19] 引自《澎湖廳志》卷二規制/祠廟，頁 64。

[20] 引自《澎湖紀略》卷二地理紀/廟祀，頁 40。

[21] 澎湖廳的官祀建築除了天后宮外，另有關帝廟、城隍廟等。

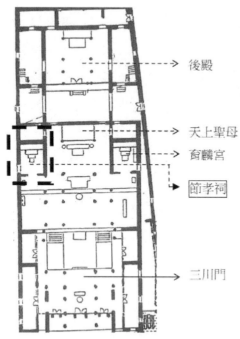

圖1　澎湖天后宮平面配置圖　　　　　照片4　澎湖天后宮節孝祠
（黑框位置為節孝祠）

　　至於節孝祠的奉祀，依例原應設於廳治學宮（縣級），或獨立建祠
奉祀。然而由於澎湖地區「壞地褊小」，向無學宮之制出現（僅文石書
院）。根據姚瑩〈飭澎湖廳續舉節孝札〉的記載，「澎湖向未建立節孝專
祠」，島內「節孝、貞烈婦女李國魁之妻吳氏等六百有二十人，……姓氏雖
存，旌揚莫逮；……切思振末俗之淫靡，用昭激勸；闡幽光於已泯，定起
興觀。……於天后宮之西偏，捐建節孝一祠，安設眾節婦牌位。……」[22]。
澎湖節孝詞也因此於道光18年（1838），正式附祀於天后宮「西偏」設
立。

　　節孝祠附祀天后宮後，其儀式併同天后宮春秋祀典一併處理：「節
孝祠……於春秋行祭天后禮畢後，同日附祭」[23]。由於天后宮的祭祀，「每
歲三祭，開支額外錢糧銀一十七兩零，物用太牢。祭日文武官行禮，與

[22] 引自《澎湖廳志》卷十二藝文（上）/文移，頁401-402。
[23] 引自《澎湖廳志》卷二規制/祠廟，頁59。

武廟同；並致祭後殿，用少牢」[24]。因此，節孝祠中的年中祭典推測應該也有三次：「於每歲春秋，祭天后禮畢，同日附祭。所需品物，隨時官捐備辦，造具清冊，申請立案……」[25]。

很明顯地，附祀的祭祀關係產生了「附祭」的儀式型態，此即官祀空間附祀其它官祀建築後，在儀式空間關係上的呈現，其雖附屬於主祀神祇，但彼此間還是有一個先後的關係存在，不像分祀之間毫無任何關聯。根據《大清會典》的記載，節孝祠與名宦祠、鄉賢祠、忠義孝悌祠等祠廟相同，其祭典俱為「春秋丁祭畢」致祭。其制的出現，主要是因為四所祠廟依規定皆置於儒學之內，其祭典時間因而也就與學宮內的「中祀」先師釋典——「丁祭（春秋二仲上丁致祭）」一致。因此，澎湖節孝祠典禮附祭天后宮典禮之後，似乎在「吉時」的時間點上，與學宮中的附祀案例度，有了一致的祭祀結構存在。

（三）官祀空間附祀民間廟宇

經由臺灣地方志的整理發現，此類空間以原應供奉於縣級昭忠祠中，「以死勤事則祀之」的文武官員奉祀案例居多。按規定，一般名臣忠節入祀專祠以饗祀典，除了入祀縣屬儒學內的相關祠廟外，另有京師、本籍及陣亡地方專祠等三種入祀方式[26]。其中，與臺灣關係最密切的地方專祠一項，通常是針對極少數高階的文武職官員才得以享有的崇祀[27]，因此較低階的文臣、武將牌位（包括祿位），經常以附祀地方上最大的民間廟宇，以享地方官民的祭祀典禮。此種案例又以一些隸屬「堡級」建置的地方城鎮最為常見，由於距離縣城有一段距離，城鎮附近未有孝悌忠義祠、鄉賢名宦祠的設置，或是專設的昭忠祠（專祠、五忠祠、

---

[24] 同上引，頁64。

[25] 引自《澎湖廳志》卷十二藝文（上）／文移，頁401-402。

[26] 可參（張崑振，2003）。

[27] 例如臺灣縣所屬的施公祠（祀太子少保靖海侯施琅）、蔣公祠（祀臺灣郡守蔣毓英）、高公祠（祀臺廈道高拱乾）、靳公祠（祀臺灣郡守靳治揚）、衛公祠（祀郡守衛臺揆）、吳公祠（祀臺灣道吳昌祚）、新竹縣通霄虎頭山下的壽公祠（祀壽星）、鳳山縣曹公祠（祀邑侯曹謹）等。其數量全臺一地可說相當稀少。

旌義祠），因此對於一些對地方建設有功的文武官員，經常由地方官民
發起，將其牌位附祀於地方上的民間廟宇。

　　舉例而言，如噶瑪蘭廳通判董正官，廳民於 1853 年設其神位附祀
五穀廟[28]；另外文昌壇（今文昌宮），據載曾於祠中右廳供奉包括楊廷理
在內等六位「開噶瑪蘭官」之長生祿位[29]；淡水廳時期的大甲堡南城外
水神廟，附祀有協助平定戴逆之變的各地官紳、義民[30]；彰化縣沙連堡
林圯埔街（今竹山）的連興宮，廟中附祀有福建巡撫定公，以及彰化縣
前後兩任知縣胡邦翰、李振青的長生祿位[31]；鹿港街天后聖母廟，廟內
附祀有彰化縣各官祿位[32]；斗六堡的陳文起知縣祿位，附祀於地方上的
文昌祠（即龍門書院，今已不存）。而隸屬澎湖廳的文石書院（今孔廟
前身），光緒 2 年（1876）間於後殿添蓋兩旁精舍，左邊祀胡、韓二公
並前倅蔣鏞、王廷幹祿位[33]。其中，王廷幹曾任鳳山縣知縣，1853 年於
任內帶勇守城，勇叛被戕，因而附祀於書院內[34]。

照片 5　附祀於斗六受天宮的姚鴻祿位

[28] 引自《臺灣通志》列傳，頁 452。

[29] 引自《噶瑪蘭志略》卷七/祠廟志，頁 61。

[30] 引自《新竹縣志初稿》卷三典禮/祠祀「大甲堡廟宇」，頁 127。

[31] 引自《雲林縣采訪冊》沙連堡/祠廟，頁 159。

[32] 引自《彰化縣志》卷五祀典志/祠廟，頁 154。

[33] 引自《澎湖廳志》卷四文事/書院，頁 110-112。

[34] 引自《澎湖廳志》卷六職官，頁 226。

　　此類案例多由官民一起發起供位奉祀，與臺灣官祀建築的創建和祭祀由「官民合資」的特徵大致相同，並非完全由官方獨立完成。例如斗六天上聖母廟（即今日的受天宮前身），附祀斗六分縣姚鴻祿位[35]。姚鴻曾任斗六分縣縣丞，地方士民愛之，因此供奉其長生祿位於受天宮後殿座側，設立當時曾「**置田租十八石，遞年演戲恭祝，俾垂不朽**」。後來祭祀曾經一度中斷，到了姚鴻的姪子姚棣署斗六分縣時，再將「**遞年實租穀一十八石，……僉議租穀交天后宮住持收管，為姚公朝夕香燈、年節牲醴之費**」[36]。顯見在地方上，所謂官祀、民祀的分界其實並不容易區分，尤其越往下級建置單位，或是越偏遠的地區越是明顯，而最特別的便是縣（廳）下屬「堡」級「類官祀空間」的附祀案例莫屬。

　　此處所謂的「類官祀空間」，其實已經屬於民祀建築（空間）的範疇，非本文所論述的官祀建築。然而，一種「鄉、堡」層級對「州、縣」層級官祀建築結構的倣效現象，卻明顯出現在這些類官祀建築之上，而且其現象不論在建築上或是儀式上。一般官祀建築依制僅止於縣（廳）級，因此堡級建治通常不會有關祀建築出現，以苑裡堡為例：「**苑裡本為屬地，則概不從同**」、「**苑裡前附各廳、縣，故皆未設立。其已建之天后宮及借用之文昌祠，皆土人捐資自建**」。雖說如此，新竹縣所屬堡級地方志記載地方官在建構這些位階較低的空間結構時，顯然還是受到縣（廳）級官祀建築制度的影響，而最明顯的特徵，便是於民祀廟宇中出現了類官祀空間的類型。

表一　新竹縣堡級類官祀空間的附祀案例

	先農壇	厲壇	文昌廟	其他
新竹苑裡堡	--	苑裡天后宮借用	苑裡天后宮右廊借用	天后宮
新竹縣樹杞林北埔一堡	借用北埔慈天宮左廊	借用北埔慈天宮	一為文林閣於九芎林一暫借北埔慈天宮	天后宮（合龕北埔慈天宮）

資料出處：《樹杞林志》、《苑裡志》

---

[35] 引自《雲林縣采訪冊》斗六堡/祠廟寺觀，頁 261。

[36] 引自《雲林縣采訪冊》斗六堡/碑碣，頁 20-21。

　　表一為新竹縣所屬堡級類官祀建築的概況，「借用」民間祠廟作為地方處理類官方祀典，似乎成為一普遍認同的現象。例如苑裡堡之屬壇祭厲儀式，每年 7 月 3 日借用苑裡最大的天后宮─慈和宮使用，而祭文昌儀式同樣也是在苑裏天后宮右廊舉行[37]。另外，樹杞林北埔一堡則借用慈天宮（今北埔慈天宮），作為祭先農、祭厲、祭文昌、祭天后的空間。由於官祀、民祀空間系統同置一建築空間，使得一些民祀廟宇「依規制」出現了許多官祀類型的神祇，此一特色明顯不同於一般民祀寺廟宇神像來源方式─「分香」。

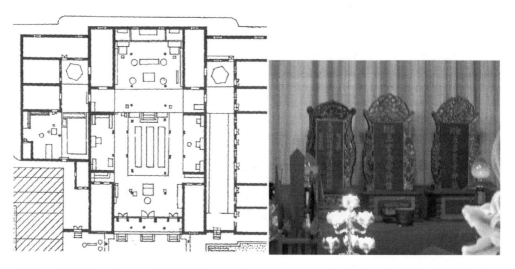

圖2　北埔慈天宮平面配置圖（黑框位置　　照片6　北埔慈天宮左龕的「敕封五
　　　為五穀、文昌神位位置）　　　　　　　穀皇帝神位」（右1）及「九天開化
　　　　　　　　　　　　　　　　　　　　　梓潼文昌帝君神位」（左1）

　　其實，由於時間久遠，供奉於北埔慈天宮中的「敕封五穀皇帝神位」、「九天開化梓潼文昌帝君神位」原來的來歷究竟為何，事實上已經很難發現其原由。五穀皇帝是否就是祭先農的牌位，梓潼文昌帝君是否就是祭文昌的對象，實在無從查證。至於祭厲、祭天后的空間，依慈天宮目前年中的三大祭典，其中有兩項確實屬於祭厲的「七月十四日大隘

---

[37] 引自《苑裡志》下卷典禮志/祠祀，頁 62-63。

三鄉輪值普渡」，以及「大年初四迎神作客」的媽祖進香活動[38]，只是這當中種種的疑問，顯然無法從僅有的研究過程看出，或許這正是官祀與民祀空間混同之後，所必經的轉變結果。

（四）省略未置

此類祭祀特色因官祀建築類型的不同又有所區分，透過其設立先後關係的對照，可以清楚辨別哪一類官祀空間式較不受重視，也因而較晚出現。表二為臺灣地區主要縣治官祀建築的建立時間列表。

可以發現，包括府治在內的縣（廳）級政府，首先創設的官祀建築類型必為「先師廟（孔廟或文廟）」，而且皆於府縣設治時便隨即建立，顯見先師廟所屬「學宮」的崇高地位：「自三代以來，化民成俗，莫不以學為先我國家菁莪造士……。臺雖外島，作育數十年，沐浴涵濡，駸駸乎海東鄒魯矣……，建立書院恩波浩蕩與聲教同流，島嶼文明因之日盛而且番社有學，文身者亦習絃歌豈特在野之俊秀有德、有造已哉！」[39]連帶的，依制度慣例附祀於學宮中的鄉賢、名宦祠有時也會同時隨之出現，鳳山縣是唯一沒有設置的縣治；另外，如果先期未設先師廟，則必先置性質相近的「文昌祠」以為替代，如澎湖廳初設之時便是如此。由於先師廟例代皆為地方縉紳士子虔誠奉祀的對象，文昌祠依例常設於學宮之內，也因此，文昌祠在其它縣治出現的時間就並不是很固定，有建治之初設立者，亦有設治近九十年後才設置的情形。

緊接著設立的則是「關帝廟」，淡水廳及噶瑪蘭廳更是先建關帝廟，而後興建文昌祠，尤其噶瑪蘭廳的關帝廟進一步將文昌祠納入廟中一併設置[40]。推論其成因，淡水、噶瑪蘭兩廳治皆陸續脫離諸羅縣、彰化縣

---

[38] 有關慈天宮的三大祭典，可參考龍玉芬（2002）〈廟宇與聚落互動之研究（下）--以北埔慈天宮為例〉《臺灣風物》52:4，頁 95-106。

[39] 曾任巡視臺灣兼提督學政監察御史的范咸如此形容。引自《重修臺灣府志》卷八學校，頁 271。

[40] 另外，恒春縣文廟創立之時，曾「權供至聖孔子暨文、武二帝神牌」。其中所謂的文、武二帝神牌。即是文昌帝君及關聖帝君牌位，顯見關帝與文昌二者在官祀神祇類型中的重要性。引自《恒春縣志》卷十一祠廟/文廟，頁 220。

而來：「臺灣，海外荒服耳。淡水居其北，闢治甫百餘年，抑更荒矣！」[41]
兩縣縣治初設，地方治安未靖、文治未興，因此代表忠義神武象徵，且
與軍士兵密切相關的關帝廟便應運而生，例如嘉慶十二年（1807）秋的
噶瑪蘭廳知府楊廷理，「會勦洋匪入山，見居民多病，始為請關帝……
諸神像」奉祀，以達宣治之意，即是很好的說明。

表二　清代臺灣府（州）縣官祀建築創設年代一覽表

	設治年代	建城年代	社稷壇	先農壇	山川壇	風雲雷雨壇	厲壇	城隍廟	先師廟（文廟）	關帝廟	文昌廟	鄉賢名宦祠	其他（並列民祀廟宇）
府治	1684	1723	1711	1727	-	1711	不詳	1757	1685	偽時	1712	1684	天后宮（1757）、風神廟（1739）、龍王廟（1790）、馬神廟、土地祠、倉神廟（1732）、火神廟（1780）、節孝祠（1723）、忠義孝悌祠（1723）
臺灣縣	1684	同府	併府	併府	-	併府	雍正初年	1751	1684	併府	-	1684	併臺灣府
鳳山縣	1684	1722	不詳	不詳	-	不詳	1793	1718	1684	1727	-	1684	天后廟（1683）、八蜡廟（1706）、烈女節婦祠（1723）、忠義孝悌祠（1723）
諸羅縣	1684	1704	1715	1715	-	不詳	1716	1715	1706	1713	1715	1715	天后廟（1717）、忠義孝悌祠（1723）、烈女節婦祠
彰化縣	1723	1734	不詳	同社稷	-	同社稷	1770	1735	1726	1735	1816	1726	天后廟（1738）、忠烈祠（1822）

---

[41] 《淡水廳志》作者陳培桂如此形容。引自《淡水廳志》弁言、序、譔輯姓名、凡例/陳序，頁5。

淡水廳	1723	1733	1829	併社稷	併社稷	1829	1804	1748	1803	1742	1803	1829	天后宮（1748）、龍王祠（1829）、昭忠祠（併鄉賢）、節孝祠（1829）
澎湖廳	1723	1717	-	-	-	-	-	1779媽宮澳	-	1765	1765	-	天后宮（1739）、風神廟（1790）、龍王廟（1826）、昭忠祠（1878）、節孝祠（1838）、火神廟
噶瑪蘭廳	1809	1810	1812	1812	-	1813	-	1813	-	1809	1818		天后宮（1809）、神祇壇（1812）、火神廟（1820）、倉王廟（1815）
恆春縣	1875	1875	1887	1887	併風雲雷雨壇	1887	1887	1891	-	-	猴洞山	-	天后宮（光緒年間）、風神廟（1885）
臺東州	1887	-	-	-	-	-	-	-	-	-	-	-	天后宮（1889）、昭忠祠（1881）

1.本表以初創邑治時的年代，其建築年代以地方志所載為據，如無興工時間，則以竣工時間為主。

2.清代臺灣地區行政區域沿革：康熙二十三年（1684）一府三縣，雍正元年（1723）一府四縣二廳，嘉慶十七年（1809）一府四縣三廳，光緒元年（1875）二府八縣四廳，光緒十三年（1887）臺灣建省，三府十一縣四廳一直隸州。

3.出處：《續修臺灣府志》、《續修臺灣縣志》、《諸羅縣志》、《彰化縣志》、《淡水廳志》、《苗栗縣志》、《噶瑪蘭志略》、《恆春縣志》、《澎湖紀略》、《雲林縣采訪冊》、《臺東州采訪冊》。

　　而接著興築的，為「社稷壇、先農壇、山川壇、風雲雷雨壇」。此類建築必定設置的是先農壇與社稷壇，而山川壇、風雲雷雨壇經常合併祭祀於社稷壇內。此四種壇一般是在縣治建置一段長時間後才出現（二、三十年，甚至百年），似乎未如其它官祀建築有立即興建的急迫性，也甚少見到民間自建奉祀。可以推測的是，此四種壇所代表的官方統治權力象徵，可說極為明顯，它們的出現，或許正說明一地的統治局面已進入穩定的發展階段。至於「城隍廟」的創設時間則在前述建築之

後，其中除了鳳山縣外，全部都在建城之後才陸續出現，顯見城隍與城池間的密切關聯。而興建時間在城隍廟之後，而且時間點最不一致的，便屬「厲壇」。分析其因，可能是因為厲壇的興置，多因地方祭拜無祀鬼魂的實際「需求」而來，因此較不固定，地方官經常是該地特殊的情形而設。

其他則是一些較特殊的神祇，如勾芒、旗纛等神祇的祭祀儀式。此類祀典一般不會有官祀建築出現。除了儀式舉行時請出設壇祭拜外，平日則奉於其它特定建築之中，如勾芒祀於土地祠（或衙署）中。諸羅縣祭祀勾芒之禮，訂於每歲立春舉行，「前一日，正印官於東郊行四拜禮，迎勾芒至儀門，西向。……禮畢，附祀於土地神」[42]。而旗纛由於其與軍隊的關係，除了鳳山、諸羅兩縣設於地方衙署之外，一般皆藏於軍營之內，而在祭祀之時，再移請到特定地點舉行必要儀式。

官祀建築的建立並非一時即可全部完竣，地處偏僻的臺灣更是如此。儘管縣城之中有些官祀建築未建，然而該祭祀空間所屬的典禮卻不會因此沒有舉行。依照《大清會典》的記載，當神祇進入祀典奉祀之後，即令各省地方官致祭舊有廟宇，「屆期躬詣致祭，其向無祠廟之處，令則潔淨公所，設位致祭，祭畢撤位隨祝帛送燎，毋得棄置褻慢」[43]。另外，鳳山縣的山川壇、社稷壇均未興建，然而地方官仍會依制於每歲春、秋二仲上戊日，於興隆莊龜山之陰，臨時設立神牌張篷加以祭祀[44]。

歸納而言，臺灣官祀建築的興建順序依序為先師廟（即孔廟，文昌廟附之）、關帝廟、社稷壇、先農壇、山川壇、風雲雷雨壇、城隍廟、厲壇等。此一現象其實存在一個可以思考的課題，那就是包括臺灣府在內的各省（府州縣）官祀建築，依規定其類型與位序依次為：「社稷，先農，風雷，境內山川，城隍，厲壇，先師，關帝，文昌，名宦、賢良等祠，名臣、忠節專祠」。如果說官祀建築有大祀、中祀、群祀的位階區分，那麼前述臺灣官祀建築的次序現象，正好表現出與上述位階完全

---

[42] 引自《諸羅縣志》卷四祀典志/壇祭/勾芒，頁64。

[43] 引自《大清會典》禮部卷438至卷，頁10887-10896。

[44] 引自《鳳山縣志》卷三祀典制，頁42。

相反的次序關係。而其間的關鍵，正是臺灣地區官祀建築所展現的地方風格，是民祀特色的具體展現。也就是說，先師廟（或文昌）、關帝的祭祀，事實上才是民間官紳百姓所關注與崇拜的祀典類型。地方政府建治之時，一方面除了依制式規範興建官祀建築外，另一方面卻又不得不考量已經普遍為民眾接受的信仰，以應民情需要，文昌廟如此，關帝廟也是如此，這也說明了二者為何在清代會從民祀一躍而成官祀中的群祀一員，後來在更進一步晉升享受「中祀」的尊崇與祭拜。因此，「轉用」或是「借用」既有的民祀廟宇來進行官方的祭祀典禮，便成為最便捷且實際的一個方式，而臺灣民間眾多的媽祖廟便是當中最明顯的例子。

三、官祀空間同壇（廟）設置的特質

誠如前述官祀空間祭祀關係的討論，有關同一建築（群）中的不同官祀空間祭祀關係大致可歸納成同壇合祀及從祀、同壇附祀，以及同壇分祀三種。以下就針對不同官祀空間同置於一壇廟建築之特性進行說明。

（1）官祀空間附祀官祀建築

官祀建築由於是官方「規制」、「典禮」中的一項，原屬官方政治制度與機構的一環，因此官祀建築提供給特定官方祀典舉行儀式，或是附祀其它不同類型的官祀儀式舉行，便成為理所當然的結果。因此，前文提及的關帝廟、昭忠祠附祀於官祀城隍廟，節孝祠附祀官祀天后宮、..等附祀案例，幾乎都是此種特質下的衍生結果。

此項附祀特質，表現在與官祀同屬「典禮」一項的「官禮」儀式更是明顯[45]，有些類型由於沒有固定建築可以舉行禮儀，因此幾乎都在其

---

[45] 清代地方志所謂的「典禮」一詞，一般可區分成「祀典」、「禮制」二種，其區分主要目的在於「以別神、人」之用。祀典專注於酬神的儀式，也就是官方所舉行的祭祀典禮；而禮制則為處理官、民間的禮儀。因此，典禮依其行事類型的差異與特性，可進一步細分為「官祀」及「官禮」二類，而本文未便論及的官禮，其內容廣泛地包括了慶賀（或朝賀）、接

他的官祀建築中進行。如「慶賀」儀式原在萬壽宮進行，未置則改至公所舉行；而「耕耤」則在先農壇前舉行，「救護（日月）」於衙署儀門及正堂前、「鄉飲酒」在府縣儒學之講堂（即明倫堂），「鄉約（或講約）」除了在鄉約所或公所外，有時也改至明倫堂舉行。

（2）民祀轉換官祀的合法化表徵

由於官祀與民祀分屬兩個不同的祭祀系統，官祀空間附祀於民間廟宇的類型並不常見。然而此種祭祀形式，卻是臺灣許多官祀建築出現的原初來源與基礎。這只要驗證眾多官祀建築皆由其它民祀建築「改祀」而來的例子便可得到證明，特別是那些民祀風格明顯的民間信仰廟宇，如關帝廟、天后宮、文昌宮、厲壇（大眾廟）最具代表。基於「敕封、入祀、建立專祠」的封典過程所對應的「贈匾、祭典、官祀建築」，民祀建築因為官祀典禮的「借用」舉行，其後得以進一步經此「合法化」過程而轉變成官祀建築。

以開發最早的臺灣府為例，當「偽時」興建的廟宇進入清代以後，便陸續被指定為官方祀典的舉行空間。例如關帝廟（今祀典武廟）「偽時建」，天后廟（今大天后宮）也是一樣，原為「寧靖王故居；康熙二十三年（1684），靖海將軍施琅改建為廟。」[46]然而檢視這兩間官祀廟宇的制度，關帝廟之制乃於雍正 3 年（1735）進入官祀（群祀），咸豐 4 年（1854）晉升中祀；而天后廟則是在康熙 59 年（1720）編入祀典，並於雍正 11 年（1733）令「江海各省一體葺祠致祭」[47]。兩相對照，這些民間廟宇，初創時或許為官員所捐建，然而卻是基於「民間信仰」而來，此與日後被列入祀典，導因「官祀制度」變革而設的情形並不相同。

詔（或詔令）、迎春、土牛、耕耤、救護（日月）、鄉飲酒、鄉約（或講約）等禮儀，可參（張崑振，2003）一文。

[46] 引自《重修臺灣府志》卷七典禮/祠祀/臺灣府，頁 20-21。

[47] 引自《彰化縣志》卷五祀典志/祠廟，頁 155。

（3）天后宮的特殊地位

前述表二末端「其它」一項，羅列了臺灣地區其它被地方志納入「祀典」的廟宇，包括了天后宮、風神廟、龍王廟、馬神廟、土地祠、倉神廟、火神廟、八蠟廟、節孝祠（烈女節婦祠）、忠義孝悌祠（忠烈祠、昭忠祠）等，其中又以天后廟數量最多也最為普遍。嚴格來說，臺灣一地所熟知的所謂「祀典」天后宮部分，其實並非各省通例。依規定，其類型屬於「為民御災捍患者，悉頒於有司，春秋歲薦」[48]。地方對於祀典類型中的神祈，除了前項如社稷、先農、風雲雷雨、山川、城隍、……等固定祀典外，其實都是由地方職司官員向上呈報，待得敕封以後，方得以入祀地方祀典之列，因此是一種極具地方色彩的官祀建築。對於天后媽祖的崇祀，自雍正 11 年（1733）令江海各省一體葺祠致祭以後，天后廟便成為沿海各省固定的官祀建築類型，臺灣自不例外，幾乎成為各縣治不可或缺的重要祀典廟宇。由於各地往往早就已經許多的民間媽祖廟存在，在未及建設官建「天后宮」的情況下，各地方政府將天后祀典「借用」民間媽祖廟舉行的情況，應該便是各地官祀天后宮常見的情況。

照片 7　臺東天后宮右側廊的昭忠祠

照片 8　臺東開山撫番武員弁勇夫殉難及病亡諸公英靈神位

---

[48] 引自《新校本清史稿》卷八十二/志五十七，頁 2486。

（4）官祀空間的類屬特質

同樣類型屬性的官祀空間會依附在同類建築（群）之中，其基本類型包括（a）自然崇拜類型：例如社稷、先農壇附祀五穀廟、風雲雷雨神牌位附祀水神廟、龍王祠或城隍廟[49]。以淡水廳中的龍王祠為例，「**道光九年李慎彝改祀龍王，以風雲雷雨神牌位附之**」[50]。（b）文明象徵類型：例如文昌祠、文昌閣附祀府縣儒學（文廟）之中。（c）忠臣名宦類型：由於昭忠祠附祀先師廟（孔廟或文廟）為規範定例，直接影響了許多偏僻城鎮中忠臣神位的供奉方式，而附祀於地方書院或文昌祠的案例也因此成為神位附祀廟宇類型最常見的形式。（d）神祇性別屬性：女性神附祀女性官祀空間，男性神則相反。例如節孝祠附祀天后宮、名宦忠節神位附祀昭忠祠、昭忠祠附祀關帝及城隍廟等。

比較例外的是，臺東天后宮右側廊中出現了昭忠祠附祀的現象。其實，昭忠祠創立於光緒 7 年（1881），原位於埤南寶桑莊之東海濱，1894年因颱風三次吹倒，於是將祠中神主「暫時」移至天后宮之旁。後來原擬移建於鰲魚山阿，可惜事未竟成，臺灣即告割讓[51]，因此昭忠祠至今仍供奉於天后宮右廊之中。推測天后宮是當時州內最主要且最具規模的建築，因有此例的出現。

整體而言，在清官方政府制度瓦解之後，原有的官祀空間結構便開始崩解，由於官祀建築因源於清代官方的制度而設，因此當其統治權解體之後，全面性的消失便成為所有官祀建築所不可抗拒的命運之一。官祀建築中的社稷、先農、風雲雷雨、境內山川，以及名臣忠節專祠、賢良祠、昭忠祠等，因為政治意涵明顯，保留至今者少之又少；而包括城隍、厲壇、先師、關帝、文昌或者是天后宮等民祀特質鮮明的官祀神祇廟宇，則因成功轉型為民祀廟宇，而較完整地留了下來。官祀建築因其內在屬性的不同，顯然直接影響了其日後的變遷結果。

---

[49] 庸，城也。水，隍也。因此，城隍原亦可作為自然崇拜之神。
[50] 引自《淡水廳志》卷六志五典禮志/祠祀，頁 148。
[51] 引自《臺東州采訪冊》祠廟（附寺觀），頁 47。

參考書目

1.張崑振（2003）〈清代閩南地區官祀建築的類型與構成—以福建省臺灣府為例〉《2003 閩南文化學術研討會》，金門：金門縣政府。

2.清高宗（1978）《欽定大清通禮》，臺北：臺灣商務。

3.崑岡（1963）《欽定大清會典》，臺北：啟文。

4.趙爾巽、柯劭忞等撰（1999）《清史稿》，臺北：臺灣商務。

5.薩迎阿（1966）《欽定禮部則例》，臺北：成文。

印尼婆羅浮屠石刻中所見原住民建築圖像探討

　　印尼的佛教傳佈大約始於西元 2 世紀左右[1]，而世界著名的中爪哇婆羅浮屠佛塔（Borobudur），根據聯合國世界遺產的報告資料，建於 8 世紀初期的沙連卓亞王朝（Saliendra Dynasty）。近百年來有關婆羅浮屠佛塔的研究，幾乎都將焦點關照於佛塔的歷史推論與佛教象徵意義的考證之上，例如起源（origin）、意涵（significance）等議題，這些討論歷經了後期研究學者的不斷論證，事實上已累積了不少的研究成果。儘管各個論述都因缺乏全面的證據可資憑藉，而難有定論，但也豐富了婆羅浮屠的歷史想像與意義。

　　就建築研究而言，除了廣為詮釋的佛塔建築外，石刻圖像中的建築研究，亦是另一議題所在。婆羅浮屠石刻的建築圖像，以構築形式和材料而論，大致可分成磚、石造承重牆系統，以及木構造柱樑系統兩類。前者係受到印度佛教東漸及印度教的影響所致，承傳了印度（非印尼）佛塔、神廟的磚石建築形式；相反的，木構架建築則體現了印尼當地，甚至南島或東南亞風土建築的風貌與傳統。其中 Atmadi《爪哇神廟的建築設計原則（Some architectural design principles of temples in Java）》一書，以壁刻圖像中的磚石造建築（layered stone structures）為研究主題，運用歸納、統計的方式，討論與重構了印尼爪哇神廟（磚石造建築）的設計準則：「神廟石刻中建物的表現，依據材料與構造的類型有所分級，顯示了當時的建築師與工匠發展並遵循著一套建物的規則及工程技巧」（Atmadi 1988）。儘管 Atmadi 於前言研究範圍的界定中，先行概述了石刻圖像中木構建築（wood structures）的統計結果與特色，然而由於不是研究主題的重點，因此只有簡略提及而已。確如 Atmadi 所言，

---

[1] 根據最新的研究成果，Kandahjaya 在其「婆羅浮屠的起源與意含研究（A study on the origin and significance of Borobudur）」博士論文中，以中國及印度等海外歷史遊記文獻，以及印尼出土的文物等歷史材料，討論了印尼佛教的發展，最後根據 Kayumwungan 碑文的記載，認為婆羅浮屠於西元 824 年 5 月 26 日奉獻，婆羅浮屠的名字，意味佛陀的完美形象、極樂良善的多重具體表達（Kandahjaya 2004：142、148）。

婆羅浮屠佛塔的相關建築研究可說少之又少，石刻畫像中呈現的印尼風土建築之研究亦未可發現，加之 2006 年夏天印尼爪哇婆羅浮屠、巴里島原住民建築的田野參訪，也因此本次擬定的研究對象，便以婆羅浮屠石刻畫像中的原住民建築圖像為題進行討論，並計劃將其與今日所見的印尼傳統或原住民建築特色進行比較與討論。

據此，本文首先藉由婆羅浮屠石刻的介紹，簡述圖像所呈現建塔當時印尼風土建築的樣貌。其次，則就石刻圖像所示的木構建築形式，綜合歸納其建築特色，並對照今日印尼木構建築的比較，試著從木構架系統的結構特色，分析諸多建築元素的關連及特徵。再來則是列舉一些特殊或不符印尼地方木構架建築形式的案例，綜合討論婆羅浮屠石刻圖像所透露出的工匠議題，接著並就石刻建築中特殊的鳥類圖像進一步討論有關象徵意義的議題，最後則以印尼風土建築所展現的南島建築特色進行討論，以作為本文之總結。分述如下：

一、印尼婆羅浮屠的石刻主題與地方風土建築圖像[2]

婆羅浮屠佛塔的石刻圖像為佛教與印度教的融合表現，在雕刻主題的呈現上，或為聖山（Meru Mountain）、或為曼荼羅（Madara）、或為佛塔（stupa），亦或是佛教經典典故的表徵。例如 Bosch 認為係由建造者依據較早的佛教故事所設定，其中佛陀扮演了重要的角色，並認為《華嚴經》（Gandavyuha-sutra）的觀念，早已置於建築師心中最崇敬的高點（Kandahjaya 2004：25-30）。

根據千潟龍祥〈婆羅浮屠的浮雕與佛典（ボロブド-ルの壁面浮雕

---

2 本文引用圖像除了特別註明的案例外，皆取自澳洲大學所設 borobudur 網頁：
  http://rubens.anu.edu.au/htdocs/bycountry/indonesia/borobudur/#context。而文中採用的石雕編號系統則根據 Krom 及 Van Erp 於 1920 年的方式，每層迴廊（gallary，以 G 表示）分成主牆（main wall，以 main 表示）、欄牆（balustrade，以 B 表示）兩個部分，a 和 b 表示壁刻的上層與下層，而 I、II、III、IV 則是 1 至 4 層的意思，另有 O 則是隱藏於臺基（Basement）部位的壁刻。

りと佛典）〉一文的介紹，婆羅浮屠佛塔包括已隱藏的基壇部分，各層迴廊主壁及欄牆的浮雕，都是以佛典為基底所刻畫出來的一系列作品。其中，有以「大業分別經」為根本，從中央向左右延伸，表現關於地獄、餓鬼、畜生、阿修羅、眾生、神祇等六界因業果報（舊基壇層 160 面），將因果報應的道理予以形象化，以達到教化民眾的目的。其他還有以釋迦如來傳記為主的刻畫，忠實地呈現了經文所描寫的內容（第 1 迴廊主壁上段 120 面），以及刻畫佛祖的「前生譚」與「譬喻譚」（第 1 迴廊主壁下段 120 面、欄牆上下段計 500 面和第 2 迴廊主壁 100 面）；而第 2 迴廊主壁則是將善財童子的求法過程分二次呈現，並將善財童子修證得道做為總結（第 2 迴廊主壁 128 面、第 3 迴廊主壁 88 面、第 4 迴廊 84 面），最後則是第四迴廊描寫「普賢行願讚」的 62 偈表現（第 4 迴廊主壁 72 面）（千瀉龍祥 1971：268-271）。

　　相較於其他地區著名的佛教石刻紋飾，中國山西大同雲岡石窟具有莊嚴、悲愁之美，印度桑奇佛塔具有濃厚的大自然觀感，而婆羅浮圖佛塔則是洋溢了豐富的人間趣味（並河亮 1971：243）。其間的差異關鍵，便是多了許多爪哇地區特殊的生活、環境的刻飾主題。並河亮在其文章中以「從浮雕看民族的活力與心性」為子題，討論了這些生活意味十足的圖像，認為這些由年輕匠師所負責的作品，呈現了前述六道（地獄、餓鬼、畜生、阿修羅、人、天）眾生的具體實踐，而其意義正是佛陀與六道眾生共存、渡化的慈悲救贖表現。

　　根據並河亮的觀點，這些石刻圖像的美感及題材多取材自爪哇當地的自然環境，當地年輕工匠所雕製的欄牆下層，儘管浮雕良莠參差，技巧也不純熟，但卻富有變化、生動活潑，蘊含獨創性且極具魅力。浮雕題材以庶民故事為主，例如「本生譚」一類的故事或民間傳說，陳述著世尊佛陀前世累德積功的故事。相較於對面第 2 迴廊主壁的釋迦傳、譬喻故事等嚴肅的題材，欄牆上的浮雕多是些龜、豬、兔、猿等動物形象的描寫：

「可想見當時爪哇年輕工匠一邊被工頭叱責，一邊雕刻農夫、村

中情侶、花朵水果等的工作情況。……當……初的施工光景,彷
彿歷歷在目:搬運石塊的工人、切割石塊的工人,堆砌石塊的工
人,大聲地喧鬧著、叫著、笑著。……這是和平的爪哇,自然景
觀、風土習俗、住民性情都和印度截然不同。特別是婆羅浮屠附
近自然景色,非常優美。民情純樸、熱心助人、個性正直,這種
風土民情被學者稱為印度-爪哇美術。……浮雕中不論是主角、
配角都呈現清純的感覺。人物呈圓胖外型,雖然很孩子氣,又愛
惡作劇,但由其表情、肢體、手勢,都可窺見其個性之淳良;……
我想這代表了爪哇國王和民眾的性格。這些浮雕是雕工們在參考
了印度傳來的佛畫後,再加上自有的獨特美學與感觸,所創造出
來富含民族心性的鉅作。」(Ibid.:247)。

　　婆羅浮屠石刻圖像中的原住民建築,當然也是表現爪哇當地社會風
俗不可或缺的構成元素之一,加上佛說故事中各種典故的場景需求,建
築似乎成了石刻主題中必備的配景之一,儘管不是表現的主題,然而卻
也透露了婆羅浮屠佛塔建造當時工匠對於印象中或經驗中建築形式的
具體呈現,有的建築學者甚至認為這些建築圖像,根本就是模仿當時既
有建物而刻畫出來的,亦即西元 8 世紀時爪哇地區的真實建物表現
(Atmadi 1988:53)。Korm 在 Ib-86 石刻中對房子作了如下的描述:

　　「這棟房子令人印象深刻,我們看到左部的部分,相對石刻中裝飾
豐富的皇宮,它提供了當時日常生活住屋的極佳表現」(Korm 1931:299)。

　　而這些建築圖像,事實上也反映了今日印尼及爪哇各地尚存的神廟
建築形式。

二、石刻圖像中木造建築概況

　　Atmadi 在其研究中,依據材料的分別統計了石刻圖像建築的類型,
包括 147 個磚石造建物、254 木造建物、6 個金屬造建物(metal structures)
及 463 個建築裝飾圖像(只有外型而已,其中有磚石造,也有木造)
(Atmadi 1988:228)。

表 1　婆羅浮屠石刻圖像中建築的統計一覽表[3]

位置	石刻總數	典故關連	磚石造	%	典故比例%		木構造	%	典故比例%		佛塔
O	160	a	23	16	16		99	38	38		-
Ia	120	b	26	18	18		33	13	13		-
Ib	120	c	18	12	40	74%	34	13	36	86%	4
IBa	372		10	7			23	9			5
IBb	128		25	17			17	7			15
IIB	100		6	4			17	7			1
II	128	d	7	5	23	26%	7	3	12	14%	3
III	88		24	16			9	3			-
IIIB	88		2	1			2	1			-
IVB	84		1	1			12	5			2
IV	72	e	5	3	3		4	2	2		1
總數	1460		147				260				

說明：石刻圖像的典故關連：**a.大業分別經**，**b.釋迦如來傳記**，**c.佛祖前生譚與譬喻譚**，**d.善財童子求法**，**e.普賢行願讚**。

　　依據表 1 的統計數據，磚石造建築的分佈，以描述佛祖前生譚與譬喻譚故事的石刻部位為主，其次則是 2 層迴廊上部分佈較多；而木構造建築圖像與佛塔基壇、各層迴廊的分布關係，大致呈現了下層（基壇、2 層迴廊）佔絕大比例的現象（86%），2 層迴廊以上（14%）則甚少發現，到了 3 層迴廊時已幾近個位數（2%）。至於磚石造與木構造的關連，低層部分多為木構造，到了 2、3 層迴廊時則以磚石造為多，至最上層部位，則兩者都只有一、二例而已，變成描述善財童子求法、普賢行願讚等佛典的內容表現。

　　由此看來，婆羅浮屠石刻圖像的內容亦反應在建築材料的變化上，下層因反應地方生活的情景，大批木構造建築出現，上方第 2 回廊以上因佛教神聖空間的塑造，而次第增加磚石造佛殿的比例，到最頂端第 4 迴廊幾乎所有建築石刻都已消失，此種關係正反映了婆羅浮屠佛塔由地面基壇而起的「欲界」，到上面四層的「色界」，以及最上數層的「無色

---

[3] 本表數據引自（Atmadi。1988：32）。該表數據總數統計於 II、III、IV 層錯誤頗多，由於缺乏確切可證的資料，故本文統計數僅可視為參考。其中，Atmadi 認為的金屬構造建築的說法應是誤解，根據其形式僅是以三角楣牆作為正立面表現，因此應該仍是木構建築，因此本文將金屬造建物圖像納入木造建築的數量統計，並將 IV 的橋樑圖像排除。

界」三種境界的呈現。[4]

　　關於石刻圖像中磚石造或木造建築的判讀，Atmadi 主要是根據建築屋頂的形式加以認定，並將木構建築分成五類，包括馬鞍式頂（saddle-shaped roofs）、平脊頂（level-topped roofs）、圓脊頂（level-topped roofs with rounded edges）、尖頂（pointed roofs）、重簷頂（tiered roofs）等（Atmadi 1988：33）。這些建築型態中具體可徵的建築圖例，其實只佔木造建築比例的少數，其數量只有近 30 例而已，約只佔木造建築總數（260 個）的 12%，其他 88%的木造建築大都只能辨識建物簡易的外形輪廓，也因此屋頂形式成了 Atmadi 較為可行的判斷依據。

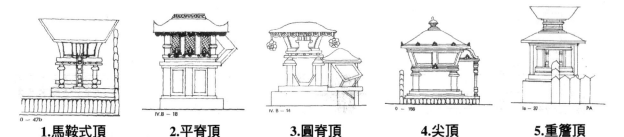

1.馬鞍式頂　　　2.平脊頂　　　3.圓脊頂　　　4.尖頂　　　5.重簷頂
圖 1　Atmadi 對婆羅浮圖石刻木造建築的五種分類。出處：（Atmadi 1988：33-39）

　　Atmadi 依據屋頂形式對木構造抑或磚石構造的判斷方式，大致符合石刻圖像的平面表現特徵。試著檢驗石刻圖像對於木材、磚石材料的構圖規律與手法，圖 2 石刻建築中的木造元素便是一個可供分析的參考依據。其中，圖 2-1 至 2-3 顯示了馬車上的棚架形式，其屋頂為馬鞍式，其中圖 2-1 看得到側面細部，這些棚架皆應為輕質的木（竹）造材料所構成，而下方支柱部分亦不可能是磚石造的作法。因此，此一細部應該即是木構造棚架的典型作法表現。另外，圖 2-4 石刻畫中的寶傘，其下部木桿收頭作法亦為木造支柱的另一典範，都可以作為判斷石刻圖像是否為木造建築的參考依據，圖 2-5 及 2-6 便是木構造神臺建築的表現圖

4　欲界、色界、無色界為佛教三界之分。「欲界」是慾望的生活世界，包括淫欲、情欲、色欲、食欲等；「色界」意指物質的形色，超越欲界的物欲快樂，便屬精神的禪悅。而「無色界」則屬最後大梵天的理想境界，超越欲、色二界而得禪定，就得到佛教所說的解脫。

例，而這兩個屋頂建築形式，其實便是婆羅浮屠石刻建築圖像的木造建築的兩個基本圖案，一個是簡化的馬鞍式頂（圖2-5）、一個則是簡化的平脊四坡頂（圖2-6）。

2-1　馬車。IVB-17b

2-2　馬車。Ia-39

2-3　馬車。Ia-34

2-4　傘與木造神臺，Ib-67

2-5　木造神臺，Ib-42

2-6　木造神臺，Ib-66

2-7　石造神臺，Ib-63

2-8　Sewu 神廟石龕上的仿木石柱

2-9　Lunbang 神廟石壁刻的仿木石柱

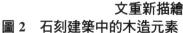

2-10　婆羅浮屠北側階梯洞門磚石構造疊澀手法。底圖出處：（Dumarçay 1977），本文重新描繪。

2-11　石造建築，O-103

圖2　石刻建築中的木造元素

　　相對地，由於磚石造建築在刻作過程中亦可仿作木造形式，因此若由屋身柱式判斷，則易引起誤判（可參圖 2-8 及 2-9）。此外，磚石構造的承重構造特性，亦可作為圖像判斷的有利憑藉。由於磚、石材料具抗壓力、不抗拉力的結構特性，因此其開口部或外形收邊皆須藉由疊澀（corbelled arch）或拱券（arch）手法處理方為可能。其中拱券方式未見於婆羅佛屠的石刻圖像之內，此處略之，而疊澀係指磚、石逐層向外推出或向內收分的特殊堆砌手法（圖 2-10），以達成挑空的形式目的。此一作法，其實正是婆羅浮屠佛塔興築的基本構造方式，各層塔身收分的處理，或階梯上方的洞門等皆是以疊澀手法疊砌而成，而其圖例則可以圖 2-11 為代表。

三、石刻圖像中的木建築與印尼風土建築的關聯

　　巴里島內有幾個著名的爪哇原住民 aga 族聚落，例如 Tenganan、Truyan、Asak、Sembiran 等，這些年代久遠的原始村莊（village of Bali Aga）約於西元 14 世紀 Majapahit 王朝以前，便已脫離爪哇王子的統治。由於受到山勢或湖水阻隔的關係，這些住民甚少受到外來宗教—印度教的影響，至今仍維持著傳統住民的風俗與慣習，不同於巴里島其他建築的形式與空間關係，Aga 村落中的建築大致上仍傳承了舊有建築的特色（Indonesian Heritage 2001：38）。以下即藉由 Tenganan、Truyan 兩村建築形式的輔助，提供婆羅浮屠石刻圖像中木構建築特色的解讀。

（一）石刻圖像中的風土建築類型與形式

　　承如前述，婆羅浮屠石刻的木造建築圖像，約有 230 個是以簡易的木造屋形表現，不論是馬鞍式頂或平脊四坡頂，其空間的使用多以佛陀居內以弘揚佛法的「神臺」建築形式，此類建築，亦為印尼傳統聚落神聖空間軸線上相當常見的神臺空間（shrine pavilion），乃是提供神聖儀式舉行的場所。圖 3 為婆羅浮屠木建築圖像類型的整理，圖 3-1 至 3-4

圖像為四柱神臺形式，亦是數量最多的建築圖像，稱作 sakpat。圖 3-5 為穀倉建築，為南島族群相當常見且易分辨的聚落附屬建築類型，其柱頭防鼠板為其重要特徵。而圖 3-6 為公共神臺，共 12 柱，巴里島當地又稱作 bale bali，提供大型公共儀式使用，亦為印尼傳統聚落中的重要建築之一。圖 3-7 與 3-8 雖然屋頂形式有異，不過都是圍牆入口處的四柱重簷高層建築，當地稱作 bale kul-kul，一般作為鐘樓或瞭望塔之用。圖 3-9 則是八柱並具有高臺基的神臺建築，稱作 bale agung。而圖 3-10 亦是前述神臺的表現，只是在屋頂形式上採取了不同的處理手法（接近馬來建築屋頂形式）。

3-1　四柱神臺，O-65　　3-2　四柱神臺，O-4　　3-3　四柱神臺，Ib-29　　3-4　四柱神臺，Ib -92

3-5　穀倉，O-47　　3-6　十二柱公共神臺，Ib-54　　3-7　鐘樓，Ib-112　　3-8　鐘樓，Ib-33

3-9　八柱神臺，O-47　　　　　3-10　八柱神臺，Ia-43

圖 3　婆羅浮屠木建築圖像的神臺類型

　　巴里島傳統建築形式中，大致上以柱子的數量作為不同建築類型的分別，其中 4 柱、8 柱、12 柱或更多如 14、16、20 柱等，為提供神聖儀式舉行的場所：神臺空間（sacred pavilion），若 8 柱再搭配高臺基出現，則是神明的聚會廳（稱作 bale agung），若是 8 柱再搭配前廊，則作固定方位（如北側）的神臺空間使用（稱作 bandung）。而其他形式與柱數的建築，則是像家屋（8 柱含四周牆壁，meten）、廚房（6 柱，sakenam）、工作臺（9 柱，sakesia bunder）等建築類型（Wijaya 2002：46）。依此，婆羅浮屠石刻圖像所見的建築類型，幾乎都是以各類「神臺」空間為主，其中又以四柱神臺數量最多，基於神臺特殊的儀式空間特性，正好符合了婆羅浮屠石刻主題中佛陀教化民眾、宣揚佛法的場景需求。

4-1 Tenganan 的神臺（sakepat）

4-2 Tenganan 的穀倉與神臺（lumbung）

4-3 Tenganan 的神聖長屋（bale lantang）

4-4 Truyan 神聖長屋（bale lantang）

4-5 Truyan 的公共神臺（bale bali）

4-6　Tengana 存中形式簡易的神臺建築

圖 4　Tenganan、Truyan 聚落中的各類神臺建築

　　圖 4 為 Tenganan、Truyan 兩個 Aga 原始村莊的神臺建築形式，其現況幾乎與前述圖像的特徵相互吻合，其中圖 4-6 的神臺形式雖然非常簡單，但卻也和石刻建築圖像中簡易的四柱神臺有著明顯的相似之處。

如果說婆羅浮屠石刻的建築圖像代表了西元 8 世紀時的地方風土建築樣貌，那麼在兩村今日所見的建築，其淵源可與 1200 年前的傳統相提並論，此一特色除了說明今日 Tenganan、Truyan 建築的悠久傳統外，也證明了婆羅浮屠當時石刻構圖確實有所根據。

此外，婆羅浮屠石刻圖像中各建築圖像的屋頂，依其造型不同，大致可區分成四類，包括（1）馬鞍式頂：亦是常見的長脊短簷，此類屋頂形式，因其屋脊長於屋簷之故，而有「長脊短簷」說法出現[5]，可參圖 5-1 及 5-2。（2）四角尖頂：此類屋頂的特徵為屋脊聚集到中央頂點，可參圖 5-3；（3）四坡平脊頂：此例即為前述的神臺建築形式，可參圖 5-4。（4）重簷頂：其上層屋頂有四角尖頂和四坡平脊頂二種，可參圖 5-5 至 5-7。

5-1 馬鞍式頂，IVB-50

5-2 馬鞍式頂，Ib-87

5-3 四角尖頂，O-89

5-4 四坡平脊頂，Ib-92

5-5 重簷頂，Ib-54

5-6 重簷頂，IBb-95

5-7 重簷頂，Ib-107

圖 5　石刻建築圖像的屋頂形式

---

[5] 長脊短簷的說法，係指稱脊檁長過屋身及出簷，原係林會承引述安志敏之稱謂（林會承 1984：87），大陸學者楊昌鳴加以引用，甚至認為它是中國古代干欄建築的主要特點之一（楊昌鳴 2004：82）。

（二）石刻圖像的木構架特色

　　圖 6 為石刻圖案中少數幾張可以見到木屋架構造形式的建築圖像，儘管數量很少，然而對於瞭解婆羅浮屠木建築柱樑構造的特性，已經提供了足夠的訊息。其中，圖 6-1 至 6-3 的神臺建築，其屋頂側向三角屋架內，清楚可以發現南島建築中重要的中柱（king-post），而圖 6-4 則為構圖相當清晰的穀倉建築形式。依此，婆羅浮屠石刻圖像的木建築構造特徵，大致可以整理成圖 6-5 及 6-6 所示，其間差異除了穀倉的防鼠板外，還有下部的柱基與磚石臺基。

6-1 屋頂構架，Ia-84　　**6-2 屋頂構架，O-123**　　**6-3 屋頂構架，O-79**　　**6-4 穀倉構架，Ib-86**

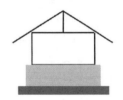
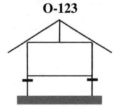

6-5 神臺構架形式　　**6-6 穀倉構架形式**

圖 6　木屋架構造

　　婆羅浮屠佛塔位於印尼爪哇中部，因此爪哇的民宅或建築形式的理解，當有助於釐清今日爪哇風土建築的形式與佛塔石刻建築圖像間的關係。圖 7-1 至 7-4 為爪哇地區幾個木造建築案例，圖 7-5 至 7-8 則是爪哇傳統建築的木構架形式。可以發現，儘管爪哇建築形式在外形上已與婆羅浮屠圖像稍有差異，不過大體上仍維持著平脊四坡頂的造型。雖說如此，爪哇家屋仍與前述婆羅浮屠石刻有著相同的木構架形式，亦即皆由中柱作為屋頂的主要支撐結構，其下再透過樑柱將屋頂重量傳遞至地上。

7-1 爪哇 Taman Sari
（水晶宮 Water
Castle）旁家屋

7-2 爪哇 Solo　Royal
Palace 門屋

7-3　爪哇 Sangiran 附
近村落家屋

7-4　爪哇 Sangiran 附
近臨時建築

7-5 正向剖面

7-6 重簷正向剖面

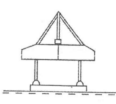
7-7　側向剖面

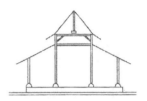
7-8 重簷側向剖面

圖 7　爪哇地區建築傳統建築
出處：Arsitektur rumah Tradisional Jawa.

　　圖 8-1 至 8-3 為婆羅浮屠石刻木建築圖案中構架形式特徵非常清晰的幾個穀倉案例，儘管不是主要的神臺空間，然而構架特徵還是足以提供瞭解當時木構架的特色。試著再以巴里島兩個原始村落 Tenganan、Trunyan 的案例作為對照，藉由這兩個村子的公共祭臺木構架形式的討論，來看看這個承襲幾百年傳統的木建築構架之特色究竟為何。圖 8-4 至 8-6 為兩個村落神臺的剖面示意圖，三組構架形式皆為典型的南島干欄建築形式（高床建築），8 根支柱者稱作 Sakutus，如果加上抬高的基礎則作 Bale Agung，超過 12 根支柱者則為 Bale Lantang，都是神廟內舉行儀式的神臺空間（shrine pavilion）。

8-1 馬鞍式頂，O-65

8-2 馬鞍式頂，O-119

8-3 四角尖頂，　O-88

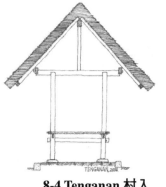

8-4 Tenganan 村入口處村廟中祭臺木構造示意圖

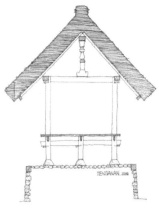

8-5 Tenganan 村中軸上公共祭臺木構造示意圖

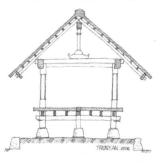

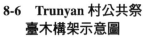

8-6　Trunyan 村公共祭臺木構架示意圖

圖 8　印尼木構架建築的特徵

　　整體而言，木構屋架一般立於高低不同的臺基上方，臺基形式有高有低，鋪面處理也不盡相同，有卵石鋪地、磚、石造基身，也有夯土整

地而已，應是依照各棟建築的重要性而有的差別。上方的高架木柱（Saka，Adegan）都立於礎石上方，石礎（Sendi）多由磨石製成，部分是混凝土。立完木柱後，以水平橫向的短木（Sunduk Bawak 及 Sunduk Dawa）交互貫穿串接完成，再鋪上床版（Taban），形成一個暫時穩定的木構架。再來再以相同的構架方式，完成屋頂下方的另一層水平框架，這當中包括臨接簷口的水平樑木—簷樑（Lambang），以及作為屋頂脊樑下方中柱（Tugeh，King-post）支撐的橫樑，共同構成一組方形框架式的樑柱構架。至於屋頂的作法，則是將椽木（Pemade）等距排置於脊樑與簷樑上方，約 40 公分間距，其上方再覆蓋上像 alang-alang 草、木片、竹片、瓦等屋面材料。

　　三座祭臺的組構方式其實相當單純，雖有規模大小、裝飾繁簡的差異，不過組構方法完全一致。對照之下，木構架上方脊樑下的中柱便成了整組構架的外加元素（也是整座建築的結構弱點）。其實，中柱的作用除了承接屋頂重量，再將外力由橫樑送至木柱以至地面，中柱也是決定屋頂坡面斜率的關鍵元素，用以因應各地不同的風土氣候條件，而且由於位置特殊，經常可以發現豐富的雕刻圖樣出現。

9-1 榫接與插梢
（Tenganan）　　**9-2 榫接與插梢**
（Trunyan）　　**9-3 柱樑搭接形式**
（Trunyan）

　　這些構架安置的同時，固定構架的木質插梢或木釘也相當重要。木構架在世界各地發展的結果，大多會形成一套獨特的榫接系統，然而此處所見榫接形式，表現地卻很「直接」。榫口凹凸之間，皆為方口斷面，深度不一，不過並未見到如燕尾榫（蟻接）等斜口形式，因此需藉由插梢或木釘進一步加以固定，這也是 Trunyan、Tenganan 兩村建築木構架看起來特別粗獷的原因之一。綜合比較婆羅浮屠石刻的木建築構架特

色，其形式特徵與 Tenganan、Trunyan 兩村的神臺建築幾乎一致，外型也完全符合。兩相對照，似乎看到了婆羅浮屠與 Aga 原始村莊彼此間密切地關連所在。

三、石刻建築圖像潛藏的工匠議題

「這些工人中，有因南印度 Pallava 王朝敗亡，而逃難至 Pala 王朝奧里薩邦的人；也有漂洋過海來到此地參與工程的人。後者的熱誠感動了爪哇國王，也鼓舞了當地的年輕工人。」（並河亮 1971：247）。

婆羅浮屠佛塔的營造過程，由來自各地的工匠共同進行，其中除了佛教徒的專責指導與負責建築設計師外，當然也包括為數眾多的各地工匠。這些外來的石匠工人，由於對爪哇地方建築形式的不瞭解，因而在執行石刻雕作的過程中，往往添加自己的觀察與經驗，也因而出現許多不符地方風土建築特色，或是出現原屬不同建築系統卻混置在一起的圖像。事實上，這個現象的理解便是瞭解背後工匠背景的最佳途徑，礙於手邊資料的缺乏，以下僅針對圖像中幾個特殊的案例分別說明與推論。

（一）馬鞍式重簷屋頂（複合形）

此類屋頂形式與重簷尖頂的不同，在於上層屋頂為馬鞍式形狀。此類圖像在婆羅浮圖的石刻圖像中並不多見，其圖像配置多位於入口大門之處，也因此圖像中通常都有圍籬圖樣在其下端並隨出現。圖 10-1 至 10-4 為馬鞍式重簷頂的幾個案例。其中，圖 10-1 至 10-3 為鐘樓，10-4 則是公共神臺。此類屋頂形式其實並未在印尼各地區的風土建築中出現，在其他東南亞地區亦甚少見到相同的案例，較為類似應為蘇門達臘島北部的 Karo Batak 建築形式（如圖 10-5）。而圖 10-6 則是建於 1624 年的偉迪哈山清真寺，為泰國類似構架形式最古老的案例，此為伊斯蘭清真寺，其屋頂形式與 Karo Batak 相似。

10-1，Ia-37

10-2，Ib-33

10-5，蘇門達臘的 Karo
Batak 建築。
出處：（Indonesian
Heritage 2001：25）

10-6，泰國偉迪哈山清真寺
（Pattani 省）。
出處：The Thai House；
History and Evolution

10-3，IB-50

10-4，Ia-42

圖 10　馬鞍式重簷屋頂

　　由於重簷尖頂為爪哇傳統的外型特色，上部屋頂更換為馬鞍形式其
實並未發現，此種形式出現的最大可能是工匠在雕作「重簷」建築石刻
時，將上方平脊四坡頂（或尖頂）直接「更換」，以馬鞍式頂「取代」，
其圖像創作因而是一種偶然的組合，亦即是石匠工人在不瞭解地方建築
形式的情況下創作產生，因此有重簷尖頂（圖 5-6）、重簷馬鞍式頂兩種
鐘樓（瞭望塔）同時出現於石刻圖像中的現象。當然，依據 Karo Batak
的木構架形式要完成圖 10-1 所示的重簷馬鞍式屋頂外觀，在結構構成
上應為可能。不過 Karo Batak 建築兩個屋簷間並未如石刻圖像一樣出現
支撐短柱（2 或 3 柱），兩者間的關連仍然無法進一步確認。

（2）木建築旁側的臨時遮棚與入口門廊

　　圖 11 為附設於神廟與神臺建築旁的臨時遮棚架圖像（圖 11-1 至
11-4），此類棚架圖像，於今日巴里島印度教神廟案例中不難發現（圖
11-5 至 11-7），其功用應是儀式舉行期間的臨時遮棚，而在小神廟的遮
棚下方則有類似神案供棹，用來陳設祭拜時的供品。由此亦可再一次說

明婆羅浮屠石刻中建築圖像的地方特色。

11-1　IVB-18

11-2　IVB-4

11-3　IVB-V 21

11-4　IVB-14

11-5　巴里島印度教
　　　神廟

11-6　巴里島印度教
　　　神廟

11-7　巴里島印度教神
　　　廟

圖 11　婆羅浮屠石刻圖像中的臨時遮棚架

　　與之有類似配置關係的，為磚石造佛殿石刻圖像經常可以見到的入口門廊，Korm 以「門廊」（porch）加以稱呼，而 Atmadi 則以前廊（vestibule）歸納成磚石造神廟建築的一種特徵。仔細分析其構成，圖 12-1 應為標準的石造佛殿門廊，圖 12-2 的門廊前端則出現類似木造支柱，到了圖 12-3 時，其門廊顯然已轉變成木造馬鞍式屋頂形式，由此可以見到各圖像間的不符之處。進一步觀察木造建築旁的門廊，其現象便更加明顯，圖 12-4 為木造神廟前加設木造門廊，為前述加設臨時棚架的表現，而圖 12-5 本為穀倉類型（具防鼠板），其前方加上門廊，顯然完全不符地方建築的特色。

12-1 石造佛殿與門廊，Ia-81

12-2 石造佛殿與門廊木柱，O-43

12-3 石造佛殿與木造門廊，Ia-35

12-4 木造建築與門廊，Ia-116

12-5 木造穀倉建築與門廊，O-30

圖12　木建築門廊的添加

　　此一現象亦發生在對原有建築圖像細部的美化上。根據前一小節對建築圖像的討論，印尼風土建築原有木構架形式幾乎都是結構機能的反應，除了統治者或社會位階較高者有各類裝飾出現外，多數建築幾乎甚少出現不必要的裝飾，因而展現了簡潔、粗獷的木構特色。試著檢視圖13中各石刻圖像，圖13-1為馬鞍式神臺，其床部下層以雕畫格子紋作為裝飾，並於右側添加門廊（上方有鳥）。圖13-2及13-3兩例皆為木造穀倉，案例中的防鼠板作法，顯然已非單純的一塊平版，而改以層疊線腳收分加以裝飾，如同石造柱礎一樣；而兩例的屋頂裝飾則更加明顯，都採用了許多石造佛殿才有的屋簷裝飾。

13-1　馬鞍式神臺，　　　13-2　四角尖頂穀　　　13-3 O-158　　　　13-6 Siva 神廟
　　　　III-11　　　　　　　　倉，IVB-14　　　　　　　　　　　　　　　　（Prambanan）石刻中
　　　　　　　　　　　　　　　　　　　　　　　　　　　　　　　　　　的建築圖像（十世紀）。
　　　　　　　　　　　　　　　　　　　　　　　　　　　　　　　　　　出處：（Dumarçay,
　　　　　　　　　　　　　　　　　　　　　　　　　　　　　　　　　　　1987: 7）

圖 13　建築圖像的細部美化

　　如此看來，婆羅浮屠石刻圖像中，確實存在一些不合地方建築形式
的組構結果，建築元素「拼貼」儘管都在些微的小細部上，然而卻也變
成解讀石刻建築圖像很好的切入點。而其出現的原因，推測多是因為外
來石匠工人對於地方建築型式的不甚瞭解所致，因此在一些細微的作法
上，或援引既有作法直接添加，或參照過去的經驗進行創作，因而產生
有趣的「差誤」。

　　圖 12-6 為 Siva 神廟（Prambanan）石刻中的建築圖像，亦是透露出
此一特色表現的有趣案例。此棟建築的圖像，幾乎集合了木造、石造建
築的所有特徵於一身。其中，上層屋架、中層出簷和下部基腳為木構架
系統特色，中柱、桁樑，基腳的斜撐等都是明顯的特徵，然而中間屋身
部位卻反映了磚石造的建築的疊澀樣式，而基角其實也是磚石造的形式
特色。由此看來，諸此種種差誤，或許是外來工匠參與婆羅浮屠石刻工
程的證據之一。

五、木造屋脊上的鳥類圖像

　　在石刻建築圖像的整理過程中，鳥類大量出現在屋頂上是個相當有趣的現象。這些建築屋頂上所發現的鳥類紋樣，大致可以歸納出幾個特色，包括出現位置多位於屋頂屋脊上方，以木造建築的斜屋頂居多，磚石造建築幾乎甚少發現等皆是。觀察鳥類的型態，以棲息屋頂者居多，加上少數飛翔、行走的樣貌。由於木造建築與磚石造建築間存在著神聖與世俗的差異，鳥類圖像的出現是否正代表著地方圖案的另一象徵？這些圖像的出現原因顯然無法確定，不過如果說當初建造時工匠間沒有特殊的約定或工作準則存在，想必是無法出現如此規律的表現手法。

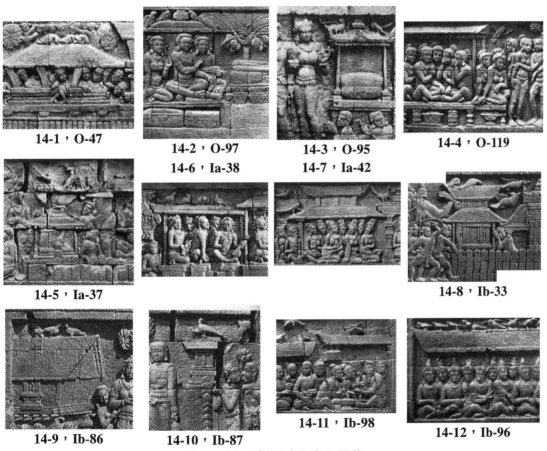

14-1，O-47

14-2，O-97
14-6，Ia-38

14-3，O-95
14-7，Ia-42

14-4，O-119

14-5，Ia-37

14-8，Ib-33

14-9，Ib-86

14-10，Ib-87

14-11，Ib-98

14-12，Ib-96

圖 14　屋頂鳥類（孔雀）圖像

　　對於這些鳥類圖像，Krom 在其著作中，詳細地描述了各個石刻作品的典故，文中就有提到這些鳥類圖紋的敘述，舉例而言，Krom 描述 Ia-38 圖像時提到：「屋頂上有四隻鴿子（dove）棲息在屋頂上」（Krom 1931：142）；而 Ia-42 石刻，則是「神臺的屋頂以花瓶裝飾，孔雀（peacock）則棲息在那裡」（Ibid.：147）。Ib-33 石刻上的鳥類圖像，則有「在屋頂上有兩隻鳥（bird），有兩隻因為聲響的關係飛走了」的形容（Ibid.：265）。而 Ib-87 則是「小門邊有座馬鞍式平頂穀倉，有一對孔雀（peacock）正棲息在屋頂上方」等等的描述（Ibid.：300）。

圖 15　磚石造與木造建築屋頂鳥類圖像的對照，II-95

　　Korm 對於鳥類圖像的說法，多為裝飾石刻之用而已，儘管有鴿子、孔雀的分別，顯然無法說明這些鳥類圖像出現的原因，對於這些鳥類為何出現在木構造建築屋頂，或特別是印尼當地傳統建築的斜屋頂上，顯然都未提到。其實，圖騰作為信仰的表現特徵，其與原住民住屋的關係本來便很密切，例如此類鳥類紋樣亦可見於東山銅鼓（Dong-Son drum）的飾樣上。東山文化分佈區域以北越紅河流域下游為主，而銅鼓便是東山文化的代表器物，東山文物的分佈，說明了北越與東南亞地區於二千多年前，便有很緊密的交流[6]。這些銅鼓除了是地位的象徵外，銅鼓上豐富的鳥類圖騰，亦是作為呼喚祖靈的一種樂器（Bellwood 1978：185）。以雲南所發現的銅鼓圖騰為例（圖 16），孔雀位於馬鞍式屋頂上方，另

---

[6] 廣義的東山文化（Dong-Son Culture）分佈於東南亞地區，並以北越為發展中心，其分佈區域於南越、泰國、寮國、柬埔寨、馬來半島、爪哇及其東部島嶼等地皆可發現，其時間據研究指出大約是西元前 3 世紀至西元 1 世紀間（Bellwood 1978:183-191）。東山文化除了東南亞一帶外，於雲南地區亦有發現，其最遠亦可達 Sangeang（近 Sumbama）。

有擊鼓及跳舞的羽人圖形，並配合外圈的鳥紋圖飾予以裝飾。

16-1　東山文化銅鼓　　　16-2　馬鞍式干欄建築上　　16-3　羽人及鳥紋裝飾
　　　　　　　　　　　　　　　　　方的鳥類圖騰

圖 16　雲南東山文化銅鼓
出處：（Bellwood 1978：184）

　　屋頂上的鳥類圖騰，同時也出現在印尼地區的其他原住民住屋案例中。例如 Timor 島上的 Kefa 區住屋，在頭目（統治者）住屋的屋頂屋脊上方，便有象徵統治權力的公雞與鳥類木刻（Dawson 1994：158）。此外，鳥類圖騰亦可在許多屋形棺木的屋脊上發現，例如托巴（Toba）Lumban 地區的屋形棺木鳥飾，此例屋脊形式為一艘獨木舟（有時也會有人形木刻坐在船上），具有死後帶引靈魂旅行的代表意義，並由鳥群（稱作 manuk-manuk）在旁護衛，以保護身後靈魂行旅的安全（Waterson 1990：211-213）。歸納言之，住屋屋脊上的鳥類圖騰，確實有其特殊的象徵意涵，不論是地位或是保護的作用。婆羅浮屠石刻中木造屋脊上鳥類圖像的出現顯然並非偶然，除了當時風土建築場景的呈現外，似乎應該也有其代表意義才是。

17-1 頭目住屋上的木刻
鳥飾。出處：（Dawson
1994：158）

17-2 托巴（Toba）
Lumban 地區屋形棺木
上的鳥飾。出處：
（Waterson 1990：212）

17-3 沙勞越（Sarawak）
Kejaman 地區屋形棺木
上的鳥飾。出處：
（Waterson 1990：201）

圖 17　屋脊上的鳥飾

　　類似的象徵意涵，事實上也大量出現在其他地區的鳥類圖騰與傳說
之中，例如楊昌鳴引《山海經》的記述，認為這些銅鼓鳥類圖騰的出現，
應與百越民族的鳥崇拜有所有關連：「**其為人長頭，身長羽**」。羽人的形
象因而經常在雲南、四川、廣西、越南等地的銅鼓上有所表現。至於鳥
類圖騰的目的與意義，《吳越略史》記載：「**有羅平鳥，主越人禍福，敬
則福，慢則禍。于是民間悉圖其形以禱之**」。另有一說是為了吸引鳥的
降落，以便借助從天而降的神靈來庇佑住屋乃至聚落村寨的安全，例如
泰國阿卡族、蘇拉威西的杜拉奇族等都有類似的傳說出現。依據這些想
像，鳥類崇拜便與船、牛等信仰、地位一樣，都成了東南亞地區原住民
間相當突出的圖騰象徵（楊昌鳴 2004：88-91）。

　　有趣的是，婆羅浮屠石刻圖像中裝飾華麗的磚石造佛殿建築（圖
18），其屋頂上亦規律地出現另一個鳥類的圖像：金那拉（kimnara）。
金那拉是佛教及印度教神話傳說中，佛國世界天空的樂師代表，圖像造
型的特徵為半女身、半鳥身。金那拉以舞蹈、歌唱及吟詩著名，為傳統
女性特質中美麗、幽雅及教養的象徵。此一圖像特色在石刻畫作中亦相
當常見，與木構建築屋頂上的孔雀、鴿子或鳥類有著類似的表現方式。
也因此，磚造與木造，相對於金那拉與鴿子（或孔雀），也許正是石刻

工匠創作時所依循的神聖、世俗區分與代表。

18-1 II-38

18-2 II-124

18-3 II-121

圖 18　婆羅浮屠石刻中的鳥神 Kimnara 圖像

由此看來，羽人擊鼓、羽人跳舞，加上銅鼓作為喚起祖靈的樂器之一，這些鳥類圖騰的存在，確實可以清楚地看到包括印尼群島在內的東南亞地區之文化關連，尤其佛塔石刻中磚石佛殿上方作為佛國世界的樂師的金那拉（kimnara），也以舞蹈、歌唱及吟詩著名。兩相對照，其間透露的對比訊息可說相當有趣。

類似的圖像特色，也出現在大約興建於西元 10 世紀初期的印度教神廟普南巴南（Prambanan）建築石刻畫作之中。相較於婆羅浮屠的表現，普南巴南神廟石刻中印尼原住民的干欄建築的表現特徵仍舊相當明顯，包括高架木柱基礎、馬鞍式屋頂等特色皆是，尤其屋頂木椽、木屋架中柱、地板橫木、石基礎的鋪設等等，都相當具象寫實。而其屋頂上的鳥類形式，則有不同於婆羅浮屠的形象特徵出現，例如這兩個案例上的鳥類圖像，都較像家禽中的公雞，圖 19-2 中甚至有狗的圖像出現在遮雨棚上方。尤其公雞所出現的位置，已非婆羅浮屠案例的木造屋脊上方，而是位置較低的屋坡上，而與屋旁婦女育兒、男人打架的生活景象共同形成一幅地方意味極為濃厚的畫面。

19-1　　Lara Jonggrang　（Visnu）神廟石刻
　　　　　中的建築圖像
　　出處：National Library of Australia,
　　　http://nla.gov.au/nla.pic-vn3413540

19-2　　Siva 神廟石刻中的建築圖像
　　出處：National Library of Australia,
　　　http://nla.gov.au/nla.pic-vn3413508

圖 19　普南巴南神廟建築群中的木建築圖像

　　整體看來，普南巴南神廟所屬的這兩幅圖像，更加生活化的體現了當時爪哇地區的情景，鳥類圖像的特殊位置與意涵，顯然已不像前述各個案例來得具體。換句話說，婆羅浮屠石刻中的鳥類圖像，更應有其一定的意涵與特色存在。

六、結語：
婆羅浮屠佛塔石刻圖像中的南島建築特色

　　圖 20-1 為地方住民共同合力肩抬一個樣似房屋的圖案，為一難得見到的圖像。此圖中的焦點建築究竟是不是房屋其實並不確定，不過應非石刻佛教典故中經常被提及用來裝載寶物的箱子（可比較圖 20-2 及 20-3 的寶箱石刻圖案），其圖形似乎又有可能是事死如生觀念下的屋形棺木，尤其棺木形式與房屋相似的案例存在於印尼各個地區，例如加里曼丹（Kalimantan）的 Ngaju，便是將房屋形式的棺木立於高架的木柱上，其他像 Toba Batak、Karo Batak、Toraja 等地都有類似的喪俗存在（Indonesian Heritage 2001：48-49）。雖說如此，從圖中肩抬人數看來，房屋的可能性不小，尤其房屋形象還沒算具體可徵，上有斜屋頂，四角屋簷並有彎曲翹起的裝飾出現，另外有屋柱（4 柱）、窗戶，臺基亦清

晰可辨，依此，其為搬遷房屋的圖樣應為可能。

20-1，IBa-266

20-2，床版下方的寶箱，O-65

20-3　床版下方的寶箱，O-77

20-4　蘇拉威西原住民的搬屋出處：《The Living House：an anthropology of architecture in South-East Asia》

20-5　菲律賓原住民的搬屋畫（菲律賓維干 vigan 國家博物館藏）

20-6　乘屋（臺邑新港社熟番豐年收成，復乘屋起蓋，其諸邑各社亦如此。）

出處：《番社采風圖》

圖 20　婆羅浮屠搬遷房子的圖像

　　一般房屋搬遷的目的有三：首先是家戶的遷移。由於干欄建築多以木、竹等輕質材料建成，因此合眾人之力便可以將家屋建築搬移至合適的位置以供居住；其次則是先將房屋各個構架元件先於地上組立後，再由村人共同合力抬至預定的基地位置加以固定；最後則是干欄建築的另一特色，由於干欄建築所在環境多為潮濕沼澤區域，木竹構架的基礎非常易於腐朽，干欄建築高架的支柱，正好可以作彈性調整，因此常見有切除下部腐朽屋柱，以繼續利用原有舊屋的情況出現，不過房子高度也

因而降低不少。此一特色亦可見於其他南島族群分佈的地區中，圖20-4至圖 20-6 為菲律賓、印尼蘇拉威西及臺灣平埔族遷屋的圖像。這些擁有共同淵源的南島族群，其實在圖像的表現上多少透露其間的關連。

　　綜合而言，婆羅浮屠佛塔石刻中的風土建築圖像，大致呈現了幾個特色，包括以神臺空間類型為主要空間型態，供作佛陀宣揚佛法的神聖空間之用，而其外形則以四柱平脊四坡頂、馬鞍式頂為屋頂表現特色。其他則配合地方風土的生活場景需要，搭配少數穀倉和入口鐘樓（瞭望臺），以呈現爪哇特殊的風土環境。而在圖像的木構架特徵方面，石刻圖像的木造屋架立於臺基上方，高架木柱下部有礎石，以作為防潮之用，而木柱間再以水平橫向短樑（包括橫樑、簷樑、床版樑）串接完成，形成一穩定的木構架，並在橫樑、脊樑間豎立中柱以支撐屋頂，形成一組方形框架式的樑柱構架，其上再敷設椽木、覆頂材料等，此即圖像所見的建築構架形式，特別是那些刻畫完整細密的穀倉建築皆是最佳的例證。最後，在圖像的象徵意義方面，本文挑選了木建築屋脊上規律出現的鳥類圖騰進行簡單地推論，東山文化銅鼓的鳥類圖騰關連，串接了雲南地區、東南亞及南島各族群的關連與想像，鳥類圖騰特殊的象徵地位，相對於佛國的樂師金那拉（kimnara），一世俗一神聖，似乎「很巧妙地」成為磚石造佛殿、木造神臺空間兩類建築間的親切對應。

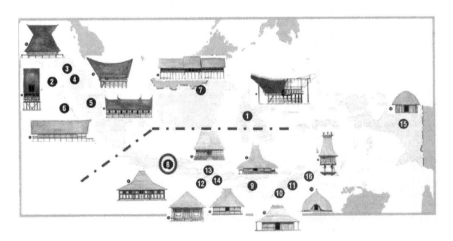

圖21　印尼傳統木建築的形式分佈圖
底圖出處：（Indonesian Heritage 2001），本文重新製圖。

　　諸此特色，都表現在婆羅浮屠石刻木建築圖像之中。其實，南島干欄建築的最大特色，便是因應潮濕、高熱環境的適應，下部空間除了畜養家禽外，亦提供婦女於高熱環境下日常生活、農閒家事良好的工作環境。圖 21 為印尼傳統木建築的分佈圖，在建築形式的地理劃分上，大致可以將婆羅浮屠佛塔所在爪哇島作為一劃分點，其南端、東端建築形式為尖頂或平脊四坡頂，而西側、北側則為馬鞍式頂的分佈區域。本研究所討論的婆羅浮屠建築圖象，馬鞍式頂與平脊四坡頂的數量幾乎都相當常見，與今日爪哇地區以平脊四坡頂為主的屋頂情形完全不同，也就是說，石刻圖象表現了比較多西北地區建築形式的特色。回顧前人研究中所談及佛教傳播路線，其間的關係為何亦可供作未來研究參考之用。本研究倉促成文，受限於時間與能力的諸多限制，想必疏漏、瑕疵不少，尚祈不吝指正。

參考書目

千瀉龍祥。1971。〈ボロブドールの壁面浮雕りと佛典〉。海野厚志譯。《ボロブドール》，頁 268-271。東京都：平凡社。

林會承。1984。《先秦時期中國居住建築》。臺北：六合。

並河亮。1971。〈ボロブドールの強烈な印象〉。海野厚志譯。《ボロブドール》，頁 237-250。東京都：平凡社。

楊昌鳴。2004。《東南亞与中國西南少數民族建筑文化探析》。天津：天津大學出版社。

曹德啓。1999。《曼荼羅的永恆迴歸：婆羅浮屠》。碩論：輔大宗教所。

Atmadi, P. 1988. Some architectural design principles of temples in Java : a study through the buildings projection on the reliefs of Borobudur Temple. Yogyakarta : Gadjah Mada University.

Bellwood, P. S. 1978. Man's conquest of the Pacific : the prehistory of Southeast Asia and Oceania. Auckland : Collins.

Dumarçay, J. 1987. The house in South-East Asia. New York : Oxford University.

Dumarçay, J. 1977. Histoire architecturale du Borobudur. Paris : École française d'Extrême-Orient.

Dawson, B. 1994. The traditional architecture of Indonesia. London : Thames and Hudson.

Hoenig, A. 1924. Das Formproblem de Borobudur. Batavia : Deutsche Buchhandlung C. Winckler.

Indonesian Heritage. 2001. Architecture（The Indonesian Heritage Series）. Singapore：Archipelago.

Krom, N. J. 1927-1931. Barabudur. The Hague, M. Nÿhoff.

Bechert, H., ed. 1981. Barabudur : history and significance of a Buddhist monument. Berkeley : University of California.

Kandahjaya, H. 2004. A study on the origin and significance of Borobudur

（Indonesia）. California: Berkeley.

Krom, N.J. 1931. Barabudur, archaeological description. Hague：M. Nÿhoff.

Waterson, R. 1990. The living house : an anthropology of architecture in South-East Asia. New York : Oxford University Press.

R. Ismunandar K. 2001 Arsitektur rumah Tradisional Jawa. Semarang（Java）：Effhar.

Miksic, J. ed.1996. Borobudur and the Rise of Buddhism, Ancient History, Indonesian heritage,（1）. Singapore：Archipelago.

Miksic, J. N. 1990. Borobudur : golden tales of the Buddhas. London : Bamboo.

Wijaya, M. 2002. Architecture of Bali: A Source Book of Traditional and Modern Forms. Singapore：Archipelago.

由清代官祀天后體系看臺灣官祀天后宮建築的幾點特色

一、前言：清代官祀體系下的天后祀典

　　清代臺灣地區所屬的直省府（州）縣官祀建築系統，其實包含了四種類型：（1）社稷、先農、風雲雷雨、境內山川、城隍、厲壇、先師、關帝、文昌，此為府（州）縣層級的標準祀典類型。（2）禦災捍患諸神祠。（3）名臣忠節專祠及總祠，含忠義孝悌祠、昭忠祠、節孝祠、鄉賢祠、名宦祠等。除了第一類型基本固定祀典外，其它都是由地方職司官員向上呈報，待得到敕封以後，方得建祠或進入祀典之列，這也使得官祀體系出現了極具地方色彩的祀典神祇，如諸神祠一類：「若夫直省禦災捍患有功德於民者，則錫封號，建專祠，所在有司秩祀如典」（薩迎阿 1966：2546），地域特色豐富的官祀建築也隨之出現。

　　官祀天后宮亦是如此，依規定其所屬類型為禦災捍患諸神祠：「**為民禦災捍患者，悉頒於有司，春秋歲薦**」（薩迎阿 1966：2486）。以《清史稿》所載福建省各地納入專祠祭祀的神祇為例，包括聖祖朝時（康熙），福建暨各省祀天后宋林氏女（即媽祖）；宣宗朝時（道光），興化府莆田縣祀宋長樂錢氏室女，福建汀州府歸化縣祀福順夫人莘氏；文宗朝時（咸豐），福州府連江縣祀崇福昭惠慈濟夫人唐陳昌女，孚濟將軍黃助暨弟昭遠將軍，潮州府祀安濟王漢王伉；穆宗朝時（同治），福建泉州府永安縣祀唐田王李肅，南安縣崇祀宋代廣澤尊王郭忠；德宗朝時（光緒），建寧府甌寧縣祀三聖夫人，而福建崇祀白玉蟾真人葛長庚，也一併納入祀典。其他像安溪人的信仰，唐代許遠，曾封「威靈顯佑王」；而保儀尊王張巡，錫號「顯佑安瀾」，也在世宗朝受封入祀地方的專祠，只不過其地點不在福建安溪，而是位於江蘇省淮安府山陽縣（祀許遠）及江西饒州府浮梁縣（祀張巡）。[1]

---

[1] 據《永安縣志》記載，其廟曰「唐田王廟」，志載李肅忠魂凜凜，長存正統，「其有功於永

　　至於與臺灣關係密切的天后媽祖，根據《欽定大清會典事例》有關
「群祀，諸神祠」的記載，康熙 19 年（1680），清代首次敕封媽祖為「護
國庇民妙靈昭應宏仁普濟天妃」，自此以後，敕封不斷。康熙 23 年
（1684），加封天妃為天后。雍正 11 年（1733），命令福建省城督撫春
秋致祭南臺天后宮（福州府），並就各省城舊有天后宮宇致祭。如省城
未曾建有祠宇者，則查明所屬府縣原建天后祠宇，選擇規模宏敞案例，
令地方官修葺後春秋致祭，天后也因此入祀標準祀典類型，沿海各省府
縣依制興設。乾隆 53 年（1788），湄洲媽祖廟進一步成為官祀廟宇：「沿
海處所敕建天后神廟，屢著靈應。而福建湄洲係神原籍，現在臺灣大功
告成，仰荷神庥，疊昭靈貺；允宜特著明禋，用彰崇報。嗣後該督、撫
於天后本籍祠宇，春秋二季敬謹官為致祭，以隆祀典而答嘉庥，仍交該
部載入『祀典』」。[2]嘉慶 6 年（1801），議准崇祀天后父母，並照雍正 3
年（1725）追封關帝先代之例，敕封天后父母為積慶公、母為積慶公夫
人。嘉慶 24 年（1819），仿照清江浦天后惠濟、龍神廟，於御園內建立
惠濟祠、河神廟，以妥神靈，隨時瞻禮，為民祈福。道光 21 年（1841），
加封天后父母封號，父為衍澤積慶公、母為衍澤積慶公夫人。同治 8 年
（1869），以天后右二神將護運有功，敕封金將軍、柳將軍（即順風耳、
千里眼）。經過清代歷代皇帝不斷地敕封封號，各地常見的叢祠、淫祠
之媽祖廟，一躍而成福建、臺灣地區標準的官祀建築之一。

　　根據道光年間增修《欽定禮部則例》所記載的京師 53 個群祀典禮，
屬天后祀典的僅有嘉慶年間興建於綺春園內的惠濟祠而已：「惠濟祠、
河神廟均在綺春園內。每歲春秋諏吉致祭惠濟祠——護國庇民妙靈昭應
宏仁普濟福佑群生誠感咸孚顯神贊順垂慈篤祐安瀾利運澤覃海宇天后
之神，河神廟——長源佑順淮瀆之神、顯佑通濟昭靈孝順金龍四大王之
神、靈佑襄濟黃大王之神，與黑龍潭龍神祠同日，遣圓明園大臣將事典

也甚大，祀典所謂以從勤事，禦大災，捍大患，王其合焉，故宜世世血食於不廢。……采
　忠烈入誌」（裴樹榮 1974：354-357）。

[2] 同時受封入祀祀典的廟宇，還有位於京師清口惠濟祠天后神廟，惠濟祠原來未著祀典，後因
　「奉天后神像，屢著靈應。本年河流順軌，運道深通，自應一體特著明禋，以光祀典」（崑
　岡 1963：10977）。

禮，儀注與黑龍潭龍神祠同」。而直省所屬天后祀典納入「則例」所載者，亦僅湄州媽祖及清口惠濟祠二廟而已：「福建湄州天后神廟及清口惠濟祠天后神廟，俱春秋讀文致祭」（薩迎阿 1966：724）。

《清代媽祖檔案史料匯編》一書所刊載之第一手歷史檔案，包括了清代康熙至光緒二百年間，有關媽祖的題本、史書、起居冊、奏折、上諭等檔案，這些史料中提及了清代江海地區少數幾間重要官祀天后宮，包括康熙朝的本籍湄州天后宮、廈門天后宮、臺南大天后宮；雍正朝的海寧海神廟、福州府南臺天后宮；乾隆朝的鹿仔港天后宮（即新祖宮）；嘉慶朝的惠濟祠等。

依此，本研究擬從清代官祀天后建築體系出發，首先就京師的首座官祀天后宮—綺春園惠濟祠進行說明，其次再以官祀建築論述較多的浙江海寧海神廟為例，進行官祀天后宮建築典範案例的討論，並附論湄州、泉州兩地官祀建築格局與空間構成特點，最後再以臺灣地區官祀天后宮為例，分別就官祀建築的幾個表現特色予以討論，企圖從前述京師級官祀天后宮所代表的「正教」[3]建築典型，對照出臺灣官祀天后宮建築格局與空間所屬之地方特色。

二、京師官祀天后宮—綺春園惠濟祠

天后宮既為民間信仰屬性明顯的官祀建築，僅祭於「江海各省」而已，因此清代京師（京畿）直到嘉慶以前，一直未有專屬官祀天后宮出現。基於天后海神信仰的屬性，官方祭典中本有「嶽、鎮、海、瀆」四方神祇的祭祀，而天后、龍神、河神等神祇同屬此一屬性，因此天后宮祀便經常與龍神廟、河神廟同列，例如嘉慶年間創建的京師綺春園惠濟祠與河神廟，即崇祀了天后、龍神、河神三大神祇，並規定春、秋二季由圓明園大臣負責致祭。

根據嘉慶 17 年（1812）6 月〈著百齡赴清江浦將天后等神牌封號字

---

[3] 正教相對於當時禁止的「邪教」，以及民間普遍存在的「叢祠」、「淫祠」廟宇。

樣詳繕陳奏事上諭〉的記載:「朕敬禮神祇,為民祈福,大內及御園多有供奉諸神祠宇,每遇祈報,就近瞻禮,以伸誠敬。惟水府諸神,如天后、河神,向無祠位,幾遇發香申敬之時,皆系望空展禮,遙抒虔悃。因念神祇靈爽,隨方普照,有感皆通。目下大河為東南利賴,民命攸關。朕宵旰勤思,克求眠佑,以冀安瀾順軌,永庇民生。」為了能夠就近親詣祭禮,嘉慶皇帝於是派遣兩江總督百齡親赴江蘇,仿照庇佑京航大運河的清江浦(後更為清河縣)河神廟與惠濟祠內的神牌、封號字樣形制,準備在圓明園內的綺春園添建河神廟與天后宮:「今擬於御園內添建祠宇,著百齡親赴清江浦,於崇祀各神如天后惠濟、龍神,素昭靈應載在祀典者,將神牌、封號字樣,敬謹詳繕,遇便陳奏,俟廟宇落成,照式虔造供奉,以迓神庥。」(中國第一歷史檔案館 2003:206-207)[4]

　　百齡遵旨後遂將「惠濟、龍神廟殿宇層數、基址丈尺詳細,查開繪圖,貼說附報呈覽,以便仿照建蓋,以妥神靈,廟內如係書寫神牌,即遵前旨將封號字樣敬錄陳奏,若神位或係塑像,該督並遴選工繪事者,敬謹摹繪裝裱進呈,將來廟宇落成庶可虔誠供奉也。……」。[5]二個月後,百齡將所查知的清江崇祀水府諸祠規制,包括封號牌位、歷次御賜匾額及龕座,以及廟宇規制尺寸和碑文等,開繕清單具奏,並請工匠摹繪神像,並製作燙樣(即模型),上呈備覽。也因此,御園內的惠濟祠和河神廟建築,便照著江蘇清江浦惠濟祠的建築式樣仿建。

　　清江浦惠濟祠的格局,張煦侯所編《淮陰風土記》有載:「惠濟祠建於明之正德,清乾隆十六年,高宗南巡,建行宮于祠左,因命重修,仿內府壇廟式,火珠耀日,飛閣凌空,雖在郊原,而有皇居之美。入山門,即見左右兩碑亭,黃瓦覆之,……碑亭形狀富麗,殆如金傘。大殿之前有門,金書『碧霞元君祠』五字。門穹而深,故有無梁殿之名。正

---

[4] 其中,惠濟祠於康熙十九年(1680),清聖祖康熙大帝南巡淮陰駐蹕碼頭鎮,特敕封「惠濟祠」內供奉的媽祖為「護國庇民妙靈昭應弘仁普濟天上聖母」。

[5] 奏摺提到惠濟祠主祀天后,「建於明季,累昭靈異,我朝疊晉褒封,重加修葺,……殿宇崇閎,神像端塑正位,前設神牌」;另有淮瀆廟、大王廟比鄰而立,前者主祀清河淮神,後者主祀黃河金龍四大王和靈佑襄濟黃大王,則為河神廟建造的參照案例(中國第一歷史檔案館 2003:208-215)。

殿奉天后聖母像，相傳為泰山之女，所謂碧霞元君也…。每屬歲朝及四月七日，例有廟會，故四壁煙薰火燎，不辨丹漆。寢宮在殿後篆香樓上，有坐像睡像，……再後為三清閣，地高風烈，在夏季則為尋涼佳處。」[6]

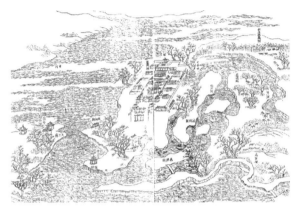 

圖1　清河縣惠濟祠　　　　　　圖2　惠濟祠格局
出處：劉托、孟白編 1998：198-199　　出處：劉托、孟白編 1998：198-199

　　乾隆年間（1751），清江浦惠濟宮受皇帝指示仿照「內府壇廟」修建，因有「皇居之美」，其格局包括頭門（山門）、御碑亭（碑亭）、儀門（無梁殿）、前殿（大殿）、寢宮及最後的三清閣。由於此時尚未納入天后父母之祀典（追封晉祀於嘉慶6年，1801），後殿奉祀天后父母之例仍未出現，因此篆香樓上方的寢宮，應只是建築群中的「內室」而已。惠濟祠的重要性，與其他媽祖廟庇佑軍事活動、出使琉球之航海神能的最大不同，在於其與河神廟（淮瀆廟、大王廟）位居「廣濟漕運之利」之運口，共同庇佑了京杭運河閘口樞紐的重任，也成為水利和漕運的濟運神功神祇。康熙、乾隆年間皇帝曾多次南巡，並於清口天妃廟視察運河和水利設施，便表明了其崇高的地位。

---

6 引自張月明 2007 年 8 月 3 日〈我的碼頭鎮〉《淮安日報》一文。網址：
　 http://szb.hynews.net/html/2007-08/03/content_1736.htm

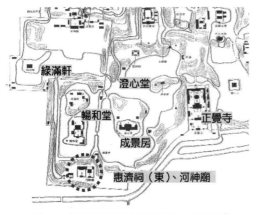

圖3　綺春園中的惠濟祠、河神廟
底圖出處：黃韜朋、黃鍾駿編 1985：附圖

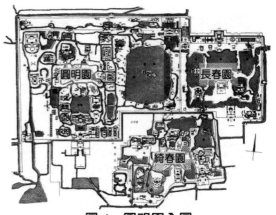

圖4　圓明園全圖
底圖出處：黃韜朋、黃鍾駿編 1985：附圖

　　至於綺春園惠濟祠的工事則於嘉慶 22 年（1817）完成，祠廟位於圓明圓東南側，綺春園的西南角，與河神廟分列東西。惠濟祠正殿三間，高懸嘉慶御書「宅神天沼」、「德施功溥」二塊殿額。殿內神龕供天后神牌，刻有乾隆 53 年（1788）褒封媽祖的 24 字封號：「護國庇民妙靈昭應宏仁普濟福佑群生誠感咸孚顯神贊順天后神位」[7]。有關其祀典祭儀，《欽定總管內務府現行則例》「河神廟事宜」中對於天后祀典的記載：「嘉慶二十二年（1817）七月，奉旨：惠濟祠、河神廟，春秋祭祀，應奏樂章。著傳知太常寺轉傳樂部署史二名前來，將致祭龍神應奏何樂，教習中和樂學熟，臨期即著中和樂預備。」《欽定禮部則例》：「上諭御園　惠濟祠、河神廟自本年秋季為始，每歲春秋二季照清漪園、靜明園二處　龍神一體致祭」。[8]

　　而《欽定大清會典圖》亦對其祭典神位、祭器、祭品、玉、帛、牲牢之數，以及儀式相關人員等有所載明：「惠濟祠在綺春園內，殿中一龕，護國庇民妙靈昭應宏仁普濟福佑群生誠感咸孚顯神贊順天后神位，南嚮。位前設籩豆案一，案上設簠二、簋二、籩十、豆十。案前俎一，中

---

[7] 引自劉福鑄〈北京的媽祖祠廟〉（續二），載於莆田僑鄉時報，網址：
　　http://www.ptqxsb.com/shownews.asp?newsid=1488。

[8] 惠濟祠、河神廟與黑龍潭、玉泉山、昆明湖等地龍神廟祭器一致，據《清史稿》載，俱三案，案設爵三，簠、簋二、籩、豆十，篚、俎、尊各一（薩迎阿 1966：724，2493）。

區為二，實羊一、豕一，又前香几一，上陳香鑪一，香靠具、鐙几二，上陳燭臺二、瓶几二，上陳花瓶二，中插貼金木靈芝，籩豆案東旁饌桌一，案前少西祝案一，皆南嚮；東設尊桌一，西嚮。殿外檐下正中為承祭官拜位，北嚮。導引二人，東西面讀祝官一人，立案之西，東面司香、司帛、司爵各一人，立尊桌之東，典儀一人，立殿外東階，均西面，帛篚一，銅爵三，先設尊桌上，奠獻各奠於籩豆案，樂部和聲署設慶神歡樂於甬路旁，殿門外東燎鑪一，掌燎官率燎人立於燎鑪之南，北面」（崑岡：1378）。

　　御園惠濟祠自嘉慶年間建成後，春、秋祀典依例致祭，後代皇帝或遵行親祭，或遣官而行，一切依照規定進行，這也是《欽定禮部則例》、《欽定太常寺則例》、《欽定大清通禮》對於京師神廟所明訂之唯一天后祀典廟宇，具體展現了京師朝廷「正教」觀點下的天后宮角色。然而，惠濟祠建築規制顯然不及其他官祀建築的規模，儘管官祀建築的基本祭祀空間仍然具備，依序為廟門（頭門）、前殿（正殿）、後殿及左右兩廡之形制，而其他附屬建築除了御碑亭、燎鑪外，像是治牲所、祭器庫、齋室等，則皆未提及。

　　依此，清江浦惠濟祠（又稱清口惠濟祠）因歷朝「疊晉褒封」，[9]遂於乾隆年間仿照京師壇廟規制而建，此係地方祠廟在受封祀典以後，表現出地方對中央官祀建築標準型制的重製企圖，藉以獲致官方統治權力、正統的象徵延伸；而建於嘉慶年間的御園惠濟祠，本應依照其他京師官祀壇廟標準大興土木，並以「天后宮」尊之。然而不然，綺春園內的天后宮，反過來仿照民間的清江浦惠濟祠而建，不僅沿用「惠濟祠」之名，其建築、神像、牌位等，無一不是原地方媽祖廟複製而來。顯然，官祀天后儘管位列祀典「群祀」等級，然而畢竟媽祖的祭祀還是屬於地方「禦災捍患諸神祠」一類，與其他壇廟畢竟有差，即使比起同屬人格神之關帝廟、文昌祠，其落差亦明顯可分，更遑論早已臻至中祀（光緒年間晉昇大祀）境地的先

9　康熙五十三年（1788）因派臺官兵渡海穩順，除了加封天后封號、春秋致祭湄州本籍祠宇外，亦因該年河流順軌、運道深通，於是諭令新加封號，並春、秋致祭惠濟祠天后（崑岡 1963：10976-10977）。

師廟了。另外，京師雖有綺春園惠濟祠神廟為代表，然而該廟仍只是圓明圓附園中位居角隅的小祠而已（正覺寺為代表廟宇），是否是官方對原屬民間淫祀、叢祠等廟宇深層的戒忌表現，或可供進一步思考。

三、浙江海寧海神廟與天妃閣

海寧海神廟始建於雍正 7 年（1729），由浙江總督李衛奉旨敕建，海神廟雖以「海神」為名，然而其主祀神祇卻是以媽祖為首的「寧民顯佑浙海之神」，配祀唐誠應武肅王錢鏐、吳英衛公伍員，並從祀以越上大夫文種等浙江地域與江海關係密切而受百姓崇祀的地方神。

所謂「寧民顯佑浙海之神」係一統稱，根據〈浙江總督李衛為請派員協辦海神廟工程事奏摺〉所記：「本年九月間，復奉特恩發帑十萬兩興建海神廟，此誠皇上懷柔百神，為民賜福，千古未有之盛典。又緣海洋神祇之中，天妃為最，除各項廡廊屋舍外，大殿自應列祀司海諸神，又須後面寢宮，並風伯雨師壇宇，其天妃閣並當另為創建壯麗。」媽祖既是最具代表性海神，因此再建天妃閣更為表徵。而〈浙江總督李衛為呈海寧建造廟工圖式事奏摺〉末段亦有：「南省所稱海洋神靈，惟天妃為最，歷朝俱有褒封，今奉特旨起建大工，自必更加壯麗也肅觀瞻。擬於正殿之東，另建天妃閣，西築風雲雷雨壇，之後再用水仙樓以佩之」等語，再次說明天妃的神異。據此，《清代媽祖檔案史料彙編》一書〈初讀札記〉中便直指，海神廟之主祀神即是天妃。[10]

---

[10] 據〈署浙江巡撫事蔡仕舢為遵旨建廟以謝海神事奏摺〉、〈浙江總督李衛為請派員協辦海神廟工程事奏摺〉、〈浙江總督李衛為呈海寧建造廟工圖式事奏摺〉。另該書文末札記亦記載，浙江五位水仙，亦是天妃的陪神：「昔水仙五人，實天妃股肱」（中國第一歷史檔案館 2003：419-420）。

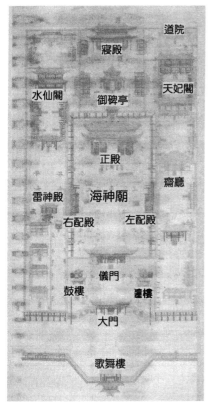

圖5　雍正八年（1730）海神廟建
　　　造廟工圖。
出處：中國第一歷史檔案館編
　　　2003：附圖

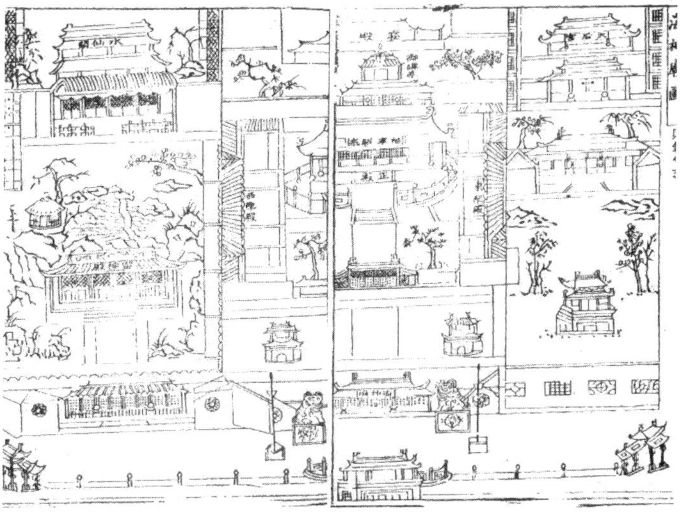

圖6　海寧縣海神廟圖
出處：戰魯村（清）1983：附圖

　　圖5為雍正年間敕建海神廟時浙江總督李衛呈覽的海神廟草圖，[11]
另一則是乾隆年間《海寧州志》所錄之海神廟圖，適為海神廟興建前、
後的參考圖說。根據民國《海寧州志稿》的記載：

「海神廟在春熙門內，雍正七年（1729）九月，浙江總督李衛奉
敕建，址廣四十畝，正殿五楹，陛四出七級，廊柱及臺階俱白玉
石，崇奉敕封寧民顯佑浙海之神，以唐誠應武肅王錢鏐、吳英衛
公伍員配享。左、右配殿各三楹，以越上大夫文種、漢忠烈公霍
光、晉橫山公周凱、唐潮王石瑰、昇平將軍胡暹、宋宣靈王周雄、

---

11 據《清代媽祖檔案史料匯編》書末札記，原圖長3.1米，寬1.6米。圖上建物圖繪雖有標註
　其開間、面闊、進深、脊高等訊息，然礙於未見草圖原稿，僅能配合方志所記，進行討論。

平浪侯捲簾使大將軍曹春、護國宏佑公朱彝、廣陵侯陸圭、靜安
公張夏、運轉使判官黃恕元、平浪侯晏戌仔、護國佑民永固土地
彭文驥、烏守忠、明寧江伯湯紹恩、茶槽土地陳旭從祀。週以修
廊，中為甬道，前為儀門、大門，左鐘樓，右鼓樓，門臨河，承
以石梁，曰慶成橋，橋南歌舞樓，左右石坊二。殿後建御碑亭，
後為寢殿。殿東為天后宮，兩旁有廂樓，以曹娥、廣陵侯三女從
祀。前為齋廳，後為道院。殿西為雷神殿，後有亭、有池，池上
為平橋，內為高軒，軒西為道士棲止之所，後為敞廳，又後為水
仙閣，閣東西俱有耳房、廂房，後為廚房，其規制極宏麗」（朱
寶瑨 1968：781-782）。

　　海神廟的規制可說完全符合帝級親詣之官祀建築規制而造，誠如李
衛奏言：「工程宏鉅，一切應用木石磚瓦等料，其圍圓徑寸、長短大小，
自應悉照廟宇之高下深闊，彼此配合，必有一定成規方屬妥協」（中國
第一歷史檔案館 2003：25-26）。海神廟祀神制度完整，包括主祀、配享、
從祀分級而列。主要祭祀空間所屬的頭門、鐘鼓樓、儀門、前殿、兩廡
外，御碑亭、寢宮、齋廳全部具備，而左、右石坊則是官署建築的東西
轅門，加上金水橋般的慶成橋石梁，以及原「牆堵」位置所設的歌舞樓
（戲臺），可以說是一組完整的「官署」建築群。另外，文中海神神廟
東側的天后宮部分（即是奏摺之「天妃閣」），兩旁廂樓從祀曹娥及廣陵
侯三女（陸圭的三個女兒，分別是顯濟、永濟、通濟夫人），亦屬主祀、
從祀關係。而西側的雷神殿、水仙閣等，不同於原奏摺預定興建的「風
雲雷雨壇」及「水仙樓」，按風雲雷雨壇亦係縣級官祀建築基本類型，《海
寧縣志》載縣壇位於縣南 250 步，明朝以來即已建立（金鰲 1984：256），
因此以「雷神殿」代之，似乎甚為合理。

　　此外，浙江總督李衛雍正年間針對海神廟工事奏摺內容，也提到瓦
料製作一事，其中，御碑亭因安置雍正御製石碑而需使用黃琉璃瓦，其
他如正殿、大門、二門、寢宮及天妃閣則使用綠琉璃瓦，由於「窯戶俱
不諳曉」製作琉璃瓦，因此李衛奏請可由「京廠製就」運浙，或改以「頗
稱堅固」之浙江地方本色筒瓦替用，僅於御碑亭及大殿二處使用琉璃脊

瓦，或僅照南方各廟不用琉璃瓦料之習行之。[12]此奏除了表明御碑亭、大殿不同於其他祀典空間之地位外，其實便說明了海神廟乃是以京師祀典建築的規格進行建築計畫，而奏摺中呈請雍正皇帝派任工部及內府「一二員諳練鉅工要員」，以協辦工事、監督營造之呈請，亦是其以最高官廟規格營造態度的另一例證。

海神廟落成後，雍正、乾隆、道光、咸豐等皇帝御書賜匾不斷，海神廟作為官祀建築規制之全國典範企圖甚為明顯。歷朝皇帝巡幸海寧親閱塘堤時，或詣廟拈香，或遣官致祭，並留下御祭文、御製詩、御製文記等（朱寶瑨 1968：782-783）。

海神廟的祭典按規定由海防道官員進行：

> 「每月朔望日，以羊一、豕一，籩豆各十，海防道率所屬，俱公服，三獻行禮。春秋仲月中戊日祀，用羊一、豕一、登二、籩十、豆十、簠二、簋二，承祭官及各官俱朝服，三獻行禮。兩祀及兩廡俱用牲醴，派官分獻。八月十八日海神聖誕，自十六日起，禮懺演戲，慶賀誕日，致祭祭品禮節，與戊日同，兩配、兩廡祭品各十道，天后宮、水仙閣、雷殿，俱用素供」（中國第一歷史檔案館 2003：783）。

如為皇帝遣官致祭，則祭品亦升級以符規制，如正殿祭品改以牛、豕、羊各一之太牢禮供祀，其它兩配、東西兩廡、天后宮、水仙閣、寢殿等，皆按例規依其位階，分奉大黃燭（黃燭）、對香、籩豆、龍菓等。

海神廟的春、秋祭典，不僅僅與御園惠濟祠及其他黑龍潭、玉泉山、昆明湖龍神廟的規制一樣而已，也自行仿照民間祀神壽誕節日的形式，增加了 8 月 18 日慶賀海神誕日的祭典（官方僅有關帝的 5 月 13 日、媽祖的 3 月 23 日），以相同的祭典內容進行，其民祀特點由此可見，再加上自 8 月 16 日便開始的禮懺演戲活動，海神廟的案例中確實看到了一般官方壇廟所沒有的祭儀特色。

---

12 據〈浙江總督李衛為請派員協辦海神廟工程事奏摺〉、〈浙江總督李衛為呈海寧建造廟工圖式事奏摺〉（中國第一歷史檔案館 2003：419-420）。

海神廟主祀為「浙海之神」，終非以「天妃」為名之天妃宮。近來
學者對於天后加封一事，大都認為康熙年間封后一事並非屬實，媽祖得
到尊隆倍極的待遇，進而由「天妃」加封「天后」（乾隆 2 年，1737），
主要還是乾隆年間林爽文事件以後的事[13]。尤其，浙江總督李衛奏摺雖
然表明了浙海之神本以天妃為首（天妃也是李衛所奏之唯一專屬神祇，
另為風伯雨師、水仙等），然而雍正 2 年（1724）才剛剛敕封了四方「嶽
鎮海瀆」神祇，包括江、淮、濟、河四瀆，東、南、西、北四海皆列其
中，因此「海神廟」之名確實仍較諸神祠中的「天妃宮」符合朝廷既有
規制。儘管如此，作為敕建官祀「海神」廟宇建築的典範，其案例仍足
以提供相當之訊息以供參照。

四、福建湄洲天后宮、泉州天后宮

本籍湄州天后宮及泉州府天后宮，為史籍所載大陸地區東南沿海最
重要的二間天后宮建築，以下即分述其建築概要：

（一）湄州本籍天后宮

湄洲天后宮昔日的建築格局，根據《敕封天上聖母實錄》的記載，
廟宇立於宋朝，原「僅落落數椽」而已（林清標 2004：313）。明洪武年
間泉州衛指揮周作曾重修廟宇：「歸至泉，立廟奉祀，仍運木赴湄嶼修
整宮殿。……自是重建寢殿及香亭、鼓樓、山門，復塑聖像」，後來再
有張指揮使自泉州裝載建廟所需木料，「構一閣於正殿之左，名曰朝天
閣」（同上引：254）。康熙 22 年（1683）間，施琅再率各鎮營將領，捐
金重修梳妝樓、朝天閣（同上引：290-291）。

至姚啟聖時，復建山門、鐘鼓樓等建築，姚氏〈大闢宮殿禱文〉對
於當時廟宇籌建的過程記載甚詳：

---

[13] 請參考李世偉（2005）、徐曉望（2006:87）。其中，徐文甚至歸結清代前期因受到儒學發展
的關係，基本上有貶抑天妃信仰的傾向。

「見廟貌尚有未妥，寸心甚為不安，況正殿朝南，而朝天樓山門
各俱西向，亦非宜於神靈之所憑依也。今啟聖議以正殿既朝南，
則朝天樓、鐘鼓樓、山門，俱宜開闢朝南，此唯一議。如神意訂
於朝西，則山門、鐘鼓樓只須蓋完，為將朝天樓陞高改為正殿，
而以原廟為神寢宮，此又為一議。……時於神前拈鬮，准將東邊
朝天閣改為正殿，……西邊朝天閣另為起蓋，遂擇吉建造正殿，
安基豎樑，……」（同上引：150-153）。

　　姚啟聖神前拈鬮作以決定何為正殿一事，充分表達媽祖廟作為民間
信仰廟宇的濃厚色彩。另外，《莆田縣志》亦記載：「康熙二十年（1681）
總督姚啟聖捐俸起蓋山門及鐘鼓二樓，煥然壯觀」（潘文鳳 1968：129）。
後再建佛殿、僧房，廟宇由是壯觀（林清標 2004：314）。

　　圖 7 是《敕封天上聖母實錄》所錄「湄州天妃宮圖」，參拜動線由
前而後（右而左）依序是旗杆、牌坊、山門、鐘鼓樓、大門、正殿（又
名太子殿），而梳妝樓位於正殿右側，前方則是佛堂，後端（左側）另
有朝天閣、育聖祠及「昇天古蹟（巨石）」、「觀瀾（巨石）」等。

圖 7　湄州天妃宮圖
出處：林清標 2004：13-16

今日的湄洲天后宮，太子殿內除了主祀媽祖神像外，左右陪祀順懿

夫人陳靖姑及惠烈夫人錢四娘，並供奉宋代陸允迪、李富、元代蒲師文、明代鄭和、林堯俞、清代姚啟聖、施琅等八大神像，皆為受到媽祖庇佑且有功於民族、國家的功臣。另外，門廳尚有船政大臣沈葆楨題奏敕封的金將軍、柳將軍（千里眼、順風耳），[14]以及前殿順濟殿的四海龍王（馬書田、馬書俠 2006：183-186）。此外，湄洲天后宮舊大殿左右神龕還供奉水闕仙班 18 位神將塑像，包括四海龍王、浙江寧波毛竹五水仙、莆田木蘭坡三水神、泉州林巡檢、廣東二伏波將軍（馬援、路博德），以及晏公總管、嘉應、嘉佑二神（同上引：39-40）。

（二）泉州府天后宮

　　泉州天后宮始建于宋慶元年間，據《泉州府志》載：「慶元間奠于都城之南，浯江橫其前，三臺擁其後，左法石，右紫帽，亦郡中形勝地也。……徐公毓謂是宮實都城諸水會歸之處，蓋堪輿家所謂水口」。天后宮於明嘉靖年間曾進行正殿重修，以及寢殿等建築的興建：「先修正殿五間，重建寢殿七間，涼亭四座，西廊三十間，東西軒及齋館二十八楹」（郭武 1964：8-10）。嘉慶 21 年（1816）郡守徐汝瀾曾倡捐重修，並留下〈重修泉州天上聖母廟記〉工事興修的過程與內容：「相與鳩工庀材，朽者易之，缺者補之。自內至外，治以堊茨，飾以丹臒，而殿之大柱並易以石，以期不朽。……是役也，經始於乙亥（1815）杪冬，至丙子（1816）仲夏告竣，計縻制錢三百餘萬」（鄭振滿、丁荷生 2003：319-320）。

　　泉州府天后宮位於府治南門（德濟門）內，其位置本臨江浦邊岸，後因築城關係而形成城內區位之關係，不過其位址仍可看出其與江河密切之關連：「溯自宋慶元，間神示夢海潮菴僧，俾作宮於此。時羅城尚在鎮南橋內，而是宮適臨浯浦之上，海舶艤眾，香花最盛」（同上引：319-320）。府志另載，天后宮其位置為「蕃舶客航聚集之地」，成為明代

---

[14] 楊浚《湄洲嶼志略·》稱：「神年二十三，收千里眼、順風耳為將。先二神一善視，一善聽，為崇西北，民苦之，求治於神。神曰，此金水之精，乘旺所鐘，當以火土克之。乃演況施法，二神遂懼而皈依焉。這二尊媽祖生前所降伏之怪，或說一姓金，一姓柳」（楊浚 2004：30-31）。

以後凡派官出使琉球、暹羅、爪哇、滿刺加等國,必定前往祈禱祭告之處。

今日泉州天后宮建築沿中軸線,有廟門、門後戲臺、正殿、寢殿（後殿）及梳妝樓,軸線兩側有東西闕（鐘鼓樓）、東西廊、東西軒、四涼亭、兩齋館等。大殿、後殿及東側廊房皆為明代遺構,山門則是原晉江縣學櫺星門,其他皆屬改革開放後所新建。其中,正殿內除了正位龕內供奉媽祖塑像外,左龕供奉廣澤尊王,右龕則有中壇元帥奉祀,與民祀媽祖廟無異。

圖8　泉州府天后宮正殿（作者攝）　圖9　泉州天后宮正殿內景（作者攝）

較特別的是,資料談到了泉州天后宮的東西廊,曾仿照標準官祀建築格局東、西廡從祀制度,原祀有二十四司（今已不存）,根據《泉州天后宮簡介》的說明,二十四司包括北斗星君（司航海方向）、雷聲普化天尊（俗稱雷神）、水德星君、四海龍王、五顯靈官大帝、文昌帝君、哪吒太子、七娘夫人、臨水夫人、文武尊王（張巡與許遠）、福德正神、紀王府、朱王府、池王府、溫王府、吳王府、田元帥、邢元帥、李元帥、范元帥、康王府、陳武王等（馬書田、馬書俠 2006：196-197）。這之中,大多是泉州地方特有的民間信仰神祇,特別是各姓氏王爺,幾乎都是泉州府晉江沿海地區才有供奉的地方神祇,明顯具有泉州特色的海神供奉系統。

另外,道光版《晉江縣志》卷十五「祀典志」記載了泉州天后宮祭典的內容:

「天上聖母之祭:歷代遣官齋香詣廟致祭。……康熙五十九年,

奉行始入祀典。每歲頒行祭費銀四兩二錢，于春秋仲月吉日致
祭。帛一，白色；白瓷爵三、鉶一、簠二、簋二、籩四、豆四，
羊一、豕一，行三跪九叩禮。……同日致祭天后之父積慶公，母
積慶公夫人」。

泉州天后宮的祭品數量「籩四、豆四」，與御園惠濟祠「籩十、豆
十」不同，按籩豆數依禮之層級而有差異，有 12、10、8、4 之別。此
一現象，正反應官方祭典因致祭官員身分不同所產生的變化，因非屬本
文研究對象，故而略之。

五、臺灣官祀天后宮的地方特色

天后宮既為沿海各省敕建的官祀建築類型之一，其官祀屬性的表
達，可從幾個方面觀察：(1) 創建的時間與縣治設置的時間約略同時；
(2) 由地方主官發起設立，而興建費用多由官府獨自出資或倡捐興建
而立，至於日常的維修費用也是由官府公帑支應；(3) 祭祀維持費用皆
由官府出資舉行，主祭者亦由地方主官擔任；(4) 祭典日期除了關帝廟
與文昌廟多了祀神屬性的節日外，皆為春、秋二祭；(5) 建築格局除了
壇制之外，多仿官府衙門建築格局，而一些主祀人格神的後殿，經常供
奉主祀神的父母或三代祠。官祀天后宮也是一樣，既為官祀，其他基本
類型官祀建築所擁有的前述特性，大致上也是官祀天后宮的特徵之一。[15]

---

[15] 有關官祀建築特色的探討，可參考張崑振 2003、2005a、2005b、2006a、2006b。

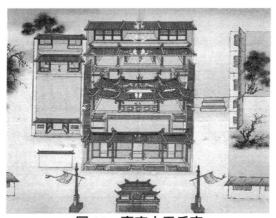

圖 10　臺南大天后宮

出處：（蔣元樞 1983：60）

　　以建築格局為例，臺灣府天后宮其祀典空間格局便含括戲臺、頭門、兩廊、前殿等：「*舊時廟制：前為頭門，門外有臺以為演戲之所；門內兩廊咸具。中為大殿，供奉神像。其後正屋二進，雜祀諸神。廟之右畔，有屋三進為官廳；周以牆垣：規模制度，頗稱宏敞。*」（蔣元樞 1957：57）此為乾隆年間敕封天后父母以前的格局，待敕封以後，後殿便成為天后宮的整體構成元素之一。此為府級天后宮之格局，縣級或其他敕建之天后宮，則往往將後殿媽祖父母牌位空間附屬於正殿某一神龕之內，因此省略後殿。例如新竹縣天后宮的格局便是如此：「*門一棟、堂一棟，前後有空地二處，……*」（佚名 1957：49）。同樣的，澎湖天后宮和乾隆年間敕建的鹿港新祖宮亦有此特色。

　　另外，官祀建築基於其「官署」建築屬性的關係，常見其他官署空間的附屬，天后宮亦不例外，舉例而言，如臺灣府講約所便附設於天后宮內：「*講約所在鎮北坊。康熙二十八年，臺廈道王效宗因天妃廟前庭闊地創興。*」（高拱乾 1957：40）其他像是噶瑪蘭廳天后宮附設萬壽龍亭亦是一例：「*中塑神像；左祀觀音菩薩，右安置萬壽龍亭。兩翼廊直達外戶，皆護以木柵。*」（陳淑均 1957：118）觀音菩薩為天后宮中常見副祀神祇，然而萬壽龍亭為放置皇帝萬歲牌位所在，供給文武官員於萬壽聖節禮拜之用，顯然不是一般媽祖廟會出現的空間元素，而其正是官祀天后宮「官方」屬性的表現。儘管如此，天后宮的民祀色彩顯明，其

建築年代、配置所在、皆有其特殊之處，以下即就臺灣地區官祀天后宮所呈現的「地方」媽祖廟特色，分項說明如下：

（一）官祀天后宮的創建年代

官祀建築的建立並非一時即可全部完竣，地處偏僻的臺灣更是如此。儘管縣城中有些官祀建築未建，然而該祭祀空間所屬的典禮卻不會因此沒有舉行。依照《大清會典》的記載，當神祇敕封祀典奉祀之後，即令各省地方官致祭舊有廟宇，「屆期躬詣致祭，其向無祠廟之處，令則潔淨公所，設位致祭，祭畢撤位隨祝帛送燎，毋得棄置褻慢。」[16]

表 1　清代臺灣府（州）縣官祀建築創設年代一覽表

	設治	建城	社稷	先農	山川	風雲雷雨	厲壇	城隍	先師	關帝	文昌	鄉賢名宦	天后宮
府治	1684	1723	1711	1727	-	1711	不詳	1757	1685	偽時	1712	1684	1684
臺灣縣	1684	同府	併府	併府	-	併府	雍正	1751	1684	併府	-	1684	1684 安平鎮 1750 縣署內
鳳山縣	1684	1722	不詳	不詳	-	不詳	1793	1718	1684	1727	-	1684	1684
諸羅縣	1684	1704	1715	1715	-	不詳	1716	1715	1706	1713	1715	1715	1717
彰化縣	1723	1734	不詳		-		1770	1735	1726	1735	1816	1726	1738
淡水廳	1723	1733	1829			1829	1804	1748	1803	1742	1803	1829	1748
澎湖廳	1723	1717	-	-	-			1779	-	1765	1765		1684
噶瑪蘭廳	1809	1810	1812	1812		1813		1813		1809	1818		1817
臺東州	1887	-											1891

出處：官祀天后宮之創建年代引自蔡相輝 1995：60-62。其他官祀建築年代則引自余文儀 1962：326-338、謝金鑾 1962：60-72、周鍾瑄 1962：53-65、周璽 1962：151-156、陳培桂 1963：148-154、、柯培元 1961：58-62、陳文緯 1950：219-223、胡建偉 1957：36-43、胡傳 1960：47-49、王瑛曾 1962： 139-154。

表 1 為臺灣地區主要縣治各官祀建築類型與天后宮設立時間對照表。臺灣官祀建築的興建順序依序為先師廟（即孔廟）、文昌廟、關帝廟、社稷壇、先農壇、山川壇、風雲雷雨壇、城隍廟、厲壇等。對照天后宮的創建年代，臺灣府及鳳山縣於 1684 年納入福建省治內，在這同時，施琅改原寧靖王宅邸為天后宮，並於澎湖媽公澳、安平鎮渡口、鳳

---

[16] 引關帝廟、文昌廟之例（崑岡 1963：10893）。

山縣興隆莊龜山頂等水師駐紮地建置天后宮（蔡相煇 2006：372）。至於諸羅縣、彰化縣、淡水廳、噶瑪蘭廳等縣（廳）治所屬之官祀天后宮，大致仍維持官祀建築於廳、縣治設置以後興築的慣例，或是在城池興設以後才出現。

顯然，不像其他官祀建築因「設治」而出現的慣例，天后宮與設治間明顯沒有絕對的關聯。由於天后「敕封」的關係，澎湖、安平縣天后宮於未設廳治以前即已設立，其設立的關鍵在於與施琅所率領的水師軍隊息息相關。如同泉州天后宮、湄洲天后宮二座媽祖廟，敕封天后與軍事平臺行動之關聯一樣，二廟自宋代以來敕封即從未間斷，無數次官員倡修的改建行動，幾乎皆與媽祖庇佑舟師征戰告捷、出使外洋順利有關，此與地方府縣設治一事，確實沒有什麼關聯。

（二）配置區位

府縣層級官祀建築的區位，各依其屬性而有所差異。壇制部分，社稷壇、先農壇、風雲雷雨壇、山川壇，一般均建於城外東郊，而厲壇因祭鬼之用，例制皆於北門郊外設立。廟制部分，城隍廟常與地方衙署並列，一左一右，以示同理陰陽之意，因此常位於城池的正中心所在；先師廟（文廟）、關帝廟位置並無定制出現，各府縣案例分佈位置並不一定；文昌廟除為書院附屬以供學子祭拜外，因其主文峰高聳之意，常位於城中地勢高聳之處。至於專祠部分，忠義孝悌、節孝、鄉賢、名宦四祠，一般均附祀於府縣文廟內部，而其他如昭忠祠、忠臣專祠等類型，一般皆於將士陣亡或忠臣任事地點單獨設立。

相較之下，媽祖信仰為閩臺地區重要的航海神祇，沿海各地往往建有媽祖廟以符祈福信仰需求。以臺北淡水河沿岸地區的媽祖廟為例，創立時間最早的是關渡天后宮，再來則依次為新莊慈祐宮、萬華臺北天后宮、松山慈祐宮、八里開臺天后宮、士林慈誠宮、臺北府天后宮等廟，其出現次序除了最後出現的臺北府天后宮外，全都依著淡水河岸聚落的發展而來（請見表 2）。無論是淡水河、大漢溪、基隆河，還是淡水河

河口，媽祖廟臨河或渡頭而立，為其標準區位特徵，其關係說明了媽祖廟與聚落發展歷史的密切關係外，亦表明了媽祖廟與港口、河運不可分的地理特色。

表 2　淡水河沿岸媽祖廟的設立一覽表

年代	今名	舊稱	地點	河岸
1712	關渡天后宮	天妃廟	淡水干豆門	淡水河口
1727	新莊慈佑宮	天后宮	淡水新莊街	大漢溪（大嵙崁溪）
1731 年，設八里坌巡檢				
1746	萬華臺北天后宮	天后宮	淡水艋舺渡頭	淡水河
1750 年，移八里坌巡檢至新庄，改設新庄巡檢				
1760	八里開臺天后宮	天后宮	八里坌街	海口
1790 年，改巡檢為新庄縣丞				
1796	淡水福佑宮	天后宮	滬尾街	淡水河
1796	士林慈誠宮	天后宮	芝蘭街	淡水河
1803	松山慈佑宮	天后宮	錫口街	基隆河
1809 年，改新庄縣丞並遷至艋舺				
1875 年，新庄縣丞裁廢，改設臺北府，改臺北府經歷				
1888	臺北府天后宮（已消失）	天后宮	府治後街	無（臺北府城）

參考資料：蔡相煇 2006：351-413。王美文 2005：18-20。

　　至於設立最晚的臺北府治天后宮（今臺灣博物館位置），其「城內」正中心的區位，便與前述河港關係完全無關，而與代表統治權力的城池息息相關。對照前述綺春園惠濟祠、海寧海神廟、清江埔惠濟祠、泉州天后宮、湄洲天后宮等例，亦有如此的區位特點。其中清江埔惠濟祠、泉州天后宮、湄洲天后宮三廟歷史悠久，皆與江海、運口有關，其敕封官廟以前，早已是聚落城鎮中的代表性媽祖廟；至於綺春園惠濟祠及海寧海神廟，則便是官方敕建天后宮的特色，綺春園惠濟祠顯而易見，而海神廟則是位於海寧縣城「春熙門內」闢地 40 畝所建，亦在城內，與臺北府天后宮一致，其設立所在與地方之河運海口並無直接相鄰的關係存在。

（三）祀神空間

官祀天后宮祀神，按清制規範前殿為「天后」、後殿為天后父母「衍澤積慶公」和「衍澤積慶公夫人」，此為天后宮各殿標準主祀神祇，上自京師，下至直省府州縣皆大致相同。另外，官祀天后宮的敕封過程，曾有同治年間「金將軍、柳將軍」褒封之例，因此千里眼與順風耳便為媽祖二旁之固定從祀神祇。雖說如此，各地官祀天后宮仍具體表現出各具特色的地方色彩，其方式則是透過主祀神祇以外的配享及從祀諸神來表達。

凡官祀空間中的祭祀對象，必有主祀、配祀之分，所謂「有其祀，必有其配」。其中，正位是必備的基本元素，而配位、從位出現與否則無定制。試著檢視海寧海神廟案例，一如其建築比照皇家宮殿而設之規制一樣，其配享、從祀制度一應俱全，其正殿主位為「寧民顯佑浙海之神」，配位為「錢鏐、伍員」，而左、右配殿則有「文種」等人從祀，另外海神廟天妃閣內主祀天妃、從祀曹娥及廣陵侯三女亦是如此關係，可說與京師最高層級之壇廟建築祭祀空間的規制完全相符。

而湄洲天后宮、泉州天后宮其實亦有主祀、從祀的關係出現，如湄洲天后宮的水闕仙班 18 位神將塑像、泉州天后宮的 24 司等皆與海神廟之例相關。這些神祇，正如海寧海神廟為江浙一帶相關歷史海運神祇一樣，湄洲天后宮為傳說中媽祖所收服的眾多神怪（晏公、嘉應、嘉佑等），泉州天后宮為泉州地方特有的民間神祇（如文武尊王及各府王爺）。

相較之下，臺灣地區官祀天后宮便沒有這種層級分明的關係。以臺南大天后宮為例，正殿除了媽祖、千里眼、順風耳外，左右神龕另有四海龍王及五位水仙尊王（大禹、屈原、伍子胥、項羽、寒奡），後殿「聖父母廳」則是媽祖父母的牌位與神像，以及媽祖的兄妹「聖兄靈應仙官林公神位」、「聖姐慈慧夫人林氏神位」，以及臨水夫人、註生娘娘、月老、福德正神等民間廟宇常見神祇。證之其他天后宮案例亦大抵如此，因此，地方的官祀天后宮大致僅維持在天后、水仙、龍王之主從關係而已。

（四）其他官祀空間附祀

天后宮突出的民祀特質表現，與其他社稷、先農、風雲雷雨、境內山川、城隍、厲壇、先師、關帝、文昌官祀類型完全不同。尤其，臺灣地區因位處偏遠，不僅遠離京師千里，就連福建省省會都遠在海峽的對岸—福州，官祀建築的各項資源與規模，顯然遠遠不及大陸地區各府州縣的案例。或許是因為地方建置草創，或是因為經濟的窘困，因此經常出現不同的官祀類型空間，同置於一個官祀建築（群）中的情形。臺灣地區就有許多這樣的案例出現，例如澎湖節孝祠附祀天后宮、臺東昭忠祠附祀天后宮等。

澎湖天后宮創建於 1604 年以前，後來曾因荷蘭人入侵而一度遭到燒毀（米復國 1995：545）。康熙 23 年（1684），清廷因天后幫助施琅攻臺有功，加封為「護國庇民妙靈昭應仁慈天后」，並敕建神祠於原籍湄洲。雍正 4 年（1726），敕贈澎湖天后宮「神昭海表」匾額；「自乾隆四年（1739）奉文起，每歲三祭，開支錢糧銀十七兩」（胡建偉 1957：40）。自此以後，澎湖天后宮便成為澎湖廳的官祀建築。[17]

節孝祠的奉祀，依例原應設於廳治學宮（縣級），或獨立建祠奉祀。然而由於澎湖地區「壤地褊小」，向無學宮之制出現（僅文石書院）。根據姚瑩〈飭澎湖廳續舉節孝札〉的記載，澎湖地區向來皆未有節孝專祠建立，島內「節孝、貞烈婦女李國魁之妻吳氏等六百有二十人，……姓氏雖存，旌揚莫逮；……切思振末俗之淫靡，用昭激勸；闡幽光於已泯，定起興觀。……於天后宮之西偏，捐建節孝一祠，安設眾節婦牌位。……」（林豪 1958：401-402）。澎湖節孝祠也因此於道光 18 年（1838），於天后宮西偏正式設立，其儀式則併同天后宮春秋祀典一併處理：「節孝祠……於春秋行祭天后禮畢後，同日附祭」（胡建偉 1957：59）。此即官祀空間附祀其它官祀建築的案例。

---

[17] 澎湖廳的官祀建築除了天后宮外，另有關帝廟、城隍廟等。

六、結語

　　不同於其他官祀建築類型，官祀天后宮由於「禦災捍患」屬性明顯，其神聖屬性除了透過前述春、秋祭典的舉行得到彰顯外，還不斷地透過地方官向朝廷奏請，藉以提出頒贈御書匾額的請求以獲得更高階層官方神聖性質的賦予。這樣的神聖性賦予活動，包含了皇帝遣官致祭、賜封神號、匾額、藏香、珠幡祭器，或甚至敕建神廟等皆是[18]。

　　尤其，與臺灣官祀天后宮相關的媽祖傳說，幾乎都與各時期的軍事活動相關，從康熙19年（1680）鄭經軍隊退出福建、康熙22年（1683）施琅攻臺、康熙60年（1721）朱一貴事件、乾隆52年（1787）的林爽文事件，以及嘉慶年間（1800-1810）的蔡牽事件等，幾乎都與媽祖助戰清軍有所關連，也直接促成了康熙年間致祭天妃、雍正年間納入祀典、乾隆年間加封「天后」等神聖屬性強化的關鍵因素。

　　天后宮雖為祀典之一，然而畢竟仍是「禦災捍患諸神祠」的地方廟宇神祇之一。清朝政府將其納入官祀體系，或許出於對於媽祖信仰於民間影響力的崇敬與畏戒，然而不同於其他官祀建築類型，官祀天后宮藉由不斷地呈奏，以獲得代表中央政治中心權力象徵的敕封，如此不斷地官方神聖屬性賦予，似乎正如同民祀媽祖廟每年例行的媽祖進香活動一樣。就此而言，敕封、贈匾一事，無疑是官祀天后宮最具象徵意義的空間「神聖性」賦予之政治性操作。

---

[18] 臺灣媽祖廟受封的御匾中，以光緒年間「與天同功」匾數量最多，乾隆皇帝的「佑濟昭靈」匾僅新祖宮、海安宮各一，其餘六匾接單賜一廟，其中府治大天后宮三塊最多，其他北港、淡水及臺東各一（石萬壽 2000：67-89）。

參考書目

中國第一歷史檔案館編

　　2003　清代媽祖檔案史料匯編。北京：中國檔案。

王美文

　　2003　西門町「臺北天后宮」發展歷程暨土地問題之研究。國立臺北大學地政學系碩士論文。

　　2005　閱讀臺北天后宮。臺北：臺北天后宮管委會。

王瑛曾（清）1962 重修鳳山縣志。臺北：臺銀經研室。

毛紹周

　　2004　臺南大天后宮的歷史與場域之研究。私立南華大學環境與藝術研究所碩士論文。

石萬壽 2000　臺灣的媽祖信仰。臺北：臺原。

米復國 1995 臺灣南部地區古蹟使用調查與評估。臺北：文建會

朱天順　編

　　1989　媽祖研究論文集。廈門：鷺江。

朱寶瑨

　　1968　海寧州志稿。臺北：海寧旅臺同鄉會。

佚名（清）1957 新竹縣制度考。臺北：臺銀經研室。

余文儀（清）1962 續修臺灣府志。臺北：臺銀經研室。

李世偉 2005　「媽祖加封天后」新探。海洋文化學刊（1）：21-36。

李秀娥 2002　清乾隆帝敕建天后宮(鹿港新祖宮)的信仰與活動。彰化文獻（4）：189-220。

李獻璋 1979　媽祖信仰の研究。東京：泰山文物社。

林志晟 2005　昭應宮與宜蘭人。洄瀾春秋（2）：1-20。

林清標（清）2004　敕封天上聖母實錄。北京：九州。

林慶昌 2003　媽祖真跡——兼注釋、辨析古籍。刊於勅封天后志。廣州：中山大學。

林豪（清）1958 澎湖廳志。臺北：臺銀經研室。

周璽（清）1962 彰化縣志。臺北：臺銀經研室。

周鍾瑄（清）1962 諸羅縣志。臺北：臺銀經研室。

金鰲 1984　海寧縣志。臺北：成文。

吳培基 2005　澎湖天后宮御祭文、御賜匾額及清風閣殘碑。硓𥑮石：
　　澎湖縣文化局季刊（38 ）：2-33。

范勝雄 2006　臺南大天后宮媽祖首廟之研究初探。臺南文化（60）：
　　73-86。

范明煥 2004　福佬與客家的交陪――新竹內天后宮知多少。竹塹文獻
　　雜誌（30 ）：8-27。

胡傳（清）1960 臺東州采訪冊。臺北：臺銀經研室。

胡建偉（清）1957 澎湖紀略。臺北：臺銀經研室。

柯培元（清）1961 噶瑪蘭志略。臺北：臺銀經研室。

徐曉望

　　1999　媽祖的子民：閩臺海洋文化研究。上海：學林。

　　2006　清代賜封天后問題新探。臺灣源流（37）：83-95。

高拱乾（清）1957 臺灣府志。臺北：臺銀經研室。

潘文鳳（清）1968 莆田縣志。臺北：成文。

張月明 2007.8.3　我的碼頭鎮。淮安日報。

　　網址：http://szb.hynews.net/html/2007-08/03/content_1736.htm

張崑振

　　2003　清代閩南地區官祀建築的類型與構成。2003 年閩南文化學
　　術研討會論文集，金門：金門技術學院。會議日期：2003 年 12 月
　　6-8 日。

　　2005a　清代臺灣地方志所載官祀建築之時代意義。臺灣文獻，第
　　56 卷第 2 期，頁 1-23。

　　2005b　清代官祀空間的祭祀關係及臺灣附祀空間特徵之探討。臺
　　灣宗教研究，第 3 卷第 2 期，頁 57-100。

　　2006a　清代官祀體系看關帝廟的人格神特徵。2006 年華人民間信
　　仰國際學術研討會論文集，臺北：真理大學。10 月 28-29 日。

　　2006b　從儀式變遷看官祀城隍信仰的神格特色。臺灣文獻，第 57
　　卷第 3 期，頁 9-36。

張德南 2002　竹塹研究箚記(3)：竹塹天后宮探微。竹塹文獻雜誌(24)：
　　69-79。

黃韜朋、黃鍾駿編 1985 圓明園。香港：三聯。

陳文緯（清）1950 恆春縣志。臺北：臺灣文獻委員會，

陳哲三 2003　竹山媽祖宮歷史的研究：以僧人住持與地方官對地方公
　　廟的貢獻為中心。逢甲人文社會學報（6）：155-181。

陳培桂（清）1963 淡水廳志。臺北：臺銀經研室。

陳碧 2007　1980 年代以來閩臺的媽祖研究。臺灣源流（38）：136-148。

陳淑均（清）1957 噶瑪蘭廳志。臺北：臺銀經研室。

馬書田、馬書俠 2006　全像媽祖。南昌：江西美術。

高令印等　編 1998　廈門宗教。廈門：鷺江。

郭武 1964　泉州府志。臺南：中西文化服務中心。

崑岡（清）1963　大清會典圖事例。臺北：啓文。

簡有慶 2002　士林地區的媽祖信仰。臺灣宗教研究通訊（4）：87-122。

葉倫會 2003　松山慈祐宮——一座兩百五十年的廟宇。國立歷史博物
　　館館刊（13:10=123？）：70-79。

裴樹榮 1974 永安縣志。臺北：成文。

謝宗榮、李秀娥　編 2001　清乾隆帝敕建天后宮志。彰化鹿港：鹿港
　　新祖宮管理委員會。

蔡相煇
　　2006　媽祖信仰研究。臺北：秀威資訊科技。
　　2006　媽祖信仰研究。臺北：秀威資訊科技。

楊浚 2004　湄洲嶼志略。廈門：廈門大學。

蔣元樞（清）1983 重修臺灣各建築圖說。臺北：國立中央圖書館。

蔣維錟　編 1990　媽祖文獻資料。福州：福建人民。

鄭振滿、丁荷生 2003　福建宗教碑銘彙編：泉州府分冊。福州：福建
　　人民。

薩迎阿（清）1966　欽定禮部則例。臺北：成文。

劉托、孟白編 1998 南巡盛典圖。清殿版畫匯刊。北京：學苑。

劉福鑄〈北京的媽祖祠廟〉（續二），載於莆田僑鄉時報，網址：
　　http://www.ptqxsb.com/shownews.asp?newsid=1488。

戰魯村（清）1983 海寧州志。臺北：成文。

謝金鑾（清）1962 續修臺灣縣志。臺北：臺銀經研室。

臺灣齋堂空間所屬觀音信仰特質的探討

臺灣的齋教分成龍華教、金幢教、先天教三派，其發展已歷二百多年，最早可溯至乾隆 30 年（1765）臺南安平的化善堂，而金幢教、先天教亦約略在同一時期前來臺灣設立分堂。回溯臺灣齋教三派的根源，明清時期由於官方常將民間的通俗信仰及宗教結社視為迷信與邪教，彼此間形成了緊張的對峙關係。在禁教律例嚴峻地取締之下，諸如羅教及白蓮教系統的教派，長期受到歧視與打壓，因此歷史上教案層出不窮，各種教派衍生雜陳，「邪教」、「匪教」之名也因此不斷地出現在各類的官方檔案中。在官方強勢的壓迫下，以「秘密」不為人知的手段進行聚會、傳道和吸收教眾的活動，延續齋教自身傳統文化，便成為這些教派另尋出路的方式之一。

作為齋堂非秘密表象的主要供奉對象，觀音信仰空間議題的討論，顯然便直接切入齋堂文化中特殊的民間社會、地域屬性。齋教雖為學界研究下的獨立教派組織，然而其深耕於民間底層社會所衍生出的「民間佛教」意義，在此似乎得到更多的例證與對照。本文企圖將討論的主題與對象，集中於齋堂中觀音信仰所代表的「非秘密」表象特色，藉以凸顯齋堂中觀音信仰所代表的民間佛教色彩，試圖從非齋教中心的逆向思考，以及齋堂特殊的祖先崇拜特色議題的探討，提供學界在探討民間佛教特色時的可能參考。最後，則以過去曾經參與的西華堂、大觀音亭二間古蹟為例，試圖說明齋堂與觀音亭所屬觀音信仰間的屬性差異及特色。

一、前言、齋堂秘密屬性的根源

臺灣齋堂的脈絡乃是這些高敏感度教派的一脈，不論龍華教的壹是堂、漢陽堂、復信堂、金幢教的蔡阿公、翁永峰派別、先天教的萬全堂、乾元堂派系，從教派淵源來看一直都是這些教派的分支。這個關係可由地方齋堂定期向祖堂晉謁，或由祖堂派人前來巡視地方齋堂的關係看

出。儘管臺灣地區的齋教有其特殊的發展環境，而且官方檔案也鮮少留下被查禁的紀錄，然其政治敏感度並不因此而稍有降低。因此，臺灣的齋教或齋堂對清朝官方來說，其邪教的潛在特質是存在的，「秘密」特質也因此成了齋教維繫自身傳統文化，並得以生存的最大關鍵。

筆者 1999 年所作〈臺灣齋堂建築空間及其秘密空間屬性之研究〉一文，[1]曾就齋堂「秘密」與「非秘密」空間表象的特殊意涵，透過儀式空間所透露的「動態神聖空間」及「靜態神聖空間」相對意涵進行解讀[2]，進而推論出臺灣齋堂特殊的秘密空間屬性確實存在。根據其研究成果，臺灣齋堂不論從歷史的淵源或神聖儀式活動的討論，都確實呈現了秘密根源的深刻特質。

在歷史脈絡的淵源方面，在明、清官方的眼中，齋教是極欲加以消滅的叛亂根源，因此一切相關的民間結社、教派，一概以「邪教」加以歸類。此一高度價值判斷的根源，正說明了齋教所具的高度政治敏感性質。面對清官方嚴厲的掃蕩行動，齋教的傳播、宣教，無可避免地必須以特殊的手段以求得生存，也因此如何符合統治者的既定規範，避免落入官方設定的禁令束縛中，便成為齋堂得以公然出現在社會中所必須審慎因應的課題，而其關鍵因素，便是「秘密」的形式原則。

以齋教最神聖的儀式空間為例，齋教三派主行法師其實都是直接面對各派的祖師畫像（無極聖祖的神聖象徵），而非佛祖廳內平日供奉的觀音佛祖（圖 1）。例如龍華教的主行法師，儀式舉行時儘管大部分時間面朝觀音佛祖「方向」，然而對象已轉成位於神龕前方頂棹上方，代

---

[1] 可參考張崑振 1999〈清政時期臺灣齋堂空間秘密屬性之研究〉《建築學報》，第 29 期，頁 71-87。

[2] 有關齋堂神聖空間的討論，可參考張崑振（1999）〈臺灣傳統齋堂神聖空間之研究〉。臺南：成大建築所博士論文。簡述其結論，神聖空間模型的建構包含了三個空間觀念。（1）由建築、祀神等一切表象空間內容所展現的「靜態神聖空間」，以神龕中的神佛座向為中心，對應於日常生活的儀式空間。（2）教派教義、經典內容中，對於真空家鄉、極樂世界等理想神聖世界的論述，代表著教派中心思想所蘊含的「理想神聖空間」，是一個完全抽象、想像的空間觀念。（3）教派中心儀式進行時所體現的「動態神聖空間」，藉由法師儀式行為的操演，不斷地再現、揭露教派傳統思想的中心與起源，具體彰顯了信仰層面的神聖意識，搭起理想神聖世界與靜態建築空間的橋樑。

表創教祖師（羅祖、殷祖、姚祖）的三張椅子—「三公椅」所圍構的空間。該神聖空間主要由諸天神佛所圍構，觀音佛祖只是其中的成員之一，待儀式全部結束後，三公椅也隨之移除，動態神聖空間消失；同樣的祭祀關係也出現在有著相同空間特色的先天齋堂，只不過三公椅換成了代表教內最崇高的神祇—無極聖祖（老母燈）。

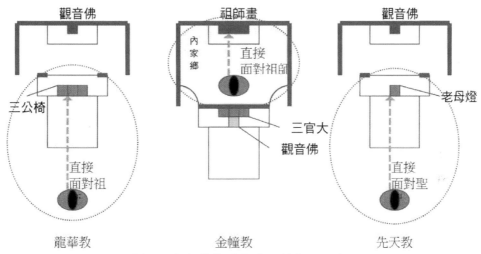

圖 1　齋堂動態神聖空間的祭祀關係

齋堂動態神聖空間與觀音供像的薄弱關係，又以金幢教最為明顯。平日大門緊閉（包括中門、龍門、虎門）的內家鄉，當儀式進行時，方才打開所有門扇，由領有護法階級的齋友進入，面對教內祖師畫像，進行最神聖的「拜懺」儀式。

而在儀式空間的結構方面，《下元水官老爺》懺文中表述了供禮進呈的關係：「……*家鄉水官老爺上壽之日，……眾生同護教護法，合會男女，……虔備香花燈燭，茶飯果品，……蒙三官老爺代眾生獻上，家鄉無生寶殿……*」。金幢教的動態神聖空間，基本上就是由「堂外」、「三官廳」、「內家鄉」等實質空間所區隔，由眾生、齋友、護法、三官老爺、家鄉老爺等神聖象徵聯繫而成。儀式進行時，所有眾生位於堂外，齋友位於三官廳中，護法則進入內家鄉中，由主行法師（頭領）帶領進行最神聖的拜懺儀式，形成一個層級分明的空間結構模式（圖2）。

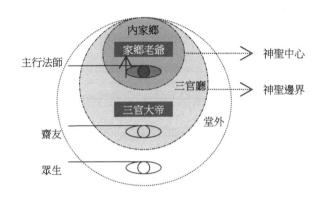

圖2　金幢派齋堂的神聖空間

　　相較之下，觀音畫像雖然掛在三官廳所面對的八卦門前，但儀式的過程卻甚少關連。影響所及，觀音畫像往往被移轉他處供奉，或甚至遭到撤下消失，譬如嘉義布袋金華山堂的觀音畫像改掛至左側觀音廳（原祿位廳）便是一例。齋友如此的認知，同樣也可從教友向政府登記主祀神時，不是以觀音佛祖為主祀神登記的歷史事實看到。[3]

　　基本上，這些秘密儀式皆是清官方所嚴格查禁的邪教行為，因此為了同時兼顧宣教和生存，齋教勢必以不同的方式進行，以避免遭到查禁的命運，於是各種秘密屬性的轉化方式便隨處出現在各類儀式之中。不論是透過儀式內容的隱藏，或是空間的隔絕（如金幢教的內家鄉），或是間接地以神聖象徵物的轉化方式為之（三公椅、老母燈），都是齋堂空間秘密化的表現。這些空間，外人是無法查知的，甚至不知其存在的，也徹底達到隱蔽的目的，都是因應齋教不得不秘密化的趨勢呈現。

　　齋教作為秘密宗教的一脈，自然表現出秘密宗教建築的特色，齋堂建築的外形就是秘密表象的最佳表現。臺灣清代的齋堂建築，不論其派別為何，幾乎都採用了民宅的形式，除了表示齋教與民間信仰密切關係外，其秘密屬性應是最大關鍵。邪教身分的認定，註定了以往歷史研究中齋教角色的判定，使得齋教的研究刻板地及形式地流於叛亂、邪教的誤解。然而藉由該文另一層面的分析，齋教的「秘密」與「非秘密」特

---

[3]　例如臺中大甲存真堂的住世老爺、臺南西華堂的太虛祖師、慎德堂的住世老爺、屏東市慎三堂的蔡阿公，引自曾景來1933《臺灣社寺宗教要覽》附錄。

質，除了相對反映出「動態」神聖空間和「靜態」神聖空間的具體象徵外，其相互間對話或關連的理解，顯然才是了解齋堂社會文化的重要關鍵。

顯然，三派齋堂所共同供奉的觀音佛祖神像或畫像，代表了觀音信仰已普遍為民眾認同的事實，如同齋堂中其他極具地域色彩的民間神祇（如城隍爺、土地公、三官大帝），再加上通俗的佛誕祭典、祈福、消災法會的舉行，齋堂和民間廟宇幾乎沒有太大差異，特別是與佛教寺院的關係。其目的除了企圖隱藏不被允許的特殊空間內容，進而維繫齋堂秘密空間的隱蔽性外，方便傳教、佈道，並廣泛地吸收基層百姓入教，以擴大齋堂的社會接觸面，應該也是齋堂重要的社會文化意義。

為了讓齋教從禁令的桎梏中獲得一線生機，憑藉著地方政府對於「祭祀」、「吃齋」行為的模糊認知，使得齋教得以變貌地以民間「雜俗」的身分，出現在地方社會中，憑藉著官方默許的行為許可，齋堂「非秘密」表象也隨之產生。換句話說，齋堂的非秘密表象，便是以一種民間廟宇氛圍的語法加以陳述，表現在以建築空間相關的任何可見形式上。

二、臺灣三教齋堂共有的祀神：觀音供像的民間色彩

齋堂是齋眾聚會辦供、作課、講經弘法的場所，也是堂中齋友日常生活的居住空間。臺灣齋教三派齋堂建築外觀大致相似，都以傳統民宅建築外形為主，其共同具備的特色，便是提供齋友進行法會的儀式空間「本堂」。此一空間因各派不同的教義思想而有相當差異產生，其內部空間元素依屬性可分成神佛空間、神祖空間、護法房、新眾房、敬茶房等。本文主要集中探討與觀音供像有關的議題，因此以下僅就齋堂的觀音供像空間進行說明：

（1）龍華教

由於主祀觀音佛祖的關係，神佛空間一般通稱為「佛祖廳」或「佛廳」，神龕內側有時尊稱為「內家鄉」，神案上則有觀音佛祖、善才、良女塑像，少數齋堂並有供奉創教祖師羅祖塑像案例出現，該空間通常不准閒人隨便進入，有時會以門柵隔開。此外，中部地區的龍華齋堂拜殿兩側壁旁，另有城隍爺、土地公神像供奉，城隍爺居左，土地公在右。

（2）金幢教

本堂空間可分成內家鄉、三官廳、祿位廳、七祖廳、敬房等部分；內家鄉是金幢教最神聖、崇高的空間，供奉金幢教的祖師畫像（翁文峰派供奉初祖王佐塘畫像，蔡阿公派供奉二祖董應亮畫像），以及「天帝君親師」牌位，為齋堂中最秘密的空間，有時亦稱作「無生寶殿」。內家鄉前方為三官廳，亦是金幢教齋堂特有的空間，亦有稱之為「阿公廳」者，廳中神案上主祀「三官老爺（三官大帝，即天官、地官、水官）」三神祇。此外，三官廳也供奉其他二教派都有的觀音佛祖，然而並非塑像，而是觀音佛祖畫像，依例皆懸掛於內家鄉的中門（八卦門）上方。

（3）先天教

先天教的供佛空間與龍華教幾乎一致，然空間名稱、供像稱謂皆不相同。神龕內供奉觀音古佛、善才、良女，並無內家鄉稱呼出現，內部亦未有特殊的隔屏出現。神龕前方的頂桌上，供奉著教內最崇高的神聖象徵物：老母燈、淨水瓶，燈在後，瓶在前，配合下桌的香爐、敬茶座、燭臺、束柴盒及香末盒，都是儀式進行時必備的法器。

在本堂中供奉觀音佛祖神像或畫像，顯然已是臺灣三派齋堂的共同特色。回顧臺灣齋堂的創立緣由，不論是祖堂齋友渡臺傳教或齋友因移民攜佛奉祀，皆是隨著三派的齋友先民，由大陸閩浙、潮粵渡臺而來。尤其，各教分派繁衍眾多，來源各不相同，如金幢教的蔡阿公派、翁文

峰派，龍華教的壹是堂派、復信堂派、漢陽堂派，或先天教的萬全堂派、乾元堂派等。然而不論分支派屬為何，不論母堂來自何處，觀音信仰的崇拜都是臺灣三教共同的奉祀神祇。作為臺灣地區齋堂社會文化的表徵之一，臺灣齋堂所見到的觀音供像，顯然直接指向了原鄉地區觀音信仰與齋堂間的特殊淵源。雖說如此，大陸原鄉齋堂供佛詳情恐怕已難知曉，根據資料，龍華教江南姚文宇派下齋堂，前廳供奉皆係一般佛像，設有香爐、燭臺、供品等；後廳則是祖師堂，只供奉姚文宇的畫像，為了偽裝，畫像外面通常有一「天地君親師」的牌位遮蔽。[4]

　　文中所謂「一般神像」是否是觀音佛祖不得而知，然而，福建地區明清時期各村落間的觀音堂卻相當常見，家家戶戶中幾乎都有觀音信仰崇拜，家戶大廳中供奉觀音塑像或畫像，可說相當普遍。[5]作為信仰崇拜的對象，觀音神像雖非齋教三派必定的選項之一，此可由金幢教齋堂三官廳中的主祀神：三官大帝得到驗證。姑且不論觀音的出現是否與傳教時便於、吸收信徒有關，臺灣地區齋堂共有觀音信仰的現象，似乎表明了觀音信仰確實已經是臺灣齋堂空間最重要的民間社會現象之一。

三、清代臺灣吃齋禮佛的歷史環境

　　清郭箋齡〈山民隨筆〉：

> 「吾邑茹素者有龍華會名目，……其教堂確定遍佈各地，入教人只唸經禮佛，每逢齋期佛誕，唸經做道場而已，並沒有勸人修煉等怪誕行為。至其所唸的經，也是普通佛教方面的經書，詢之教內人，亦不知同正式佛教有什麼不同之處」。[6]

　　清林焜熿《金門志》〈卷十五風俗記〉「雜俗」記載：

---

[4] 有關前廳中的一般神像，與後廳祖師畫像的分置描述，與臺灣的金幢教齋堂三官廳與內家鄉的空間格局完全符合。引自（1995）〈關於臺灣齋教淵源史料的調查〉《民間宗教》，第 1 期，頁 128-129。

[5] 引自徐曉望（1993）《福建民間信仰》，頁 444。

[6] 引自林焜熿《金門志》，頁 396。

「邇來男婦多持齋奉佛，其黠者鳩貲設立菜堂(金門城及浦下鄉
有之)；男女日夜麋聚，講經禮佛。凡入教之後，雖夫婦亦絕人
道；惟菜友相會，概免避嫌，傷風敗俗，莫此為甚。若拆其堂，
挐其首惡辦之，亦維持風化之一端也」)。[7]

　　連教內人都分不清齋教與佛教的差異，齋堂所呈現的是一幅堂內男
女持齋唸經、定期聚會禮佛的景象，過去對齋堂聞則查禁的緊張氛圍，
似乎有了不同角度觀察與對待，甚至與佛教寺院相同地被民眾所接受與
認知。尤其，林焜熿對齋堂內因男女雜聚一堂的行為，給予「傷風敗俗」
的批評，正表示了社會對齋堂的注意力已從聚眾謀亂的亂行，轉移到漢
人慣習的評斷。

　　同樣的觀點，亦出現在臺灣各地的方志文獻中，例如《淡水廳志》：
「有曰菜堂，吃齋拜佛，男女雜居」[8]。《樹杞林志》「風俗考」雜俗：「有
菜堂吃齋而為道士者」。[9]《新竹縣志初稿》〈卷五考一風俗〉「雜俗」：「至
於吃齋者多建菜堂，朝夕誦經禮佛，以求善果」。[10]《苗栗縣志》〈卷七
風俗考〉「風俗」：「有曰『菜堂』，吃齋拜佛，男女雜居。」；[11]《澎湖廳
志》〈卷九風俗〉：「邇來奉佛者，倡為先天教。其說自內地傳來，一時
無知男婦被惑者眾。或夫婦合？時即分床而睡，一生斷慾，謂可成大羅
金身者；有男女雜處一堂，誦經禮佛，而以兄弟姊妹相呼者。竊謂持齋
奉佛，其食用必從省約，若寡婦在家持誦，藉以清心絕慾，原無不可；
然究非民所宜尚也。」[12]

　　此處所謂「禮佛」、「拜佛」、「奉佛」的佛像，推測應該便是一般觀
音廟、觀音亭所見到的主祀神：觀音「佛祖」。將齋堂載入地方志文本
中，顯然承認了齋堂作為民間風俗的事實。對於慣習中有關「吃齋」、「誦
經」、「禮佛」、「求善果」等齋堂空間內的諸事，纂志者似乎已見怪不怪。

---

[7] 引自林焜熿《金門志》，頁396。
[8] 引自陳培桂1870《淡水廳志》，道光26年刊，頁304。
[9] 引自林百川，林學源1993，頁104。
[10] 引自佚考《新竹縣志初稿》，頁186。
[11] 引自沈茂蔭1893《苗栗縣志》，光緒17年刊，頁119。
[12] 引自林豪1963《澎湖廳志》，頁325。

原本齋教與邪教間緊繃萬分的關連，似乎已不再受到特別的關注。

可想而知，齋堂內的儀式儘管為官方政府所嚴令禁止，然而民間存在卻著大量「淫祀」的廟宇、寺院、庵堂、宮觀，正如同迎神賽會雖同為官方表態嚴禁的惡習，然而各地方春祈秋報時，由地方鄉親率同子弟答謝神廟；或在神聖誕辰、疾病祈禳時，進供香茶水之儀，以表達誠敬之意；或是禮懺誦經，以求消災延福之行儀，似乎也讓官府不得不以默許、寬待的態度視之，或甚至是無能為力的情況下「敬而遠之」了。曾短暫擔任彰化縣知縣的周璽在其《彰化縣志》「祀典」一節中，總結了他對民間廟宇的看法：「若彼琳宮、寶剎，僧巖、佛觀，習俗相沿，遽難變革，亦姑聽愚民之自為。孔子云：「敬而遠之」以專務乎民義，可謂智矣。其斯為聖人之教乎」。[13]

吃齋也是一樣，在處理邪教的案例中，曾經發生過官府對所有「吃齋之人」不論同夥與否，一概擒解的情形。然而結果卻適得其反，附近各村「民心惶惑無措，人人自危，群思奔避遠方」。嚴禁吃齋一事，雍正時期福建巡撫劉世明曾經以「習無為羅教者闔家吃齋，臣通飭嚴禁」上奏朝廷嚴禁吃齋一習，然而雍正皇帝卻以為：「但應禁止邪教惑眾，從未有禁人吃齋之理，此奏甚屬乖謬紛擾」，將奏摺駁回。[14]由此看來，官方雖嚴格禁斷羅教，但卻完全不禁百姓吃齋，齋友吃齋顯然和百姓吃齋一樣，並未受到特別的對待。

四、齋堂觀音信仰的社會意涵

承如前言中對齋堂秘密屬性的探討，齋教三派的最主要的儀式，都與教派教義思想的傳達有關，也以不同的儀式過程再現其理想中心、起源，此類儀式可歸類為動態神聖空間的儀式。簡單的說，齋教最神聖的儀式由特定階級的齋友負責執行，在特定的空間、時間舉行。加上教內階級層層劃分，僅少數頂層的教眾菁英，才得以一窺教義理想的精髓。

---

13 引自周璽 1958《彰化縣志》卷五祀典志，頁 151。
14 引自馬西沙，韓秉方 1992《中國民間宗教史》，頁 353。

一般信眾除了參與日常儀式，或在旁（外）跟拜外，有時甚至無法看到儀式的舉行（如金幢教），更別說是察覺儀式的深層意涵了。

　　因此，一般信眾或堂外人士的祭祀對象，通常就是堂中的主祀神祇：觀音佛祖。對這些信眾而言，三派齋堂內的祭祀活動和普通的廟宇並無不同之處，祭拜者與主祀神的祭祀空間關係，都是面對神佛塑像的祭拜行為。此就信眾與神佛的相對關係而論，齋堂與佛祖廟、觀音宮所見，其實並無太大的差別（圖3）。

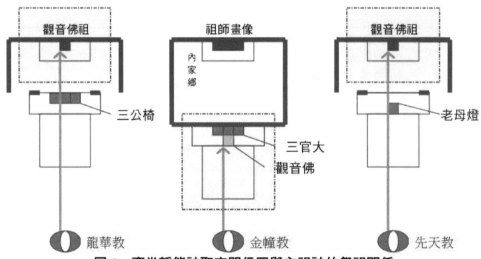

圖3　齋堂靜態神聖空間信眾與主祀神的祭祀關係

　　以龍華教最繁複的「過功場」儀式為例，七天法會佔比最大的「法華科」與「梁皇科」，全是些常見的祈福、消災等「拜經懺」過程。儀式進行中所誦經典，亦都是佛教的經典；其他像「發表科」、「齋天科」、「午供科」、「金剛科」、「普施科」等，也都和民間通俗信仰或道教儀式有著類似的過程。其中，「法華科」在早上進行，為一祈福儀式，「梁皇科」是下午進行，主要目的在消災解厄，「發表科」則是普請神佛降臨法場之意，「齋天科」如同民間常見的拜天公儀式，「午供科」則是供食儀式，而「金剛科」目的與梁皇科相似，至於「普施科」，則是普請十方孤魂前來聽經受洗之意，這些法會內容在其他如道教、佛教神聖系統中也經常可以見到，更是各村落中各信仰廟宇法會時常見的景象。

顯然，由齋堂外在表象看來，外人實在沒有辦法區分其間的差別。因之，地方志中常將吃齋者與道士、尪姨、客師、乩童一併列入「雜俗」之中，其緣由就是在此。《樹杞林志》中記載的混亂印象：「有菜堂吃齋而為道士者」，正是此一印象的真實寫照。

齋教因其邪教身份所表現出的「秘密」，是不得已的形式原則，而「吃齋」、「禮佛」行為的模糊特性，進一步提供了齋教徒賴以生存的空間。齋教三派都將官方嚴格查禁的對象「隱藏」起來，神龕供奉的都是民間信仰最為普遍的觀音佛祖供像。齋友們平日燒香禮佛的行儀，已成為修志官員所認知的民間風俗，而其身分也從律令禁止的邪教菴堂，變成了民間普通的「祠廟」，也就是一間由吃齋者建立，專門供作誦經禮佛的場所。此就「非秘密」空間表象的陳述而言，齋堂似乎表現出與普通觀音廟、觀音亭或巖沒有太大差異的「表現」，而這也正是齋堂靜態神聖空間所揭露的地方文化意義。

五、齋堂觀音信仰空間的特色

齋教是一個符合宗教定義的組織團體，具有自己的教義、經典、教團、組織、儀軌等，不論從宗教學或歷史學觀之，都是一個獨立的教派組織團體，不同於佛教，自然也不同於民間信仰。齋堂中的觀音信仰，本為齋堂社會化、地域化與民間慣習結合下的表現，然而齋堂與其他觀音信仰空間究竟存在著什麼樣根本的差異，除了靈驗說和教理說、大傳統和小傳統、制度化宗教、普世宗教的二元對照差異外，似乎應該還有許多根基於各信仰空間本質的自明關鍵，亟待釐清，「祖先崇拜」的觀念即是其中之一。

齋堂本堂中除了供佛空間外，最具特色的便是左右兩側的神祖空間，包括左側的祿位廳與右側的七祖廳。供奉長生祿位的風俗一般廟宇皆有，通常藉以紀念那些建廟有功，協助開山的大檀樾主或地主，非齋堂所特有。然而七祖廳的九玄七祖神位，便是許多建築或廟宇類型所沒有的特殊祭祀空間。尤其，三派齋堂對於歷來齋堂有功的堂主、護法的

忌〔辰〕日，依例都會在七祖廳中舉行祭祀，為其「作忌」，就如同家戶所見的祭祖儀式一樣，足見祖先崇拜在齋教信仰中扮演的重要角色。

齋堂與祖先崇拜的關係已可明瞭，然而觀音廟與祖先崇拜的關係究竟為何呢？筆者於 1994 年至 1998 年間，曾分別參與臺南市古蹟西華堂、大觀音亭調查研究工作。日治時代，因緣於兩廟信眾間的密切關係，而有大觀音亭神明會華成社土地獻納事件的發生。此案例的存在，凸顯了祖先崇拜於齋堂、觀音亭間重要的本質差異。以下即先說明西華堂、大觀音亭間特殊的歷史淵源，最後則以此次歷史事件反應出的「祖先崇拜」差異關鍵及大觀音亭區位特色的討論，藉以說明齋堂與觀音亭觀音信仰上的不同特質，作為本文的結語。

（一）齋堂與觀音亭觀音信仰差異：以大觀音亭神明會華成社土地獻納事件為例

大觀音亭位於臺南市成功路，與正義街慈蔭亭及安平觀音亭，同為臺南三間觀音亭信仰廟宇。大觀音亭又有觀音宮、觀音亭稱呼，乃相對於原小東門內的小觀音亭而來。其創立根據《臺灣縣志》的記載，最早可推至明永曆年間。康熙 32 年（1693），觀音亭重修，並增建大雄寶殿，形成今日所見大觀音亭格局。其後歷經乾隆 3 年（1738）、乾隆 57 年（1792）、嘉慶 20 年（1815）、昭和 2 年（1927）及光復後幾次整修，而成今貌。[15]

與其他公廟一樣，大觀音亭與鄰廟興濟宮早已是附近居民共同的信仰中心。大觀音亭廟中雖有住僧，不過一直是首事（兼總理）、董事的管理組織，亦有值年爐主、頭家專司祭禮的執行，近年年中祭典依例皆邀請關子嶺大仙寺尼師負責，並有輪值轎班，專門負責祭典的舉行。[16]大

---

[15] 引自成大建築系 1999《臺南市第三級古蹟興濟宮與大觀音亭調查研究與修復計畫》，頁 38-39。

[16] 大觀音亭年中重要法會，包括 1/1-1/3 三千佛消災法會、1/9 齊天科儀法會、2/19 觀世音菩薩誕、4/8 浴佛日消災法會、6/19 觀音菩薩成道日消災法會、7/30 地藏王菩薩聖誕，7/27-29 舉行盂蘭盆會、9/19 觀世音菩薩出家日消災法會、9/30 藥師佛聖誕消災法會、11/17 阿彌陀佛聖誕消災法會、12/8 釋迦佛成道日消災法會等。

觀音亭與興濟宮二廟所屬轎班共計 17 個（1998 年統計數字），與觀音信仰有關者僅「華成社」而已，其餘皆屬興濟宮神祇所有。

根據昭和 2 年(1927)〈大觀音亭華成社碑記〉的記載：「華成社之設，為祀佛祖而設也。」華成社為一神明會，昭和年間社員有姚成、吳阿池、王水、葉隨、辛西淮、邵鵠、魏永、朱鉗、孫寶霖、黃煌、黃汝南、康春、余宜松、林世鴻、郭金海、葉豆記等人。華成社設立時間不詳，然從社員曾於光緒年間捐助西華堂重建並處理土地獻納事件一事，其創立時間推測可能早於清代便已成立。

大觀音亭與西華堂相鄰不遠，大觀音亭、興濟宮清代碑記、文物頗多，試著比對西華堂光緒 20 年〔1894〕的〈西華祖堂碑記〉，彼此間的重要歷史人物幾乎沒有任何交集出現，可見齋友獨立、封閉的教派活動型態特色。[17]清代時兩廟間信眾往來的真實情況為何無法得知，不過到了清代晚期，西華堂與大觀音亭間，似乎有了密切的交流。其中關鍵，便是日治時代擔任大觀音亭（及興濟宮）管理人的葉豆記，曾於清代光緒年間至日治昭和年間西華堂幾次的重建中，擔任非常重要的角色。

葉豆記（1866-1950）另名志成，本籍泉州府同安縣，生性慷慨豪邁，受母親葉林氏乃娘的影響，信佛持齋，並屢次捐資修建西華堂，亦曾擔任大觀音亭、興濟宮管理人，於廟內販賣線香等雜貨什物，對地方事務不遺餘力。[18]葉豆記與西華堂的淵源，係來自母親葉林氏乃娘的影響，根據〈西華祖堂碑記〉的記載，擔任光緒年間的改建工程理事及督造人的葉豆記，與其母分別以「葉林氏乃娘」名義捐金 500 大員，以及「本堂諸參友暨葉志成」名義捐金 2000 大員，最後並補足工料不足費用 790 大員，可謂本次修建工事的最大功臣。這樣的關係，持續到昭和

---

[17] 1895 年〈西華祖堂碑記〉將近 60 位捐資名單中，除葉豆記（即林志成）外，僅曾振明、黃合源、林文彬三人曾出現於大觀音亭的所屬碑記而已，。其中，曾振明曾經出現於道光 10 年（1830）〈重修大觀音亭暨諸善舉碑記〉、黃合源出現於乾隆 57 年（1792）〈重興大觀音亭碑記〉、林文彬出現於昭和 2 年（1927）〈重興大觀音亭興濟宮碑記〉。除林文彬外，另二人時間上皆有段差距，是否為後人所寄附，不得而知。

[18] 引自成大建築系 1996《臺南市第三級古蹟西華堂調查研究與修復計畫》，頁 31。

時期仍可見到。[19]

明治 32 年（1899）間，兩廟間曾發生一件有關曾氏土地獻納、安位事件。此事例恰可作為理解同為觀音信仰的觀音亭、齋堂屬性的重要差異，茲將〈大觀音亭華成社碑記〉重要敘述先行節錄於下：

「……明治三十二年，本地有曾炎崑者，一家亡故，內有四姓遺神主二十餘座，改四姓為四座，進入西華堂奉祀。就所三百餘坪之地為獻奉西華堂佛祖，作為祀業；而大觀音亭佛祖之社員辛西淮、葉豆記、康春同諸社員建大功於西華堂。厥後西華堂諸齋友，僉議轉獻該地與觀音亭佛祖，每年作千秋之祭祀費；而西華堂並華成社之社員，鳩集壹仟餘元；而康春亦出貳百元土工；而諸社員面議康春所築一部分之地，每年無稅金；而每年官租康春應納半額，餘半額歸社員負擔。」

大觀音亭附近有曾炎崑一家，亡故後屋內留下了四姓神主牌位共計二十餘座，對於這些將成為無祀孤魂的神主，華成社社員決議各立四姓孤魂牌位，轉入西華堂饗祀香燈，並按齋堂進主慣例，將曾氏家戶所有土地三百餘坪獻納給西華堂佛祖，作為奉祀諸佛香燈祀業之費，永遠奉祀。此事發生之時，剛好光緒年間重建工事才落成後不久。後來緣於辛西淮、葉豆記、康春三位西華堂的大檀樾主，恰好都是大觀音亭華成社社員。於是經堂內齋友商議後，決定將曾氏三百餘坪回贈與大觀音亭佛祖，以作為每年大觀音亭佛祖祭典之祭祀費。

此三百坪土地，後來轉由華成社所有並使用，1927 年間，再由西華堂及華成社社員共同捐金一千餘元，加上康春貳百元作為土工費用支出，因有 1927 年〈大觀音亭華成社碑記〉鐫記出現。此次捐資金額所用，推測應與修建該土地上華成社建物有關，碑記後記並詳載了西華堂與大觀音亭雙方有關土地稅金、收益的責任與義務，以杜日後爭端。西華堂與大觀音亭華成社的關係，進入日治時代以後可謂休戚相關，融洽

---

[19] 日治以後，齋堂再歷經幾次拓建工事，其中，葉豆記母親葉林氏乃娘再次以自己之力，購買西華堂南側數地七百餘坪，並建築南傍家屋五間。後並由葉豆記捐金補足齋堂南傍家屋續建三間的所缺費用，以及齋糧金八百等。引自昭和 2 年（1927）〈西華華堂建基業碑記〉。

非常。至 1935 年，辛西准，葉志成、康春三人再被推選為西華堂信徒總代，兩廟的密切關係可說是達到了頂點。[20]

大觀音亭神明會華成社土地獻納事件，直接透露出觀音亭與齋堂觀音信仰確實不同的訊息，民間信仰中的觀音佛祖雖具陰靈普度的信仰特性，然而代表祖先崇拜風俗的祖先牌位祭祀，似乎才是各觀音信仰空間的關鍵。大觀音亭附近所發現的二十餘座四姓神主，廟方並未自行於大觀音亭中安位供奉（廟中其實也沒有供奉神主的功德龕位），基於信眾對不同觀音信仰空間認知上的歧異，曾氏家戶中所發現的二十餘座牌位，最終還是轉移至西華堂功德堂奉祀。

大觀音亭華成社為清代以來民間常見的神明會組織，與眾多神明會一樣，為祀佛祖而設。尤其大觀音亭自乾隆年間即陸續有住僧資料留下，包括朗量（1792）、志誠（1797）、溫恭（1830）等，與齋堂的齋友顯然各不相關。二者的關係，從碑記史料對證結果看來，應無特殊關連才是，足證齋教信眾、齋友關係的封閉特性。由廟中留存匾聯、碑記文物史料中官員、商號看來，大觀音亭顯然已為地區（甚或全府）的民間信仰中心。二個完全不同文化體系的觀音信仰空間，透過華成社土地獻納事件的協商，似乎也因此出現了理解雙方不同特色的關鍵契機。

（二）齋堂與其他觀音信仰空間的區位差異：以大觀音亭為例

臺灣主祀觀音的廟宇，有寺、廟、宮、亭、閣、堂、庵、院、巖等稱呼。對於眾多的觀音信仰空間，以往學者的研究頗多，除了傳統佛教寺院外，另有屬於民間佛教觀音信仰的四種型態，包括一般的觀音廟、街市中的觀音亭、山頭嶺尾的巖仔、齋堂等。筆者曾就臺南市七間歷史悠久的佛教寺院位置進行討論。簡單而言，由於修持佛法的出家僧尼並不從事生產，必須依賴信眾供養、捐緣及寺產孳息提供，其所居住的寺院因而無須顧及經濟的來源問題，也使得寺院建築的選址，可以避開喧

---

[20] 引自昭和 10 年（1935）〈完竣西華齋堂碑記〉。

囂的城鎮和人世生活，遠居景色優美、寂靜無人的偏僻地區。臺南市七間佛教寺院，也因此皆位於城外風景勝地，為離群而立的配置形態。[21]

相較下，齋教所強調的是在俗守戒的修持，即不出家、不穿僧衣、不剃頭法的方式。齋堂的設立主要是為了傳教及辦供之用，設立之初有時甚至都權設於堂主、齋友的宅舍內，因此齋堂設立的地點事實上與民宅的區位並無多大區別。為了方便社會各階層、各個行業的齋眾聚會、禮佛，齋堂設立的地點通常都位於城鎮、聚落內居民所居住的區域，甚至是城鎮中最繁華的集市之中。

至於巖之區位，林美容〈臺灣的民間佛教與巖仔的觀音信仰之社會實踐〉一文已有很好的討論，總結其論點，巖即山寺，巖與山相互依倚。有山之處必有水，有山有水必然風景秀麗，因此「巖仔」所在，名山勝水環繞，也常為香客進香、遊客觀光據點。[22]筆者於1998年曾經參與臺南市古蹟大觀音亭的調查研究，對於「亭」稱呼的出現，研究中曾從大觀音亭歷史發展和建築特色二方面，分別推論大觀音亭之所以為「亭」的可能原因。以下即以建築學背景的理解，略作揣測一番，提供參考。

在歷史方面，大觀音亭創建於明永曆年間，據康熙35年高拱乾《臺灣府志》〈卷九外志〉記載：「*觀音官在府治鎮北坊，前後泥金色相，左右塑十八羅漢，俗呼為觀音亭，相傳最遠。康熙三十二年（1693），後堂重建。*」[23]到康熙59年（1720）陳文達所纂修的《臺灣縣志》「卷九雜記志九」：「*在鎮北坊，觀音亭，偽時建。中奉大士，左右塑十八羅漢。康熙三十二年，居民重修，並建後堂。……*」。[24]根據高拱乾、陳文達的說法，大觀音亭的初建形式應是以佛祖殿為主要建築，而後於1693年重修時，才建後方大雄寶殿，此與今日所見大觀音亭格局形式大致相符。此時正當大觀音亭初創階段，從傳統廟宇建築發展的規制看來，「佛祖殿前的拜亭應已存在，至於拜亭前方三川殿具備與否，推測應是在增

---

[21] 可參考張崑振1999〈清代臺灣的齋堂建築〉《臺灣史料研究》，第13號，頁87-118。

[22] 可參考林美容、蘇全正2003〈臺灣的民間佛教與巖仔的觀音信仰之社會實踐〉《新世紀宗教研究》，2（3）：1-34。

[23] 引自高拱乾1696《臺灣府志》，頁219。

[24] 引自陳文達1720《臺灣縣志》，頁210。

建後方佛祖殿後，為維持格局完整並符合廟宇規制，才增建前方三川
殿」。[25]

　　而建築方面所提供的訊息似乎也是如此。大觀音亭正殿前方的拜亭
為歇山式作法，即一般所稱四垂亭形式，內部屋身則是八架楹捲棚形
式。值得注意的是，大觀音亭拜亭的山牆面與正殿屋身平行，類似古建
築中「抱廈」的作法，也和日式建築的「博風面」有相似之處（圖4及
圖5）。此一方式改變了拜亭與正殿間的構成關係，完全不符臺灣傳統
建築的形制：「由於大觀音亭經過多次修建，此拜亭或許即是昔日的第
一進，此或可說明其之所以出現的原因」。[26]

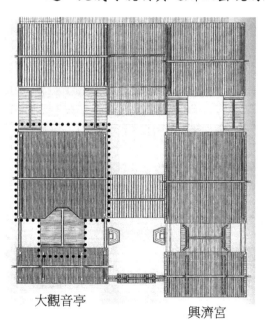

大觀音亭　　　　　　　　興濟宮

**圖4　大觀音亭屋頂平面圖（虛線位置即拜
　　　亭與正殿）**
出處：成大建築系1999《臺南市第三級古蹟
興濟宮與大觀音亭調查研究與修復計畫》

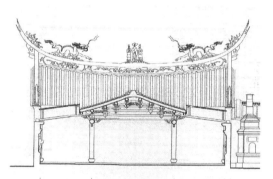

圖5　大觀音亭拜亭剖面圖
出處：成大建築系1999《臺南市第三級古蹟
興濟宮與大觀音亭調查研究與修復計畫》

　　大觀音亭位置隸屬德慶溪以北的鎮北坊，清代的鎮北坊多是類屬軍

[25] 引自成大建築系1999《臺南市第三級古蹟興濟宮與大觀音亭調查研究與修復計畫》，頁27。
[26] 同上引。

事營盤、公署、公館、社倉一類的公共設施所在。[27]由於德慶溪的阻隔，乾隆時期要由府城南部街區通往以北鎮北坊區域，必須經過三座橋樑。其中與大觀音亭有關者，為提供給官員經下寮港街、總爺街，往來公署、總鎮衙的過仔坑橋（因總爺街原名過仔坑街，橋名因之，後更名為新安橋、樂安橋）。根據乾隆 17 年（1752）《重修臺灣縣志》「城池圖」所示，府城的居民要由南部街市前往大觀音亭參拜，下寮港街經過坑仔橋右轉是唯一的通道（圖 6）。

　　另據嘉慶 12 年（1807）《續修臺灣縣志》「城池圖」所示，大觀音亭前方出現了一座「廟橋」（也就是後來的大觀音亭橋），附近亦有少數住屋出現：「大觀音亭橋，在蕃薯崎下大觀音亭街，嘉慶四年（1799），里眾捐修」。[28]大觀音亭橋出現於 1799 年，橋未出現以前，廟前街市的發展顯然無法開啟並順利發展，大觀音亭與前方廟橋的關係顯然至為密切（圖 7）。因此到了道光 5 年（1825）大觀音亭重修時，同時也進行了前方「廟橋」的重修工事。

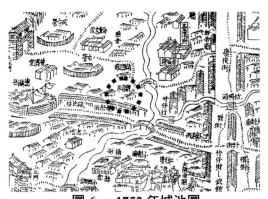 

圖 6　1752 年城池圖　　　　　圖 7　1807 年城池圖
出處：《重修臺灣縣志》　　　出處：《續修臺灣縣志》

　　依此，似乎可以推測大觀音亭前的觀音亭街大約應於嘉慶年間才開始成形的，而在那之前，大觀音亭所在區位，顯然位處街市的邊緣。歸

---

[27] 例如總鎮營盤、鎮標左營營盤、鎮標左營公署、澎湖水師協鎮公館、諸羅縣公館、安平鎮水師公館、南路參將公館、北路參將公館、倉廒、社倉等。引自陳文達 1720《臺灣縣志》，頁 70、72、74、87。

[28] 引自《續修臺灣縣志》卷一　地志/橋渡，頁 12。

納起來，初創時期大觀音亭所在顯然與街市並無太大的關連，獨立、路旁、街市邊緣似乎便是「觀音亭」的區位特色。[29]

在建築上，「亭」為建築形式一種，專指有頂無牆，常出現於路旁或庭園中專供休憩用的建物，或意指構造比較簡單的小房子。「亭」本義為古代設在路旁的公房，提供旅客亭宿使用，因有驛亭之稱。明計成《園冶》卷三「屋宇」解釋：「亭者，停也。所以亭憩游行也。」[30]臺灣傳統建築形式中，常見有拜亭、四垂亭建築形式，即專指廟前有頂無牆，形似涼亭的建物。

臺灣有太多的觀音廟俗稱為觀音亭，如果說觀音宮、廟的信仰內涵主角為觀音主祀神，而廟宇以「亭」稱呼的出現，或許便則指向了廟宇初創時規制較小的「建築」形象表現，不管是路旁或街市邊緣。兩相結合，觀音「亭」因此也成了觀音廟的另一專屬稱呼。

---

[29] 臺南安平另有座安平觀音亭，亦位於安平舊聚落的南側邊緣、路旁，改建前建築形式亦有四垂亭，與改建後現狀相同。臺南附近的臺灣縣永康里觀音亭，「在北路頭，五十四年李三建，僧人施茶亭中」。引自《臺灣縣志》雜記志九/寺廟，頁212。

[30] 引自陳植1982《園冶註釋》，明計成原著。臺北：明文書局。

找尋金門洋樓的南洋文化基因：以新加坡為例

一、前言：金門洋樓的南洋關連

　　閩粵移民出洋的原因，除了因為國內人口增加、耕地不足，加上天災戰禍不斷，致使飢荒災難連年，生活極其艱困而出洋謀生外，多是聽到早期到南洋發展親友對當地環境的美好描述之後，受到吸引所致。回顧十九世紀的南洋各地，在西方殖民帝國的經濟拓殖下，陸續發展成交通便利、治安良好的城市環境，在殖民政府亟需勞動力的需求下，大批刻苦耐勞的華工，便隨著移民潮來到異鄉，以期在新天地中求得生存發展。

　　這些移民中，廣東移民平均的分佈於亞洲各地，相較之下，福建移民卻有高達 99.6% 比例集中於東南亞地區發展，當中又以印尼、馬來亞（含新加坡）人數最多，而金門出洋客的第一選擇，便以新加坡最多。根據 1960 年《金門華僑志》的紀錄，在新加坡聚集的金門僑民，最多曾達五萬人之多，遠高於東南亞其它地方。這些居留異鄉打拼的閩粵華人，為了與故鄉家裡維持聯繫，或是將辛苦打拼掙得的錢財匯回家鄉，或是將元配妻子留在家鄉，以便延續祖傳財產與祭祀的繼嗣權利，並期待他日衣錦還鄉時，能夠一償「娶新婦、起屋、買田」的心願。也因此，僑匯回鄉建樓，便成為眾多出洋客「光前裕後」的一生最高成就了。

　　金門著名的洋樓出洋客，幾乎都是在東南亞地區的菲律賓、印尼、馬來亞及新加坡等地發跡後而成就一生事業。以新加坡為例，後浦陳詩吟於 1903 年遠赴新加坡、印尼，因開設土產貿易商號、經營有成致富而回鄉建樓；陳坑陳景蘭於 1902 年經廈門出洋，於新加坡金福和貿易行從事管帳的工作，後於印尼創辦「南金號」九八行而獲利發跡；至於碧山地區洋味十足的陳德幸洋樓、陳清吉洋樓、睿友學校、陳氏宗祠所屬的陳氏族人，亦多由出洋奮鬥的新加坡陳氏族人所興造；另外，山外

的陳期宰亦是在新加坡經營木材、船業和橡膠致富，還有金城黃天佑在新加坡行醫等，都是在新加坡經商致富而回鄉建築洋樓的代表例子。

金門洋樓有著豐富的南洋特徵，僑匯建樓充分顯現了出洋客苦盡甘來的地位象徵，因此各家各族無不費盡心思、競相爭奇。此時，洋樓中獨特的外廊配置，生動多樣、饒富風味的花卉、水果的彩釉磁磚等，搭配洋味十足的西式主題表現，如正立面山牆、柱式（order）、屋簷飾帶、西式柱頭及花瓶欄杆等特點，都被認為是展現南洋殖民建築及中國傳統建築語彙的混合成果。

然而，「南洋」建築的特徵為何？與金門洋樓發展的關連與影響究竟為何？倒是較少被人提及。探尋金門洋樓建築之美，南洋建築環境概況與背景的理解，作為洋樓生產背景的對照，當為另一可能的竅門與途徑。依此，本文便以金門僑民分佈最多的新加坡為例，循著華人先民出洋的腳步，藉由新加坡建築變遷發展的歷史回顧與檢視，試著探索金門洋樓之「南洋」建築文化基因可能的源頭與變遷，文中將適時輔以金門洋樓案例說明，以供參考。

二、三開間形式轉化的根源：十八世紀初期的英國喬治建築風格

新加坡建築最初發展，反應了英國在亞洲殖民勢力的擴張與分佈，自 1786 年英國人在馬來半島西北岸的檳榔嶼（Penang）建立據點，並於 1795 年從荷蘭人手中接管麻六甲（Melaka）以後，新加坡因地理上佔有扼制馬來半島南端的優良港灣優勢，於是在 1819 年進一步成了英國人控制東西交通重要通路的麻六甲海峽新據點。

1819 年至 1823 年期間，為新加坡建築發展的初期階段，移民以自檳城遷入的華人為主，此時新加坡殖民統治剛剛開始，在萊佛士（Sir T. S. Raffles）的城市規畫下，城區被分成歐洲統治區及亞洲其它族裔區。由於建設剛啟，在各項資源短缺的惡劣環境下，從檳城引進的少數建築材料幾乎全都用於統治政府及相關機構的建設上，而民間建築則就地取

材興建，因此出現了許多非永久性的臨時建築。1823 年，殖民政府公佈新的建築法，然而 1825 年新加坡河附近的華人居住城區卻發生大火，燒掉了將近 130 棟的華人建築，這也直接促成了華人新建築形式的轉變。

此一時期，受到英國殖民母國的影響，新加坡初期的建築風格可上推至 18 世紀流行於英國統治地區的喬治風格（Georgian）。所謂的喬治風格為一種表現於 1720 年至 1830 年間英語系地區的建築風格，意指不列顛（Britain）國王的前四任喬治王統治時期內的主流建築形式，如同流行於歐洲的洛可可風潮（European Rococo）一樣，自 1760 年代起喬治風格逐漸產生影響，並帶領了英屬各地新古典（Neo-classical）風格的流行。

作為一種設計思潮，喬治風格承接了英國的巴洛克風潮持續發展，並以蘇格蘭建築師坎貝爾（Colen Campbell，1676－1729）為代表建築師。坎貝爾在英格蘭執業生涯中，受到帕拉迪歐（Palladian）建築理性風格的啟發，經常搭配歌德及中國等古怪風格轉化而來的概念進行創作。在其引領下，喬治風格建築以強調比例、對稱及簡潔著稱，透過早期羅馬、希臘建築語彙的運用，呈現出一種古典的柱式表現。建物通常為兩層樓，平面格局略成方形，並有嚴謹的對稱關係。立面上強調中央入口大門，上方有裝飾性十足的成對方形壁柱、山牆裝飾頂蓋，並搭配折線幾何邊飾（dentil work），就像精緻的頭冠一樣受到注目。而立面窗戶的高、寬比例，以及幾何窗櫺分隔的方格窗（Multi-pane windows）、上下拉窗（sash windows）等，都是相當常見的元素。至於屋頂則以雙斜頂（Side-gabled）為主，約佔 40%，其它像是斜折線形屋頂（Gambrel）及四坡水（Hipped）屋頂各佔 25%左右。標準的喬治風格建築屋頂兩側還會見到一對煙囪，由於常見磚、石 材料的使用，因此建築也呈現出磚石的紅色及棕褐色調。

與流行於中、上層社會的巴洛克風格不一樣，喬治風格除了混合了新古典觀念，還添加了許多鄉土的建築特色，自十八世紀中葉以後，便逐漸為建築師、設計師、營造商、木匠、石匠、泥水匠所接受，並衍生

出所謂的後喬治風格（Post-Georgian）中的歌德復興風（Gothic Revival）、喬治殖民（Georgian Colonial）式樣及喬治鄉土（Georgian domestic）式樣等支派。

1.金門北門外黃天佑洋樓的三開間立面　（2003 年攝影）

　　由於具有精鍊、完美的傾向，加上代代相傳的手工技術等都是相當耗時且技術取向的特色，直接影響了後期採用大量製造以降低成本的發展，例如灰塑鑄模技術便是由此產生。受到這樣的設計風潮影響，新加坡在建築上也呈現出一致的特色，例如對稱的平面格局，兩層樓的配置安排，餐廳、主客廳（drawing room）及休息室等主要空間多位於二樓，而立面常見帕拉迪歐式柱廊，並突出中央門廊以作為車道入口，加上環繞建物四週的迴廊，呈現出一副古典建築形式的特色。尤其喬治風格中的三開間式（three bays）平面格局特色，其突出的中央入口，與中國傳統建築格局「明間」的形式關連，使得彼此風格轉化過程的融合更形貼切。

三、互不連通的五腳基外廊

　　1822 年間，殖民初期成功的經濟發展，促使萊佛士進一步計畫將新加坡改造成永久的居留地。在新的城鎮計畫中，位處新加坡河南岸的

華人區，被規劃成新的商業街區。然而由於商業交易活動熱絡超乎預期，迅速發展的華人區因大批華工聚集，加上地處河岸低窪地帶，因此使得居住環境產生了嚴重的飲水安全及衛生問題。

隔年（1823 年），殖民政府正式施行新的城鎮土地管制規則，允許私人擁有土地及建物所有權，這些規則也直接促使前幾年因陋就簡興建的臨時性建築，開始有計畫地被投資改造成永久性構造住宅，其特色為格子網狀街道系統、長條形的店屋基地、建物低於三層樓，由防火性能較佳的磚瓦構造及花崗石基礎構成等。計畫性分割的洋樓基地，以模範街為代表，儘管建於日本統治時代，然而計畫性的街道與方整的長條形基地，正式「計畫」的產物。

萊佛士甚至基於整齊及因應熱帶地區強日照及暴雨特性的理由，要求各店屋需有統一的外觀，並沿街設置「外廊（verandah）」相互連通，提供開放且具遮蓋的走道，此即基於最小寬度限制的「五腳基（five foot way）」由來。由於效果良好，五腳基衍生的「騎樓」制度概念，後來也為其它英屬馬來亞殖民地區所沿用，也因此產生了意想不到且深遠的影響。

2.新加坡廈門街店屋（2003 年攝影）

3.新加坡直落亞逸街店屋
（2003 年攝影）

4.馬來西亞檳城邱公司計畫性營造的
集合式住屋（2009 年攝影）

　　1824 年，在英國與荷蘭簽約確認新加坡為英屬地後，新加坡大規模的城鎮建設便開始展開，許多受過嚴格訓練的建築師，陸續以工程師、調查員、製圖員身份來到新加坡，投入新城市基礎設施的建設工作（如領事館、教堂、政府及商業大樓），隨之也將歐洲古典思想傳統與設計思潮帶進新加坡，這之中又以首任新加坡政府建築師的愛爾蘭籍建築師克萊曼（G. R. Coleman，1795－1844）的貢獻最為明顯。

　　克萊曼自 1822 年受萊佛士之邀主持新加坡城鎮計畫的擬定開始，至 1844 年於當地過世這段期間，幾乎參與了新加坡重要建築的設計工作，同時也將新帕拉迪歐（Neo-Palladian）風格帶入新加坡。他為了適應東南亞嚴酷的熱帶氣候環境，創造出一種專屬的獨特建築特色，後來也被稱作「克萊曼-喬治（Coleman's Georigian）」風格。年輕時的克萊曼在十九世紀初曾在印度開丘塔城（Calcutta）擔任過建築師，來到新加坡後，許多當地重要的公共建築與基礎設施在他獨特的風格帶領下，多以新帕拉迪歐風格表現為主，透過建物四週的大落地窗、寬廣的外廊涼臺、木格柵門窗扇等，來解決馬來半島高溫、高濕及強日照的惡劣環境，由於年輕時期的從業背景，這些建築通常也添加了英印風格（Anglo-Indian style）中多元文化的內涵與特色。

　　此一階段為十九世紀盛行於英格蘭的歌德復興風格（也作維多利亞歌德 Victorian Gothic、新歌德 Neo-Gothic），在著名建築師普金（A.W.

Pugin）及藝術史學家魯斯金（J. Ruskin，《建築的七盞明燈》作者）的推波助瀾下，引發了新一波古典形式的模仿，設計師們嘗試找尋並復興中古時期的藝術形式，相信中世紀的歌德教堂建築是人類歷史成就的重要轉振點，表現出完美的精神與藝術價值的結合，具有傑出手工藝的美學價值。因此，歌德復興式樣的追求與實踐對這些設計師而言，正是前述諸多價值最美好的回歸。

原本教堂專屬的歌德建築特色，如尖拱、大廳、比例及真實材料等中世紀古典形式與觀念，開始在公共、商業建築中大量被採用，其後更結合「地方」及「鄉土」特色，逐漸形成一股強大的設計風潮，自旅館、鐵道車站、學校到市民中心，幾乎所有的公共建築都受到其影響。而包括新加坡在內的各英屬殖民地區也都無法避免，影響所及，參與這些建築營造的各地華人工匠，對於這些外來的建築形式與語彙的表現，顯然產生了極大的震撼與啟發。

因此，新加坡許多經商致富的華人住宅及大商店（Godown）紛紛起而效仿，例如 1843 年僑生華商 Yeo Kim Swee 便以克萊曼的設計圖直接建造住宅，後來華商 Tan Kim Seng 也在 1860 年仿造英商 Edward Boustead 住宅形式興建私人住宅。這些住屋都使用了準確的帕拉迪歐柱式（order），譬如巨大的多立克柱（doric）、拱廊等，並以大量複製的泥塑加以裝飾。由於克萊曼建築常以簡單的形式及模矩化的元素表現，非常適合複製及施作，也因而廣泛地被華商及當地工匠仿照、引用。

這些具有代表性的建築形式，要以「bungalow」小別墅最為人所知曉。bungalow 源自「bangala」而來，原意為印度東北部班加里鎮（Bengali）一帶出現的小屋形式，這種小屋的特色為一層樓、草頂及四週迴廊等。新加坡早期引進的 bungalow 建築，平面為三開間格局，面寬約 90 尺，進深約 60 至 70 尺，並利用磚基及木構地樑抬高樓版，以適應當地高溫、高濕的天候。其中，樓板至屋頂高度不少於 15 尺，室內有天花，屋頂覆蓋瓦片，不過屋脊通常很短。正立面除了常用古典多立克（doric）柱式外，前方還會有提供馬車通過的大型車道門廊，反映了當時歐洲人騎馬的生活習慣，門前有一石造樓梯連接室內，有時門廊深度甚至會達到

25 尺之多。

5.建於 1830 年代的早期的 bungalow（出　　**6.建於 1852 年的新加坡聖約翰學校**
**　處：The Singapore House1819-1942）**　　　　　**（2003 年攝影）**

　　bungalow 四週寬廣的外廊（verandah）是其特色之一，由於構造形式非常符合熱帶多雨、高熱的氣候環境，因此外廊常被作為 bungalow 最突出的建築特徵。一般外廊會設置深遠的挑簷（有時深達 4 尺），以維持室內良好的溫度與視覺亮度，尤其四週開放式的全幅門扇（full-length window，落地窗，也可視作門）隨時都可以開啟，室內室外連通無礙，不僅維持了室內通風良好環境，也將內外的活動串連起來，因此可說是熱帶氣候建築形式影響空間活動的最關鍵特色。

　　此類外廊寬約 8 尺至 10 尺左右，四週會有欄杆保護，提供了殖民官員住家休閒活動最主要的場所。這樣的住屋形式，正是當時歐洲鄉村生活與思潮的反映，例如 bungalow 的入口門廊便將馬車的生活情境帶進了住宅之內，主人騎馬來到門前下馬，或是由華麗的馬車下車，隨後穿過裝飾精美的鐵門回到家裡。《石頭帝國（Stone of Empire）》一書作者是這麼描述身處外廊內的生活：「一切事務是如此的得心應手，所有的家俱都可以輕鬆地躺臥，真是消磨時間的最好去處」。

　　進入 1860 年代以後，由於經費與施工難度的增加，托次坎（tuscan）柱式慢慢取代了初期的多立克柱式，室內天花處理也以內凹式（alcove）天花為主，各類柱式不僅在建築外部立面出現，室內也開始產生裝飾繁複的柱頭。此時的室內裝修不再使用壁紙，而改以繁複的灰塑線角來裝

飾天花、牆壁及柱子，外國形式的木格柵窗、扇形窗，也陸續引進使用。

7.早期的新加坡住宅（業主不詳），托次坎柱式
（出處：**The Singapore House1819-1942**）

　　進入十九世紀末期以後，由於釉化玻璃窗（glazed windows 霧面窗）的引入、工程經費不斷的增加，以及混凝土新材料的出現等因素，bungalow 四週的外廊因需求降低而開始變得少見，隨之屋頂出簷深度也開始減少，最終成為裝飾性的空間元素。而這樣的轉變，正是金門洋樓建築南洋基因的初始由來。可以說，洋樓受到 bungalow 的影響逐漸減少，外廊不再是室內空間的延伸，更非隨時可以出入、連通的生活空間。

　　金門地區的洋樓案例，顯然都是這一時期以後的產物，儘管突出中央主入口門廊依舊，然而外廊卻僅由唯一的大門連通內外，因此住宅建築前端出現的五腳基外廊，雖然仍舊提供屋主工作或閒暇時休閒的場所，不過卻與提供行人遮陽避雨的連通式騎樓大異其趣。

四、西式的建築計畫程序

　　1860 年代，馬來亞發現豐富的錫礦，由於是西方工業化過程中極為需要的金屬，加上後期橡膠的生產，不論是錫礦開採或橡膠種植，勞力需求可說相當龐大。尤其，隨著蒸汽輪船取代過去的帆船貨物運輸，

加上蘇伊士運河（Suez Canal）的開通，新加坡因位處中、西交通航運的優越位置，經濟也迅速發展開來。至 1867 年，新加坡進一步成為大英國協的直屬海峽殖民地（Crown Colony），這也使得新加坡殖民政府享有更多的政治、社會及經濟決策權利。

同一期間，中國大陸因戰亂而飢荒連年，福建、廣東沿海居民被迫出洋以追求更好的生存、生活環境。無論是因為苦力交易、自願受聘或甚至被騙遭綁至南洋的經歷，大批的華人移民紛紛來到新加坡，幾乎每年都有三萬華人移民至此，至 1870 年代中期時達到最高峰，這其中當然也包括了無數的金門同鄉。到了十九世紀末，當地登記有案的華人移民人數甚至達到十六萬之多，將近佔新加坡總人口數約八成左右。這批華人移民多數從事與橡膠、錫礦開採相關的生產工作，並逐漸地掌握馬來半島的零售商業體系，尤其因為商業活動日漸頻繁的關係，新的華人居住區也逐步擴張開來。當這批金門出洋客事業有成，陸續回到金門起大厝時，恰好正是金門洋樓大批出現的二十世紀初期。

而在建築風格上，則呈現出維多利亞復興式樣的特色，與前一階段歌德及古典時期建築所彰顯的歷史特色不同，其形式及比例的正確性與否已不重要，取而代之的，是藉由創新及新穎的形式，將風潮引領至新一波的折衷式樣，擷取並利用歷史形式來裝飾、點綴建築物，以追求裝飾意味強烈的風景式「圖畫風格（Picturesque）」為目標，強調自然風與多樣化，反對千篇一律，因此出現了不對稱的格局與立面形式。例如著名的 Royal Pavilion 便是一個好例子，其室內外雖然呈現了印度（Indian）風格，而外部卻是中國與歌德式的結合，如此不同風格的併置，在當時卻是非常普遍的形式特色。

再如建於 1856 年的新加坡市政廳（Town Hall），便展現出精緻的裝飾細部，譬如科林斯式（Corinthian）代替了古典的托次坎與多立克柱式，表現出一種簡化的古典形式（Coarsened Classical Style），建築造形也由殖民初期的喬治風格，開始轉變成不對稱平面的圖畫風鄉村住宅形式（picturesque cottage-like house），這樣觀念的轉變，於 1890 年代開始對新加坡產生明顯影響，隨著住宅區日漸向郊外發展，許多位於城鎮

外圍的橡膠園、果樹園旁的農莊住宅應運而生，甚至出現許多海邊的濱海別墅。

　　1884 年，新加坡新的建築管理辦法公佈施行，所有的建築行為開始納入法律的管理，建築設計的管制規則相對也越來越多。這些建築法令的施行，意味著擁有建築技術的專業人員，才有資格繪圖以申請執行建築計畫工作。在這樣的執業背景下，政府所屬的公共建築依例仍由官方聘請的設計師或軍事工程師負責設計，而私人建築大部分也落到這批受聘而來的外國工程師、調查員、繪圖員或紳士建築師（gentleman-architects）手裡。

五、拼置的歷史式樣

　　受此環境的影響，華人社會也漸漸開始習慣聘請專業的建築從業人員，負責執行建築設計與計畫申請工作。一些在地方政府受到建築繪圖訓練與經驗學習的第二代僑生華人，便開始接手民間的建築計畫及營造事業，例如著名的 Tan Seng Chong 及 Yeo Hock Siang 便是少數由政府繪圖員轉為私人建築從業者的代表。特別的是，1873 年印度勞工因政策原因被驅逐，這也使得華人匠師有更多機會主導民間的營造業務，加上華人移民日漸富裕，隨著新一波都市住宅建設的發展，越來越多的中國建築特徵也被添加進新的設計中。

8.Tan Kim Seng 建於 1860 年的住宅（出處：The Singapore House1819-1942）

　　影響之下，民間建築開始大量出現各類中國建築風格與特徵，例如花崗岩地板、磚柱基礎；具有中式剪黏、起翹的曲線屋頂；搭配歐式門扇的中式大門，塗有金漆裝飾的雙扇門，內玻璃、外木隔板的開窗形式，甚至在立面上以泥塑裝飾，塗上粉紅色調的油漆等，都相當常見。尤其，西式建築常見的溝槽方形附壁柱、科林斯式柱頭、法式窗戶、帕拉迪歐柱式、扇形窗等都紛紛出現。這時期的新加坡殖民社會，經濟自主發展，社會上散佈著自由的風氣，因此多種形式結合的折衷式樣特別受到關注。

　　雖說如此，華人工匠對歐式古典建築形式所進行模仿，由於缺乏專業的建築訓練之故，都只是些古典比例及裝飾的仿效而已，這些工匠為滿足業主或開發商的要求，進行歐洲古典建築外形的仿造，也因而在住宅及連棟式（terraced）店屋類型上發展出獨特的華人建築形式，有時還添加馬來亞土著、伊斯蘭信仰或葡萄牙殖民的形式，這種結合中國、歐洲及馬來傳統美學的混合特色，逐步形成了一種以歐洲古典建築形式為範本的中國新詮釋—「折衷（Eclecticism）」式樣，後來甚至有所謂「中國巴洛克風格（Chinese Baroque）」或「英中風格（Anglo-Chinese）」稱

呼的出現，都是受到這一風潮的影響。

　　進入二十世紀以後，風行於 1880 年至 1910 年期間的工藝美術運動（Arts and Crafts Movement）逐漸產生影響，William Morris 及其追隨者魯斯金一再表達哥德中古藝術裝飾風格的獨特性，反對維多利亞風格及機械化生產所出現的矯揉造作、華而不實的趨向。除了強調材料的誠實表現、重視手工藝，提倡中世紀簡單、樸實、良好機能等重點外，並大量採用花卉、鳥類等動植物作為裝飾主題。

　　受此思潮影響，新加坡建築也開始呈現出歌德與工藝美術折衷形式的表現，裝飾意味漸趨於強烈、極端，進而表現出一種古典復興及「大膽」的巴洛克（Bold Baroque）特色。其後，1910 年代，由於新建築技術、材料的引進，形式更加趨向簡化，因而呈現出簡化的古典（Coarsened Classical）特色。同樣的特色傳進金門以後，洋樓莫不在立面細部裝修上，表現出繁複的造型裝飾，例如陳詩吟洋樓立面上充滿印度人偶圖像的望柱、簷版托腳、柱頭等泥塑裝飾。由於形式表現獲得了強烈的視覺印象，也因此普遍出現在所有的洋樓立面裝飾材表現上，如王金城洋樓、陳清吉洋樓等都是很好的案例。

9.馬來西亞麻六甲店屋（2009 年攝影）

10.有著不對稱平面格局的後宅王金城洋　11.金門碧山陳清吉洋樓（2008 年攝影）
樓（2003 年攝影）

　　1920 年代以後，各式建築風格開始走向休閒、裝飾趣味風潮，例如仿都鐸（Mock Tudor）建築的出現。至 1930 年代左右，不規則、集中配置，並配置線形走廊（corridor）的平面陸續出現，外廊與室內空間脫離關係，原有特殊的半戶外休閒空間（即 verandah）也逐漸消失，最終由現代主義及裝飾藝術風格（Art Deco）建築取得優勢。

12.建於 1917 年的 Moona Kader 蘇丹住宅：　13.金門成功陳景蘭洋樓（2008 年攝影）
簡化古典型式的住宅（出處：The Singapore
House1819-1942）

六、結語：洋樓形式外的「新」意

　　十九世紀末期的新加坡建築特色，恰為民國時期金門僑民回鄉建樓的南洋形式根源主流。這樣的文化形式基因，不僅反映在新加坡當地建築形式變遷的理解過程，同理也代表著同為殖民地區的馬來亞、印尼、菲律賓等「南洋」地區的時代潮流與建築趨勢。更具體一點，殖民時代受到殖民歐洲、被殖民印度及馬來亞地區影響的建築形式大熔爐，正是金門洋樓建築「南洋」文化涵構的背景所在。

　　按「洋」字有豐盛、大、多等意涵，在大航海時代處境下的清國，所謂的「洋」，意指那些外國的、外來的一切事物，而有外洋、洋人、洋貨、洋船、洋鎗、洋礮等，甚至以「洋害」來表示洋人所帶來的危害。一如中國傳統社會中用來指稱外國的、外族的或邊界的諸多用詞一樣，如夷、狄、戎、蠻、番、胡等字，不僅表現中國文化中心與邊緣觀念的價值評斷，也都帶有些許貶低、抑損的意思。相較下，於近代出現的「洋」字，因當時清廷貧弱的局勢環境，似乎反而帶有「現代化」形容的意涵，不管是科學、科技、工業生產、都市化等特色，「西洋」或「西方」確實代表了與過去傳統經驗不同的變革與突破。

14.建於 1906 年的原道南學校（今亞洲文明　　博物館，2003 年攝影）

15.金門古崗董允耀洋樓（2003 年攝影）

　　回顧清末社會的發展，內憂外患可說接連不斷，地方叛亂迭起，先有鴉片戰爭，後有太平天國、二次英法聯軍及捻亂等，清廷處境著實到了改朝換代、存亡絕續的危險關頭，也因此主張發展新式工業、增強國力的洋務運動隨之而起。19 世紀中期的清國現代化運動，代表了「洋務（夷務）」的軍事移植過程，作為中國向西方學習的少數領域之一，儘管現代化觀念為「西學」、「西化」、「歐化」用語下的狹義理解，然而洋務運動確實將西方殖民帝國所代表的現代化改革觀念，丟進了維持了幾千年之久的傳統中國社會中，並毫不留情地引爆開來，進而產生天翻地覆的影響。

　　現代化進程代表了去打破陳年的舊規定，現代化不僅被描述為從農業社會向工業社會的轉變過程，也經常被理解為技術、工業、政治、都市化、世俗化等領域的發展特質。現代社會強調理性進取、效率及能力，一反傳統社會經驗、情感至上的價值觀念。尤其，現代社會的成員，有著強烈的「成就」動機，對於「公共」事務也有強烈的參與感，對於新事物，同樣具有高度的期待性與接受度。如同杭廷頓（S.P. Huntington）所認為的，現代化不僅是現代社會發展過程中的革命化歷程，也是一種「進步」的過程。儘管現代化對傳統社會的衝擊巨大，付出的代價與痛苦也不少，但不可諱言的，它的確是人們所想、所期待的終極目標，在新社會秩序下所取得的物質成就與幸福，足以彌補一切。

　　在這樣的時代涵構下，現代工業化的新建築材料與工法，便扮演重要的關鍵因素。譬如 1870 年代引進新加坡的玻璃窗，由於價格便宜而受到普遍使用。至 1880 年代，歐洲紋樣的陶瓷地磚及磁磚、馬賽克等，開始大量引進新加坡，並成為當地有錢人家最常見到的壁飾材料。至於小老百姓的住家，因節省經費的緣故，而在十九世紀末發展出具花紋裝飾的水泥地磚，並大量生產及應用。

　　閩粵移民的出洋顯然是對一種「新」生活的期待，儘管多數出洋客一事無成、窮途潦倒，甚至老死他鄉。然而，當出洋客有朝一日，事業有成、「衣錦還鄉」之時，不僅建樓、修祠以光宗耀祖，積極投入家鄉公益事業的現代化建設，更是表現「出洋」歸國的榮耀心情，在這樣的

洋化情結下，諸如西化教育、醫療、公共衛生、學校，或是自來水、電燈、電話等事業，都隨著出洋客的回鄉，從南洋帶回到僑鄉，也直接帶動了僑鄉的現代化進程。

依此，一種尋求新出路的過程，便在現代化進程中逐漸蔓延開來，留洋客如此，金門洋樓自是如此，它們同樣都表現出一種尋求「新」出路、「新」生活的積極意義。作為彰顯出洋客社會地位的洋樓，不僅只是眾多「洋」玩意而已，一如碧山陳清吉洋樓門楣上以英文題寫的「Union is strength（團結就是力量）」，除了標明「洋話」的樓房外，其溢顯於外的進步性、現代化特色，無疑是洋樓建築之外所釋放出的更多深刻訊息。

參考書目

1.江柏煒 2004 閩粵僑鄉的社會與文化變遷。金門：金門國家公園。

2.亨廷頓（S.P. Huntington）1989 變化社會中的政治秩序。香港：三聯。

3.葛月贊 2000 新加坡圖片史：1819-2000 年，Singapore ： Archipelago Press.

4.墨菲(Rhoads MurPhey)著，黃磷譯 2004 亞洲史。海南：三環。

5.潘翎編 1998 海外華人百科全書。香港：三聯。

6.Ee, Khoo Joo. 1996. The Straits Chinese; A Cultural History. Amsterdam•Kuala Lumpur: The Pepin Press.

7.Fee, Chen Voon. 2007. Encyclopedia of Malaysia V05: Architecture. Didier Millet.

8.Lin, Lee Kip. 1995. The Singapore House1819-1942. Singapore: Times Editions.

9.Lin, Lee Kip. 2003. 'The Singapore Shophouse: An Anglo-Chinese Urban Vernacular.' In Ronald G. Knapp, ed. Asia's Old Dwellings: Architectural Tradition and Change. USA: Oxford University Press.

10.Lee, Peter. 2006. Straits Chinese House Domestic. Didier Millet.

11.Lee, Peter & Chen, Jennifer. 1998. Rumah Baba; Life in a Peranakan House. Singapore: National Heritage Board Singapore History Museum.

12.Nin, Khoo Su. 1994. Streets of George Town Penang. Penang: Janus Print & Resources.

13.Harris, Cyril M. ed. 1975. Dictionary of architecture and construction. New York : McGraw-Hill.

基隆月眉山靈泉寺與福建鼓山湧泉寺的建築淵源

　　位於基隆的月眉山靈泉寺，今作靈泉禪寺，最初創立於 1902 年，並於 1906 年向日本政府申請設立，成為日本曹洞宗派下寺院。靈泉寺與臺北五股凌雲禪寺、苗栗大湖法雲寺、高雄岡山超峰寺四大佛院，為日治時代臺灣本土佛教四大道場，靈泉寺居其首位，如此至高榮耀，其關鍵是日本時期臺灣本土佛教界扮演重要角色的第一代開山住持江善慧法師。

　　江善慧，俗名清俊（或阿圳），法名常覺，祖籍福建汀洲府永定縣，生於清光緒 7 年（1881），基隆崁仔頂人，於十六歲時隨母皈佛茹素，本為基隆龍華教源齋堂菜友，禮張普漢太空為師。二十歲時，遇鼓山湧泉寺來臺高僧妙密、善智二禪師，從而受學佛經，潛心研究教理。之後，江善慧隨善智法師遠赴鼓山湧泉寺，禮景峰老和尚，受戒出家後，隨即返臺，弘開法化。在地主林來發獻地，並由基隆地區信徒總代江忠良、吳德良、林天賜、許松英等人的共同發起，靈泉寺也正式創立。

　　作為北臺地區歷史最悠久的佛教寺院，靈泉寺不僅是臺灣本土佛教寺院的大本山，其創立緣起、法脈傳承、寺規教條，與福州鼓山湧泉寺確實息息相關，探討閩臺建築淵源，靈泉寺無疑正是代表性的案例。本文受篇幅所限，僅就兩寺的建築淵源及傳承，略作概述。

一、靈泉寺創立與鼓山湧泉寺修建

　　1915 年，日本治臺二十週年，江善慧法師在一篇述及「臺灣佛教發展概況」的回憶中，提到了靈泉寺的創立與法脈緣起：「帝國領臺之初，有福建鼓山僧侶妙密、善智、妙性、元精諸大師來臺布教，住基隆聖王廟內，開壇演說，聽眾甚多，本島僧侶，多就戒焉，佛教之興，於

是乎始。」[1]

靈泉寺的創立，始於福州鼓山湧泉寺僧侶妙密、善智、妙性、元精渡海來臺，四位法師駐錫於基隆廟口奠濟宮（又名聖王公廟，主祀開漳聖王）佈教，由於參與信眾日多，佛教信仰也因此在基隆開始廣為傳佈。[2]四位法師來臺的主要目的，係為鼓山湧泉寺重新修建募款而來，因此派出了出身基隆的幾位法師回臺招募善款。

其中，妙密、善智二人與江善慧為師徒關係，江善慧親侍二人，晨昏無間，持續三年不曾中斷，「妙密死遂盡得其法統」。[3]妙密法師於1901年在基隆圓寂，其舍利奉還鼓山，靈泉寺僅留其肖像而已。[4]而善智、妙性則都是基隆當地人，善智法師俗姓胡，為基隆草店尾人，與江善慧一樣，原來都是基隆地區的龍華教信徒，1891年善智三十九歲時，前往鼓山湧泉寺受具足戒，禮景峰老和尚為師。[5]至於妙性法師俗名劉火旺，基隆新興街人，為當地著名鄉紳儒者劉維周的兄長，劉氏家族家族原本經營船宿商店，妙性少而慕佛，曾經「鎮日默坐，似木偶癡」，1896年赴鼓山謁佛，後因歸臺之時，風阻無法成行，「慨然削髮」，禮湧泉寺方丈為師，取名妙性。[6]

江善慧高徒林德林所著《靈泉寺沿革》一文敘述了善慧法師受教於湧泉寺高僧並創立靈泉寺的來由：

> 「月眉山靈泉寺創設之由來者。係明治33年11月支那福建鼓山湧泉寺僧妙密、善智二上人，領眾十餘人渡臺從基隆上陸，初住錫於基隆玉田街奠濟宮之樓上，當時為施主誦經消災，或為檀信法事示法語，或在該宮設臨時說教理。……信徒中厥有江清俊法名普傑，親侍二人，晨昏無間，熱心研究諸經典籍，如是三年不

[1] 引自1915年6月17日江善慧〈臺灣佛教二十年回顧錄〉《臺灣日日新報》，第69版。

[2] 《靈泉寺沿革》有記載於清寧宮駐錫記錄出現，清寧宮即奠濟宮後殿。

[3] 引自1909年10月27日〈秀出島僧〉《漢文臺灣日日新報》，第3版。

[4] 引自林德林《靈泉寺沿革》。

[5] 引自釋慧嚴1998〈日本曹洞宗與臺灣佛教僧侶的互動〉《中華佛學學報》第11期，頁134。

[6] 引自1899年1月11日〈凡了了凡〉《臺灣日日新報》，第3版。1899年3月29日〈削髮為僧〉《臺灣日日新報》，第3版。

息。……不幸妙密上人荼毘遺留語錄一冊，此時善智上人已獨肩任矣，翌年壬寅江普傑受善智上人引導於鼓山湧泉寺，請景峰和尚授得度式，及授菩薩大戒改名善慧，歸臺後與善智上人同舉化，門稱臺疆二甘露也，一日法會參詣者眾場內局促，幾為之塞，善智上人與法弟善慧全起建寺之念，是為靈泉寺之起源也！」[7]

　　在基隆紳商的協助下，靈泉寺終因法場需求日甚，信眾襄舉，而開啟了長達數年的建寺過程。

二、靈泉寺法脈與鼓山湧泉寺

　　靈泉禪寺自善智開山以下，迄今已歷四代八任住持，根據《靈泉禪寺開建沿革簡史》的紀錄，靈泉寺法脈可溯自福建鼓山湧泉寺景峰禪師門下，為禪宗臨濟法脈第 53 世以下：常（善）、演（德）、寬（普）、宏（修）、惟（紹）、傳（真）、法（覺）、印（冑）。[8]

　　靈泉寺作為臺灣本土的佛教僧侶受戒道場，日治時期雖隸屬日本曹洞宗，但寺中僧侶遠赴福州鼓山湧泉寺出家受戒者占大多數，自創寺以後便與鼓山湧泉寺保持著緊密的關係。這樣的淵源，表現於靈泉寺派下的徒孫，陸續在善慧的引介下前往鼓山湧泉寺受戒，後來也都成為臺灣著名僧侶。

　　例如江善慧後任住持邱德馨法師，俗名媽盛，基隆市人，與善智、善慧二人出身大致相似，十九歲時曾經皈依龍華教，後於 1909 年赴湧泉寺出家，返臺後協助興建靈泉寺。[9]而其後任住持沈德融法師，俗名阿番，臺北汐止人，十六歲時皈依龍華教，1907 年歸入善慧師門下出家，並赴湧泉寺受具足戒。[10]

　　其他有類似經驗的靈泉寺重要僧侶，還有主持臺南法華寺長達五十

---

[7] 引自林德林所著《靈泉寺沿革》。

[8] 引自基隆市月眉山靈泉寺禪寺編 2002《靈泉禪寺開建沿革簡史》，頁 3、15。

[9] 引自徐壽 1932《臺灣全臺寺院齋堂名蹟寶鑑》，頁 89。以及施德昌 1941《臺灣佛教名蹟寶鑑》，頁 8。

[10] 引自李添春 1971〈臺灣佛教史資料上篇曹洞宗史〉《臺灣佛教》卷 25 之 1，頁 4。

年的郭善昌法師、臺東海山寺住持德韞法師，以及赴鼓山湧泉寺受戒後追隨圓瑛法師研究佛學的普欽法師等人，都同樣有著與鼓山湧泉寺的淵源。

　　善慧法師在臺曾依湧泉寺慣例舉辦多次傳戒大會，在臺灣佛教界產生了重大的影響。1923 年甚至邀請湧泉寺聖恩法師，前往臺灣參加在家授戒法會，並講經弘法：「基隆月眉山靈泉寺訂來廿二日（舊九月十三）起，至廿八日（舊九月十九）止，一週間，大開在家授戒法會。特聘支那南海圓瑛法師，古（鼓字誤）山聖恩和尚，來蒞斯會，想奉佛諸優婆塞、優婆姨善男信女，前往授戒者，當不乏其人。」[11]

　　湧泉寺高僧除了來臺灣與靈泉寺傳戒大會外，江善慧亦曾親赴福州鼓山湧泉寺參加傳戒法務活動，例如 1915 年至 1916 年間，善慧法師便先後應邀到寺開壇設戒，當時受戒皈依弟子極多。1924 年，善慧法師應福州鼓山振光法師之邀，與法雲寺覺力法師、德馨法師攜同臺灣出家眾58 人，渡海遠赴鼓山受戒。

　　據 1924 年《敕賜鼓山湧泉寺同戒錄》記載，此次傳戒擔任三師包括傳戒大和尚為古智字善慧（臺灣基隆人，得戒本山妙蓮老和尚）、羯磨阿闍黎為復願字覺力（福建惠安人，得戒本山本忠老和尚）、教授阿闍黎為演揚字德馨（臺灣基隆人，得戒本山妙蓮老和尚）。

　　頻繁的往來，善慧法師在鼓山的活動至今仍有遺跡留下，如鼓山十八景之一的達摩洞附近，便有一塊 1933 年留下的摩崖石刻，上題「無孔鐵錘」四字，並有「善慧和尚出家三十年紀念」，以及「本派代表臺南法華寺主持善昌、基隆靈泉寺主持德馨同敬泐」等字。[12]尤其，清末湧泉寺中興名僧妙蓮法師，曾在馬來西亞檳城建立極樂寺，並作為鼓山下院，後來江善慧法師離開臺灣後，曾 1934 年接任檳城極樂寺住持一職，顯見靈泉寺與鼓山湧泉寺的法脈關連。

---

[11] 引自 1923 年 10 月 21 日〈靈泉寺授戒法會〉《臺灣日日新報》。

[12] 引自何綿山 2008〈福州鼓山涌泉寺与基隆月眉山靈泉寺派——福州鼓山涌泉寺与臺灣法脈關係研究之一〉《福建佛教》第 3 期。

三、祖廟叢林原型的模仿：靈泉寺建築淵源

　　江善慧自述靈泉寺與湧泉寺建築的關係：「迄明治三十五年（1902）。衲等乃與善智上人。同建基隆月眉山靈泉寺。內容皆倣鼓山」。另一篇以「模範叢林」為題的新聞報導，亦有同樣的說明：「該住持好學能，善於經營，……一切佈置，概仿鼓山，而加以內地式之臥榻，艱難開闢，至今日已成一座模範叢林。」[13]

　　1907 年，當靈泉寺向臺灣總督府申請設立，也正式開啟了靈泉寺十年建設的序幕，包括 1908 年功德堂、1909 年天王殿、西歸堂、報恩堂，1911 年講堂，1912 年禪堂、1915 年山門「不二門」、1916 年靈泉三塔、1918 年開山堂，其他如客堂、舍利塔、祖堂、庫裡、齋堂、炊事場、方丈等相繼完工，促使靈泉禪寺一躍而成北臺灣地區最重要的佛教聖地之一。這樣的格局，確實與鼓山湧泉寺既有的建築構成密切關連。

　　按鼓山湧泉寺素有「閩剎之冠」美稱，位於福州東南鼓山山腰，前為香爐峰，後倚白雲峰，相傳舊址原為唐建中 4 年（783）創建的華嚴寺，咸認為湧泉寺創寺之始。今日所見剎貌規模，大都奠基於明朝萬曆、天啟年間的幾次修復、擴建而成，最近的一次則是 1983 年的重修。

　　湧泉寺今日還保持了明清兩代的建築風格和布局，全院有大小殿堂25 座，以天王殿、大雄寶殿，法堂三大殿堂為中心主體，分由天王殿、鐘樓、鼓樓、大雄寶殿、法堂、方丈室、祖堂、藏經閣、禪堂、念佛堂、庫房、客堂、齋堂等構成，沿山坡地形層層上升，構成一錯落有序的寺院建築群。

　　今日所見的鼓山湧泉寺景象，顯然與日治時代的湧泉寺不太一樣，特別是主建築群旁側新建的附屬建築。日治時代靈泉寺開山住持江善慧法師受戒時所見湧泉寺，包括大殿、法堂皆是光緒年間改建而成，善慧法師所見與今日相比，差異應該不大。

---

13 引自 1913 年 5 月 24 日〈模範叢林〉《臺灣日日新報》，第 6 版。

照片 1　鼓山湧泉寺配置（取自 Google）

照片 2　1979 年時的靈泉寺格局

照片 3　湧泉寺釋迦供像

照片 4　原靈泉寺釋迦供像

照片 5　湧泉寺大殿供佛空間

照片 6　原靈泉寺大殿供佛空間

中國佛寺自明代以後便以「伽藍七堂」為理想格局標準。歷代各派七堂皆有不同，例如禪宗七堂之制包括山門、佛殿、法堂、方丈、僧堂、浴室、東司（廁所）等，明清時代則進一步綜合成以山門、天王殿、大雄寶殿、後殿、法堂、羅漢堂、觀音殿七大殿為主的建築構成。至於福建佛寺的格局特色，其中軸線上通常會有天王殿、大雄寶殿、觀音堂殿宇，兩側則有配置鐘、鼓樓。

靈泉寺及湧泉寺皆近乎坐北朝南（略偏東向），依山面水，特殊的法脈淵源，鼓山湧泉寺顯然成了善慧法師最源初的寺院印記根源。湧泉寺中軸線上由南往北依次為天王殿、大雄寶殿、大悲殿（法堂）和藏經閣，天王殿後左右則是鐘鼓樓、伽藍殿。而靈泉寺初建時的格局，在院落佈局上有天王殿、大雄寶殿、鐘鼓樓、伽藍殿，以及原本預計興建的法堂，若加上其他像是禪堂、祖堂、方丈室、藏經閣、客堂、齋堂等附屬設施的一致，尤其大殿與兩翼韋馱殿、伽藍殿及前方天王殿的配置格局，二者的格局可說如出一轍，幾近相似，充分反應靈泉寺與湧泉寺的建築淵源。

靈泉寺現存大殿為 1932 年所重建，由於殿宇規模關係，殿內供像僅主祀釋迦牟尼佛尊像而已，此與湧泉寺大殿中主祀三寶佛，佛體塑像巨大的氣象迥然不同。儘管如此，可由供像的形式、外貌，與阿塞、迦難護法的隨護兩翼，看到些許相似。

靈泉寺曾為基隆八景之一，寺中包括大殿、開山堂、靈泉三塔等史蹟，目前已列入基隆市歷史建築的保護之列。「靈泉」二字由來，李普河（即李添春）在〈靈泉寺修建沿革〉曾提及「**寺之號稱也、寺東山腰、自湧潔清之泉水、雅特自然、故曰靈泉、而號曰靈泉寺。**」[14]月眉山靈泉今日尚在，是否與祖廟鼓山「湧泉」相映，以甄別源脈，或可推想定之。

---

14 引自 1933 年普河〈靈泉寺修建沿革〉《南瀛佛教》，第 11 卷第 4 號，頁 54。

客家嘗會的真實性：由新埔林氏家廟的籌建歷程讀起

　　新竹縣定古蹟新埔林氏家廟創建於大正年間，其興建主要得到新竹地區媽祖會「林慶興嘗會」捐助，將所屬十筆土地賣出所得充作家廟建築經費，並由時任大茅埔區長林孔昭負責與林氏族人共同協助興建完成。回顧家廟籌建的歷程，可以見到世昌嘗、和睦嘗、林慶興嘗、世蔭嘗等不同類型組織間既串連、又互補的權力交錯關係，其真實內涵具體表現於權力傳承、經費管理及祭祀組織等面向，並藉由家廟土地、神龕牌位及正堂、橫屋空間來象徵家廟之空間權力關係。本文以新埔林氏家廟創建歷程為例，嘗試重建家廟倡建的不同階段中，各相關嘗會扮演的角色及其真實的空間權力關連。

一、前言

　　新竹縣定古蹟新埔林氏家廟於大正2年(1913)起工，大正6年(1917)竣工。林氏家廟的興建，主要得到新竹地區 56 位林氏子孫組成的媽祖會「林慶興嘗會」捐助，將所屬十筆土地賣出所得，作為家廟工事建築經費，並由當時擔任大茅埔區長的林孔昭倡議發起，並負責建築經理相關籌建事宜，其後在林其捷、林隆興、林榮宗等人的協助下興建完成，此為林氏家廟創建沿革大要。

照片　新埔林氏家廟

　　林氏家廟的祭祀組織現為「祭祀公業林慶興」，日本時代原稱作「林慶興嘗會」。此一案例具體反映了傳統漢人社會中祖先祭祀的組織案例。按以往學者的研究成果，包括祭祀公業、嘗、祖嘗、祖公會、丁仔會等稱呼在內，閩南社會多以「祭祀公業」稱之，而客家社會則稱為「嘗會」或「祖嘗」。

　　其實，不論是祭祀公業或嘗會，都有義田、祖田等「共同財產」的意義。依據人類學者的分類，林氏家廟屬於「合約字」（或稱會份嘗）祭祀組織，這類組織經常以認股（合股）方式結合，並捐款購置公業，會員間彼此並不一定存有另一類「鬮分字」（或稱血食嘗、房份嘗）的血緣關係，但一般仍以同宗同姓的族人為背景。其祭祀主體則以彼此間共同的「來臺祖」、「唐山祖」或甚至更遠的祖宗為對象，透過每年定期舉行的祭祖活動以團結活絡各會員情感，因此有學者便認為嘗會與「祖先祭祀」一事關係最為密切。

　　回顧新埔林氏家廟的籌建歷程，可以見到不同類型嘗會彼此間既串連、又互補的空間權力交錯關係，單一家廟的真實內涵，顯然已非學界過去簡化式嘗會的認知與探討所能含括，諸如權力具體表現於嘗會傳承、建設經費來源、祭祀組織構成及祭祀永續經營等面向，其於空間權力變換上，則透過家廟土地、龕中牌位，以及正堂橫屋主從空間的相互

關連加以呈現。

　　基於前述研究成果的假定出發，本文擬以新埔林氏家廟的建立為例，企圖思索的議題為：傳統客家社會當進入日治時期（大正年間）以後，家廟社會群組的構成實情究竟為何？亦即在此時空環境中，傳統客家嘗會面對的轉型困境（抑或契機），究竟是血緣維繫的祭祀團體，還是以業緣為聯繫的神明會團體特色為主？而且究竟孰重孰輕？

　　有關家廟社會組群的特性，以往學者多以共有土地、家屋等「財產」股份制度的討論為主，林氏家廟的案例提供了豐富的土地、營建文獻檔案，恰可作為思索家廟實質營造程序中，嘗會組織真實扮演的角色分析的樣本。考量文章篇幅與整理時間的限制，以下即藉由田野調查所獲得的新埔林氏家族土地文獻與家廟營建史料，先行重建新埔林氏家廟倡建過程的歷時性變遷，依次說明各階段不同嘗會所扮演的關鍵角色，並嘗試進行嘗會與家廟空間權力具體象徵關係的初步探討。

二、光緒年間新埔林氏宗祠的倡設

　　光緒 20 年（1894）間，新埔地區林氏子孫曾提議興建宗祠。根據派下子孫保留的〈光緒 20 年建設宗祠經理字〉文件，此次宗祠倡議興建一事，係由新埔地區林姓族人代表：林本琇、林敬修、林兆欽、林學源等人擔任宗祠建設經理，土地則是新埔林世昌（嘗會）派下林氏子孫，包括三房林兆送（雲葵派下）、林象忠（阿榮、雲錦派下）、林象鼎（雲珍派下）等人，他們基於「世昌公遺訓」，在「宜彰祖德，宜報宗功」的願望下，遂有捐獻土地興建宗祠之舉出現：

> 「緣先年間林世昌公裔孫象忠、象鼎，全姪兆送，承繼以來有埔地物業壹處，坐落土名新埔街後布埔，其業四至界址悉載契內，註明忠等叔姪相商，願將此物業內樂施壹段，建設宗祠，任從裁取前後左右合度，剩有餘埔壙地，仍歸忠房內人等掌管。」[1]

---

[1] 引自〈光緒 20 年建設宗祠經理字〉，林玉桐提供。

　　雙方並議定宗祠神龕牌位安放的次序:「自正線安置始祖　堅公,順序祖先至攬爐,祖先牌背壹塔作為世昌公壹名牌位,又左右安置世昌公之子叁名各壹牌位。」對林氏子孫而言,捐獻土地建立宗祠,「乃世昌公遺訓,宜彰祖德,宜報宗功。雖遺訓出自前輩,而事業端啟後人,忠等遵遺訓而樂施,皆因鄭重宗基,沾念祖祀,所以經眾酌議,按定牌位,聊慰先輩勤勞創業。此樂施建設以後,但願蔭子封孫千百代,科第蟬聯,春祀秋嘗億萬載,俎豆馨香,一經樂施,永作林姓宗祠,各無異議,……」。[2]

　　當時在場的林氏族人,還有林繩賓、林瓊英、林成和、林李春等人,這些人都是大正年間林氏家廟創建時的重要人士,而代筆者,便是後來擔任家廟建築總理的大茅埔區長林孔昭。另根據同一時間由林氏家廟後人所留存的光緒 20 年(1894)〈允施建造宗祠地基字〉契書所載,當年倡建宗祠的經理人除了前述林本琇、林敬修、林學源、林兆欽四人外,還有林成和及林瓊英二人,而契約代筆為林鵬飛,林家另有林兆猛、林子寬、林澄玉等人在場見證[3]。

　　此塊建設宗祠的基地,也是後來大正年間林氏家廟創建時向日本官方初次申請的基地所在:「竹北二堡新埔街第 146 番」。該土地原為「梁家」梁陳養所有,舊名「後布埔」,林家獻地的同時,議定宗祠應每年分配地租二大銀圓給林家後代,並將十四世祖林世昌及其三子牌位(長子雲蔡、二子雲錦、四子雲珍)各立神位[4],供奉於宗祠龕位內,永享祭祀。

　　雖說如此,光緒年間的宗祠興建計畫並未執行,根據大正年間申請興建林氏家廟時所附的〈林氏家廟興築承諾書〉記載,林氏家廟於光緒年間雖有倡建之議,最終因宗族間經費募集不順而告終止,宗祠的興建因此未竟其功。

---

[2] 引自〈光緒 20 年建設宗祠經理字〉,林玉桐提供。
[3] 林明瑜(林孔昭孫)提供。
[4] 家廟所在新埔街 146 番地基址,原為林阿來(新埔街 363 番地)、林阿其(新埔街 154 番地)、林象鼎(四座屋 110-1 番地)及林兆送(四座屋 108 番地)等人所共有。

三、宗祠土地所有權人：林世昌嘗及和睦公嘗

　　「林世昌」即土地所有人林家嘗會「公號」，又作「林世昌嘗」，原為林家第十四世瑞乾所屬派下嘗會。瑞乾公大陸祖籍可溯自入粵始祖茂成公遷移至廣東嘉應州長樂縣龍村鄉油草塘開基起。十二世茂松（1687-1764）公時，於乾隆中葉偕夫人龍氏與次男容鵬、四男容後（和睦）等四人相攜東渡臺灣，是為來臺始祖。茂松登陸後，於滬尾老街芝蘭林從事商務，後於乾隆 60 年（1795）遷至竹塹竹北二堡新埔庄五分埔，轉為農業經營生活。茂松公與龍氏共生有五子，長子容輝、次子容鵬、三子容璋、四子容後、五子容發。其中四房容後公（1719-1768），取妻大房黃氏未有子嗣，二房朱大婆生有四子，包括長子瑞乾、次子瑞昆、三子瑞佾，容後公後來葬於八芝蘭林社仔庄[5]。

　　與林氏家廟息息相關者為長子瑞乾（世昌 1754-1821），他於乾隆年間至新埔庄開墾後，弟第瑞昆也隨後於乾隆 60 年（1795）時，從淡水到新埔與兄長一同從事開墾，待開墾有成後，遂思敦睦族親，籌資興建祠堂，以顯祖宗之孝。因此，道光 2 年（1822）由十四世祖瑞昆公主持分產時，當時鬮書便已記載十三世和睦公（榮後）派下有祠堂一座祠堂，並同時興設「和睦公嘗」。

　　和睦公嘗係由第十三世容後（和睦公）子林瑞昆於林瑞乾道光元年（1821）過逝後，與兄嫂朱氏及林氏子孫一起議定成立。有關和睦公嘗的設立，以及瑞乾、瑞昆共田產業的鬮分過程，道光 2 年（1822）〈林瑞昆仝兄嫂朱氏昆鬮分字〉內容載記甚詳：

> 「昆于乾隆陸拾年間，由淡水自帶本銀，繞至新埔庄，與乾長兄竭力勤儉，置有四業數庄併瓦屋瓦店及農器、谷石、牛隻、家物

---

[5] 據 1928 年林家利所撰《林氏家譜》（林玉桐提供）記載，瑞乾共有四子，為二房朱大婆所生，分別是雲蔡（占蔡，1782-1869）、雲錦（占春，1785-1845，大學生）、雲傳（占傳，1792-）、雲珍（占朋，1798-1841）。另根據 1933 年《林家族譜》記載，林世昌（瑞乾）派下後來僅傳三大房，其中三子雲傳因過繼給三叔瑞佾（1765-）繼嗣，因而在瑞乾派下未見其系譜出現。此說於道光 2 年（1822）〈林瑞昆仝兄嫂朱氏昆鬮分字〉內文亦可見到：「立鬮分字人林瑞昆仝兄嫂朱氏，昆念兄弟三人，佾弟早逝，將乾長兄弟三子思傳立與佾弟為嗣」。

等項。今因子侄等俱各長大成人婚配，予亦年逾六旬，更兼家務浩繁，特請族戚前來分殤，以灣潭典田壹契，併新埔街上崁瓦店壹崁，前後兩落，併帶祠堂壹座。又祠堂後承買梁陳養山園埔地壹契，又帶店前車路外，承買曾三省園地壹契；又承墾三洽水尾田埔壹契共肆契，又存有谷肆佰□拾陸石，立與和睦公為嘗，係照參房收貯公用，至兄嫂朱氏日後歸終時，在和睦公嘗內支貼出銀貳佰元。其承買吳慶安箭竹窩大坪田厘，併山林埔地壹契，抽還與昆為本銀，永遠管住。其廣和庄瓦屋壹座，帶學堂、菜園、竹圍內菓木，撥與侄占春、占朋、侄孫連捷掌管居住為業，其新埔街德和店壹崁，前後兩落，又眾貼出谷貳佰石，以補店窄平，價併店中器用，撥與侄思傳居住為業。甚餘業產、農器、牛隻、家物等項俱作捌股均分，但該業原係參房，作九股均分，因念俏弟早逝，當時家資未創，統作捌股均分，乾長兄該得參股，昆分該得參股，傳侄分該得式服，共捌股……」。[6]

文中「梁陳養山園埔地」即是今日林氏家廟的基地所在，而所謂「新埔街上祠堂壹座」等語，即林氏家廟南側林家院落中的祠堂。此堂於咸豐11年〈歸就盡根山崗蘭屋契字〉文內則作「新埔街中祖堂」，光緒10年（1884）〈世昌公嘗分嘗鬮約字〉則記為「新埔街上三房公廳」，配合光緒年間世昌公派下仍負責和睦公墓祭一事，推測應該就是「和睦公嘗」所屬祠堂。

此堂今日尚在，位於新埔中正路後方、成功街巷間，前落為店屋，臨新埔街而立，後落為祠堂，提供林氏家族後裔子孫祭祖之用，目前仍為瑞乾派下三房輪流祭祀的家族廳堂。此棟建築維持著客家傳統建築形式，為一堂兩橫三開間的建築格局，正廳空間主祀「林氏歷代始曾高考妣神位」，左祀觀音佛祖神像，堂上懸有「祖德流芳」匾，堂前門額上方並懸掛著十五世祖占春公（雲錦）「貢元」橫匾。

6　引自道光2年（1822）〈林瑞昆仝兄嫂朱氏昆鬮分字〉，林玉桐提供。

照片　成功街巷內的林姓公廳

照片　正龕神位及祀神

至於闔書所言分產一事，瑞乾派下除了所分得的「廣和庄瓦屋壹座，帶學堂、菜園、竹圍內菓木」外，另外還含括八股分產業中之三份，其內容詳情為何便不得而知。[7]然而林世昌嘗派下三房子孫，按例輪流祭墓及做忌奉敬習俗，迄今仍舊維持：「每年長房決定輪著柔順黃太婆忌辰連祭墓；每年次房決定輪著瑞乾公及朱大婆祭墓及忌辰；每年三房決定輪著循靜黃大婆及福田公忌辰及祭墓」[8]。

---

[7] 根據光緒 10 年（1884）〈世昌公嘗分嘗闔約字〉所載，三房分執世昌嘗內契卷字紙內容，包括（1）長房：象立上三房分闔壹紙，布埔印契壹紙，四座屋錢長朱出桂三斗晏上手契貢參紙八股大分闔闔壹紙，林慶〇清並借字共式紙，布埔承買梁陳養契壹紙。（2）二房：崁下街開業墾批壹紙，四座屋墾批字壹紙，上淡水和睦公地契壹紙，活人窩買林阿長、阿足契共式紙，銅鑼圈地契二紙，活人窩印契壹紙，梁阿喜上手分單字壹紙。（3）三房：老屋背圳路字壹紙，衛開業典定大租字伍紙，四座屋墾批字壹紙，活人窩並布埔司單共參紙，上三房分闔字壹紙，象立贈借字壹紙，金廣福股單共式指，梁陳養地基字壹紙。
[8] 據 1933 年《林氏族譜》。

照片　世昌公嘗林記印（1884）

至光緒 10 年（1884）「世昌嘗」派下子孫進一步拈鬮分家：

> 「同立分嘗鬮約字，雲錦、葵、珍公三房裔孫等，嘗聞親盡宜祧、
> 宗支有別，合久必分，理勢則然。我　世昌祖遺下三房嘗業，每
> 年除祀典外，俱照房份均分，歷來無異。茲因支分派別，族眾日
> 多，難以總理其事，爰請得房族前來，酌議將世昌祖嘗、僕，除
> 祀典外，作三房均分，即日當房族配搭均勻，編天、地、人字號
> 憑鬮拈定。」[9]

　　分家後，三房仍保有許多公業歸「林世昌嘗」管轄，包括「新埔街
上三房公廳」、「新埔街背布埔菜蕢、山場，並活人窩田蕢山場」、「廣和
庄崁下老屋正廳一間，透出天街照牆為界，作為三房公屋」等，所謂公
屋即是道光年間瑞乾派下鬮得「廣和庄瓦屋」，其作「三房公屋」一事
而言，可以看出往昔後裔子孫分家時對於「祖業」承傳繼嗣的親情表現。
另外，每年仍議定由三房輪流祭祀，並須祭掃「和睦公坟墓」。[10]值得注
意的是，此次鬮分，其它嘗會股份亦是分產標的，包括「長興義民嘗一
份」、「上大三房裔慶嘗二份」等，都是 1884 年分家時的權利對象之一。
　　林世昌嘗派下子孫作為「林慶興嘗會」派下成員之一，林氏家廟倡

---

[9] 據光緒 10 年（1884）〈世昌公嘗分嘗鬮約字〉，林玉桐提供。
[10] 同上引。

建之初尋找祠廟基地的工作，顯然便以派下子孫的土地為首選，儘管光緒年間的宗祠興建計畫因經費募集不順並未執行，然從由前述相關沿革變遷的討論看來，屬於業緣式嘗會（合約字）之「林慶興嘗會」林氏家廟，其與血緣嘗會（鬮分字）之「和睦公嘗」或「世昌公嘗」祖屋（或公廳）間呈現出一種「同時並存」的關係，土地所有人於參與建立其它宗祠時，家族間原有的不同屬性嘗會仍依舊持續運作，不受影響。

四、大正年間新埔林氏家廟的建立概況

　　進入大正以後，新埔地區媽祖會「林慶興嘗會」所屬林氏族人，由於過去皆將祖先牌位分祀於各家，經年累月之後數目漸多，在日感狹隘的情況下，基於舊有習俗，於是計畫將牌位統整後，安置於同一場所祭祀，因而有建設家廟之舉[11]。此為 1914 年林氏家廟向官方提出的建立申請書「設立目的」說明。

　　決定建設家廟後，同時成立家廟「建築委員會」，設「林氏家廟興建事務所」，委員會由派下 56 名業主當場選舉林孔昭、林其捷（芒頭埔孫檀公派下）、林隆興（即竹東大地主林春秀之父親）、林榮宗等四位為建築委員總代表（管理人），負責家廟建築一切事務[12]。其中，林孔昭為經理總代表，幹事為林春秀，興建經理事務則由林其捷、林榮宗二人負責，林瓊英、林兆欽負責新竹、桃園兩廳的募款工作，而工事監督、會計監查等事，則由年逾古稀的林家君參與其事[13]。

　　至於各會份委員的權利，則議定可將各家先代祖先「壹考壹妣」名義之牌位安置於家廟龕內，此規定顯然無法解決前述家廟設立目的所提及的，可將派下成員家中的牌位「安置於同一場所祭祀」，以解決神龕空間日感狹隘的困境，就此而言，林氏家廟設立的目的顯然不止於此。

---

[11] 引自 1914 年〈林氏家廟建立申請書〉《新埔林氏家廟許可書類彙纂》「建立略圖」，頁 13。

[12] 參見 1914 年，〈林氏家廟建立寄附金品募集申請書〉《新埔林氏家廟許可書類彙纂》，頁 15。

[13] 參見大正 6 年（1917）〈林氏家廟碑記〉。

　　大正 2 年（1913）10 月 15 日，林氏家廟興建事務所向新竹廳提出
〈林氏家廟建立願書〉申請，家廟建築預定座落於竹北二堡新埔街第
146 番地，構造為「土塊造、煉磚瓦葺，平家三棟」[14]。家廟建立的資
金來源，係賣出「林慶興嘗會」所有財產「新竹廳竹北二堡四產屋庄五
十三番田外 10 筆土地」而來，並取出其中的 1500 元作為家廟建立的費
用[15]。

　　值得特別關注的是，除了將賣出財產充作「家廟建設基金」之外，
另將四座屋庄旱坑仔地區「林慶興」嘗會名義下的建物敷地、山林茶畑、
原野及新埔街店一坎等收益，也計畫一併作為家廟「祖姑」（即東廳媽
祖廳中的媽祖塑像）的永久祭祀費用，此才是林氏家廟興建的主要目
的：林慶興嘗會「祖姑」神像的永久奉祀。

　　此時，家廟基地為所有權人林阿來（新埔街 363 番地）等三名所奉
獻，亦即光緒年間林世昌嘗派下子孫所有之土地。事隔二十年，當家廟
要重新建立時，經林慶興嘗會派下族人與土地所有人再次協議獻出，根
據〈林氏家廟土地捐贈承諾書〉：「竹北二堡新埔街第一四六番……，於
光緒二十年十一月間，經業主林世昌裔孫林象忠外二人，指定允施林氏
家廟之額別立，契字內載安置林世昌及其子參名計四面牌位，其他順序
各有註明，曾付林本琇外五人建造，嗣因宗族間金員募集維艱中止。今
回復設建築，將林慶興嘗田地賣渡，除扣平分外，剩金壹千五百円作為
建築費用，此屬追宗睦族美舉，受リ人等無料，歡允永遠樂施」。

　　大正 3 年（1914）5 月，新竹廳長家永泰吉郎以 775 號令，同意了
林孔昭等四人有關林氏家廟的建立申請。初期的家廟興建籌款，獲得了
新竹及桃園等地林氏族人熱烈的迴響，由於希望入祀的牌位眾多，遠遠

---

[14] 同上引，頁 9-12。

[15] 根據〈林家財產賣出決議書〉的資料，家廟賣出所屬十筆土地，除了 2280 圓作為負債、磧
　　地金、56 份派下金，以及土地買賣相關資出外，尚餘一千餘圓（應即前述 1500 圓），供作
　　家廟建築預算支出使用。這筆 1500 圓的興建經費，後來以林其捷之名義，於大正 2 年（1913）
　　10 月 13 日存進了臺灣銀行，而其字據則交由林孔昭掌管，如需家廟新築費用，則由兩人共
　　領，並另立「公金保存付與証」六枚交與派下總代同證，文件中並以「信近於義」共證。
　　同上引，〈銀行借據〉、〈銀行借據合約證書〉，頁 35-37。

超過預期，原有家廟計畫內容相形狹隘，於是經由企畫人協議調查後將計畫重新變更，決定為有相同需求的人建立共同家廟，也因此再次向新竹廳提出申請，兩次計畫的主要差異為家廟位置的變更，由 1913 年新竹廳竹北二堡「新埔街第 146 番」變成了 1914 年「新埔第 138 番地」。

　　同一期間，為了家廟建立事業的順利進行，林氏家廟也著手公開募款計畫，並於 1914 年 3 月 16 日向日本政府提出了募款（寄附金）的申請，同年 6 月 13 日獲得批准。依據當年募款申請書的內容，負責募款的人為上枋藔林瓊英（其俊），募款區域包括新竹廳、桃園廳管內林姓家族成員，希望募得 7200 圓，募集期間自 1914 年 5 月 1 日起至 1917 年 5 月 31 日止，共計 3 年 1 個月。很順利地，經過一年多的募款之後，至大正 4 年（1915）7 月 31 日止，總募款金額便超過原本的預期，已達 7500 圓之多，於是便於大正 4 年（1915）8 月 1 日提出了「林氏家廟興建募款截止申告」[16]。

　　此次募款金額，除了嘗會賣出土地的收入外，總計募得 7200 圓[17]。根據〈收支預算明細書〉的內容，此次長達三年的募款（1914 年 5 月 1 日至 1917 年 5 月 31 日），桃園地區募得 2000 圓，新竹廳所屬區域則有 5200 圓，總共籌集了 7200 圓建廟資金，連同嘗會原有的共有金 1500 圓，共計 8700 圓。其中，7500 圓計畫用來建築家廟之用，包括建築費 4800 圓、維持費 1200 圓、油漆費 500 圓、落成式費 300 圓、位牌費 400 圓，而扣除掉建築家廟費用的 1200 圓（8700-7500 圓），則供作「借貸資金」，作為家廟未來管理維護經費使用。此「借貸資金」，推測應為作為日後林氏家廟祭祀、管理維持支出的共產，由於募款對象已不限林慶興嘗會所屬的 56 位會員子孫，因此與該嘗會的直接關連性便需要有所區分。

　　在資金來源無虞之後，家廟興建工程同時順利開展，經過幾年的建設後，終於大正 6 年（1917）完工。總計自大正 2 年（1913）10 月起，至大正 6 年（1917）7 月竣工為止，建築工程費計花費 7393.9 圓。林氏家廟管理人隨後於大正 6 年（1917）6 月 15 日，召開了關於「林氏家廟

---

[16] 參見 1915 年，〈林氏家廟興建募款截止申告〉《新埔林氏家廟許可書類彙纂》，頁 38。
[17] 此明細受理人為第六任臺灣總督東貞美殿，引自《新埔林氏家廟許可書類彙纂》，頁 39-40。

落成進主所關一切事項」會議，會場位於家廟中，出席人數共有十人，共同推薦林春秀擔任會長一職，會中決議於舊曆八月初一至八月初九，舉行一連九天的落成儀式，並將「進主吉期」訂為舊曆八月初五日辰時「奉祖登龕」[18]。

創建之後的林氏家廟，正龕主祀林姓始祖「比干公」之神位[19]，除創建當時原預定安置「林慶興嘗」56 份林家後代各家祖屋牌位外：「**每壹會份，將該先代壹考壹妣名義，安置祖屋龕上，以享禋祀**」[20]，另外亦有奉獻土地、建物充為林氏家廟祀業，作為「抵塞位牌金」，而將其家族祖先牌位進主入龕的案例出現。

五、林氏家廟創建的核心：林慶興嘗會

與林氏家廟創建息息相關的林慶興嘗會，主要由 56 位會員組成。嘗會的成立時間與源由目前仍無法確認，據以往研究成果顯示，客家「嘗會」多出現於前清時期，目前所收集舊地契中有「林慶興嘗會」訊息之資料，以明治 29 年（1896）〈林石生立退茶欉埔地字〉最早。[21]其次，嘗會創立會員名單中，有幾位於家廟創成之日仍舊在世，例如兆送（編號 30）、兆欽（編號 39）、孔昭（編號 45）等人，其中，林兆送同治 7 年（1868）生，林兆欽光緒 7 年（1881）生、林孔昭光緒元年（1875）生，三人生辰距明治 29 年（1896）最短者僅 15 年，推測嘗會創立的時間，應在清末光緒年間至日治初期這段時間內。

---

18 同上引，頁 87。

19 比干為殷商太師，為紂王所害，夫人媯（陳）氏甫孕三月，逃出朝歌，於長林石室中生男，名泉，字長恩，為林氏受姓始祖。周武王姬發滅商建周後，旌表比干忠烈，微覓其後嗣，因泉生於長林石室，周武王賜姓林，名堅，拜林堅為大夫，食邑清河。後封博陵公，食采二千戶，采邑博陵(今河北安平縣)，林氏總堂號因之稱為「西河堂」。

20 根據〈林家財產共有賣卻決議書〉所列林慶興業主姓名，文內記載有 56 位，然其表列名冊卻僅有 49 名，其間關係，仍待進一步考證。引自《新埔林氏家廟許可書類彙纂》，頁 21-31。

21 另明治 34 年（1900）「臺北縣竹北二堡新埔街 74 番戶」土地申告書資料，當年林慶興嘗會會址設於：「臺北縣竹北一堡下山庄」，管理人為「林坤生、林榮興、林純賓、林兆熙」四人。

　　另外，根據 1985 年新埔鎮公所神明會檔案的資料有如下的介紹：「在新竹縣內居住先祖林信德公發起招募林姓宗親五十六人創立媽祖會，奉祀媽祖林默姑在新埔鎮成功街林氏宗祠內並出資每人壹股，共計五拾六股購買土地，定名祭祀公業林慶興，將土地收入為祭祀經費。宗旨為奉祀媽祖林默姑、促進宗親敦親睦族為目的。」[22]此份嘗會資料於 1985 年 9 月 26 日申請登記，名稱為「祭祀公業林慶興」，顯然與清代林慶興嘗會不同。由於登記時間已為近代，其資料仍有待進一步證實。

　　林慶興嘗會的組織分成「福、祿、壽」三班，各班分別推舉管理人一人（互選常務管理人一人）以管理祀產。組織章程議定每年農曆 3 月 23 日媽祖聖誕為春祭，農曆 9 月 9 日媽祖昇天日則為秋祭，祭典由常務管理人負責備辦祭禮，派下所有成員則一同前往祭拜，其他規定還包括祭拜後會餐及開會審議收支結算，若有餘額，則照股均分配等規定。至於會員資格變更時，亦規定「派下員有欠額時，該股派下員推舉一人繼承」。

　　嘗會所屬林氏族人譜脈，並非僅僅由單一血緣氏族組成而已，最早可上溯至開閩林氏始祖林祿公派下子孫，如長樂祖茂成公派下、老屋衡山公派下、老屋孫檀公派下、胡陽樓浩流公派下、騰蛟嶺屋耆宿公派下、斗屋大五郎公派下、靜操公派下、有為公派下。其中，老屋衡山公派下、老屋孫檀公派下、胡陽樓浩流公派下、騰蛟嶺屋耆宿公派下、斗屋大五郎公派下，皆為同一氏族繁衍擴大後分居而成，皆為開饒始祖林根德（五十九公）之後裔，又稱「西河林氏六屋」。（林衡道監修 1882：44）。此外位於梅州藍坊鎮、梅州三河霸、惠州園東嶺等，亦有後裔與新埔林氏家廟有關。

　　以目前所收集到的資料顯示，林慶興嘗會會員主要以靜操公（原籍廣東潮州府饒平縣元歌郡北門社楓頭鄉）[23]、茂松公（原籍廣東嘉應州長

[22] 資料中林信德（信義）的來臺祖為靜操公（第 15 世）的派下成員，與家廟創建時總理林孔昭（第 20 世）同宗旁系，其祖籍位在廣東省潮州府饒平縣元歌北門社楓頭鄉，林信德為第 19 世，此項資料仍待確認。

[23] 參閱林新茂、林明瑜編 1984《西河林氏來臺靜操公派下大族譜》，林明瑜（林孔昭孫）提供。慶祝二三〇週年紀念籌備委員會編 1987《孫壇公來臺開基二三〇週年紀念沿革誌》，頁 6。

樂縣延龍村）、孫壇公（原籍廣東潮州府饒平縣元高都水口社金場石頭鄉
老屋里安石樓）為主，其他還有些個別會員案例，如斗屋大義公（恭寬）、
斗屋大五郎公、胡陽樓浩流公（以上應為廣東省潮州府大埔縣）等。

表　林慶興嘗會會員祖籍地一覽表

NO.	原會員	祖籍地	舊址	組別
1	國寶	老屋衡山公派下	竹北一堡六張犁庄	福組
2	繩褒	老屋衡山公派下	竹北一堡六張犁庄	福組
3	繩項	老屋衡山公派下	竹北一堡六張犁庄	福組
4	振輝	老屋孫檀公派下	竹北一堡六張犁庄	福組
5	國成	老屋孫檀公派下	竹北一堡六張犁庄	福組
6	立道	老屋孫檀公派下	竹北一堡六張犁庄	福組
7	慶請	老屋孫檀公派下	竹北一堡鹿場庄	福組
8	慶謹	老屋孫檀公派下	竹北一堡芒頭埔庄	福組
9	慶壁（譬）	老屋孫檀公派下	竹北一堡芒頭埔庄	福組
10	上華（繩禮）	老屋孫檀公派下	竹北一堡芒頭埔庄	福組
11	繩賓	老屋孫檀公派下	竹北一堡芒頭埔庄	福組
12	象賢	老屋孫檀公派下	竹北一堡芒頭埔庄	福組
13	石蔭	饒平縣饒平鎮水南石頭村（來臺祖彭成公）	竹北一堡芒頭埔庄	福組
14	文勝	廣東省堯平縣		福組
15	尾復	（缺）	竹北一堡上山庄	福組
16	有才（慶答）	老屋孫檀公派下	竹北一堡六張犁庄	福組
17	慶扣	老屋孫檀公派下	竹北二堡照門庄	福組
18	繩念	老屋孫檀公派下	竹北二堡照門庄	福組
19	慶算	老屋孫檀公派下	竹北一堡芒頭埔庄	福組
20	顯達	長樂祖茂成公派下	竹北一堡南埔庄	祿組
21	祥徵	胡陽樓浩流公派下	竹北二堡四座屋庄	祿組
22	顯榮	長樂祖茂成公派下	竹北二堡新埔街	祿組
23	象遠	長樂祖茂成公派下	竹北二堡田新庄	祿組
24	鵬飛	（缺）	竹北二堡新埔街	祿組

林保熙（林慶達後裔）提供。

25	象進	長樂祖茂成公派下	竹北二堡四座屋庄	祿組
26	象忠	長樂祖茂成公派下	竹北二堡下樟樹林庄	祿組
27	顯略	長樂祖茂成公派下	竹北二堡新埔街	祿組
28	顯柔	長樂祖茂成公派下		祿組
29	象騰	（缺）	竹北二堡新埔街	祿組
30	兆送	長樂祖茂成公派下	竹北二堡四座屋庄	祿組
31	來鳳	（缺）	竹北一堡新打坑庄	祿組
32	天祿	（缺）	桃澗堡咸菜硼庄	祿組
33	娘生	（缺）	竹北一堡南埔庄	祿組
34	阿賀	（缺）	竹北二堡大茅埔庄	祿組
35	水德	（缺）	竹北二堡新埔街	祿組
36	昌領	斗屋大五郎公派下	竹北二堡上枋寮庄	祿組
37	昌盖	斗屋大五郎公派下	竹北一堡犁頭山庄	祿組
38	玉填	長樂祖茂成公派下	竹北一堡新竹街東門	壽組
39	兆欽	長樂祖茂成公派下	竹北二堡大坪庄九番地	壽組
40	有慶	靜操公	竹北二堡大坪庄	壽組
41	象文	長樂祖茂成公派下		壽組
42	阿乾	西門外渡有為公派下	竹北一堡二重埔庄	壽組
43	陳恩	廣東省梅州藍坊鎮	桃澗堡三洽水庄	壽組
44	辰元	靜操公	竹北二堡大坪庄	壽組
45	孔昭	靜操公	竹北二堡照門庄	壽組
46	文長	（缺）	竹北二堡四座屋庄	壽組
47	顯義	廣東省梅州	竹北二堡大坪庄	壽組
48	乃欽	廣東省惠州園東嶺（來臺祖林明東）	竹北一堡后庄	壽組
49	遇灶	（缺）	竹北二堡鹿鳴坑庄	壽組
50	連生	長樂祖茂成公派下	竹北二堡大茅埔庄	壽組
51	華到	斗屋大義公（恭寬）派下	竹北一堡頭重埔庄	壽組
52	阿鶴	（缺）	竹北一堡頭重埔庄	壽組
53	豐成	（缺）	竹北二堡鹿鳴坑庄	壽組
54	阿團	（缺）	竹北二堡大坪庄	壽組
55	阿包	廣東省梅州三河霸	竹北二堡大平窩庄	壽組
56	學德	廣東省梅州三河霸	竹北二堡大平窩庄	壽組

　　而嘗會會員居住地的分佈，則以「竹北一堡」與「竹北二堡」為主，亦有「桃澗堡」林姓後代[24]。從其區位所在看來，大部分集中新埔附近區域，包括四座屋、照門、新埔、大平窩、大茅埔、六張犁、芒頭埔、二重埔、大坪、鹿鳴坑等地為主，其他少數居住於新竹、桃園地區。

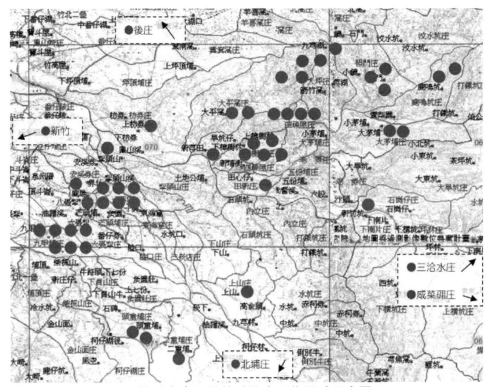

圖　林氏家廟所屬林氏後裔分佈區域示意圖

底圖出處：1904 年臺灣堡圖

六、新家廟的起點：世蔭嘗會

　　創建初期的林氏家廟有兩個祭祀組織同時存在，一是大正年間發起創立家廟的主幹「林慶興嘗會」，另一則則是「世蔭嘗會」。兩相對照，世蔭嘗會的出現顯然相當有趣。

---

[24] 根據〈林家財產共有賣卻決議書〉所列林慶興業主姓名，《新埔林氏家廟許可書類彙纂》，頁 21-31。

　　根據大正 4 年（1925）〈林氏家廟世蔭嘗會碑記〉，世蔭嘗會的成立，完全因為林氏家廟的成立而來：

> 「嘗思人之生也，賦異於天地，教百於父母，詎獨謂賦異所定、教育所成而已哉！抑亦賴祖功宗德耳，實仁人孝子報本追遠之義也，故福嘗之義，修祖廟薦時食，令人惻然起敬。我等住臺，代歷年所，海隔山遙，心香莫薦，秋霜春露，感慨徒增。幸矣！家廟既成，購田左記，嘗名：世蔭，碑勒會員呼，見歲歲衣冠拜跪，人人序齒稱觴。其間座滿竹林階堆蘭玉，光前如日月升恒，裕後如河山長遠，人之生也，其庶幾乎，報本之義必如是乃盡矣！」

　　世蔭嘗會碑記內文記載了家廟成立當時，曾購買田地以作為家廟祀典支出費用，同時成立「世蔭嘗會」作為「管理組織」，會員共有 108人，其加入會員的條件為出資「各津嘗金弍円」，業主為林氏家廟，管理人為林兆欽、林榮宗、林其康等，其土地番號為「新竹郡新埔庄大坪第參番之壹」地號田地，面積計壹分壹厘五毫，充作家廟祭祀公田之用，業主則登記為「寺廟林氏家廟管理人林兆欽、林榮宗、林其康」等。

　　所謂「世蔭」，係擇取「開閩」林氏始祖晉安郡王林祿公而來。林祿公字「世蔭」，東晉明帝（325）奉敕駐守晉安郡，遂遷家居於晉安，成為開閩林姓始祖，其裔孫派下因此又稱為「晉安林氏」，子孫遍布福建、廣東、臺灣、廣西及東南亞一帶。

　　由碑記會員背景關係看來[25]，世蔭嘗會的組成和林慶興嘗（參後述沿革）成立當時的 56 位會員差異極大，增加了其他許多林氏宗親。其中，重複出現於林慶興嘗會名單者，僅兆欽、榮宗、孔昭、乾福、春秀、鵬飛六人而已，他們幾乎都是林氏家廟創建過程，以及林慶興嘗會中的

---

[25] 其會員包括兆欽、榮宗、其康、孔昭、兆土、申金、永贊、阿墩、乾英、福本、立標、彩賜、乾福、石應、杏火、木榮、定祥、永古、永滿、傳奧、清元、慶雲、清森、礽杰、連奧、留應、盛祺、盛桂、兆信、石佳、兆安、鼎德、春秀、鴻光、榮炳、榮昌、林水、運萬、雙傳、啟山、國河、國渡、礽祖、澄水、維秀、瓊英、上拔、礽喜、礽東、礽城、雲三、番古、桂英、祺芳、陽春、蘭香、濟春、雙春、象鼎、維任、維王、俊奧、漢坤、永枝、鵬飛、清富、福星、雲辰、玉來、兆來、兆猛、雲臺、雲錦、澄勝、雲名、乃文、其來、仲杰、仲和、炳秀、勝火、阿滿、礽南、茂泉、源石、華守、東梅、本通、阿石、鄧連、礽來、礽林、礽再、家慶、家康、家開、添枝、其榮、其聲、志奧、高山等人。

重要管理人、經理，例如募集委員林瓊英、經建經理林孔昭、林春秀、創建經理人林榮宗、幫辦委員林兆欽，皆為「西廳」經建經理暨委員長生祿位成員之一。由此看來，世蔭嘗會中的林家子孫，推測包含了大正年間創立當時公開召募建廟善款時大力捐輸的林氏族人。

再者，由於林慶興嘗會僅限一家（一股）一位代表，嚴格限制有志參與人員的意願，推測因此另立嘗會，擴大參與，並以唐山開閩共主林祿公「世蔭」為名。例如祖孫（林雲錦、林兆來、林家康）、父子（林孔昭、林福星）同時列名，亦反應了世蔭嘗會的成員，並不限於一家一人的限制。

世蔭嘗會的出現，具體反應了家廟成立過程中主從的關連。「世蔭」之名代表者：「開閩林氏始祖晉安郡王林祿公」，推測應是對應於家廟主要嘗會「林慶興嘗會」代表者：「開林太始祖殷太師比干」及「開林始祖周博陵林堅公」而來。再者，世蔭嘗會為林氏家廟建成後第一個以「家廟」名稱成立的祭祀組織，「新竹郡新埔庄大坪第參番之壹」土地則是其第一筆共業，其所稱「業主寺廟林氏家廟」之意，似乎突出了林氏家廟不同於「祭祀祖先」的家廟共同特性，而是祭祀「林祖姑」獨立「寺廟」主體的特性。最後，成立之時的家廟管理人「林兆欽、林榮宗、林其康」，亦皆為新埔「在地」的林家後代子孫，其設置考量，似乎體現了家廟組織中真正執行「祭祖」儀式的團隊。

諸此現象，似乎都說明了家廟設立與管理組織背後的權力關係。簡單地說，林慶興嘗會與家廟設立，相對於世蔭嘗會與家廟管理，一個家廟涵構所蘊含的兩個平行組織與構成關係，似乎越加明顯。前者是祭祀組織運作土地租賃、資金借貸的核心團隊，由資金權益的取得與分配關係構成，而後者則是家廟祖先崇拜真實執行的祭祀團體，兩者共同在林氏家廟的家族廟宇框架之下，既分工獨立，卻又緊密結合。依此而言，「世蔭嘗會」反映出林氏家廟建成以後，一個全新的管理組織，推測她便是今日「林氏家廟管理委員會」的前身[26]。

---

[26] 林氏家廟管理組織會議近年稱作「林氏家廟會員大會」，目前掌握最早的會議資料為昭和11年（1936）6月「新埔林氏家廟派下會員簿」，當時會員217人。至光復後民國39年（1950）農曆八月八日舉行會議時的「林氏家廟會員簽到簿」，會員342位。其與世蔭嘗會的關連為何？有待進一步的討論。

　　總得來說，新埔林氏家廟建立的案例探討，反應了家廟創建不同時期各類型與特性嘗會扮演的角色，其中有「鬮分字」為主體的和睦公嘗、世昌公嘗，有自光緒年間倡議興建至大正年間實際付諸支持與執行「合約字」主體林慶興嘗會，以及家廟建成以後首次成立的類似「合約字」或「神明會」的林氏家廟管理組織之世蔭嘗會。透過前述林氏家廟興建沿革的依次說明，可以具體看出不同屬性嘗會與家廟間的空間對話內容。

參考書目

1.井出季和太 1985《南進臺灣史考》，臺北：成文。

2.林孔昭《集腋成裘》，林明瑜提供。

3.林伯勳 1984《新竹縣分會全縣年度宗親大會手冊》，臺灣省林姓宗親會。

4.林保萱主編、衡道監修 1982《西河林氏六屋大族譜》。

5.林柏燕 1997《新埔鎮誌》，新埔鎮公所。

6.林泓祥 1988《清末新埔客家傳統民宅空間構成之研究》，成功大學建築所碩論。

7.林家利 1933《林家族譜 西河堂》，林玉桐提供。

8.林新茂、林明瑜編 1984《西河林氏來臺靜操公派下大族譜》。

9.林燈《西河林氏大祖族譜》。

10.林衡道監修 1982《西河林氏六屋族譜》，臺中：臺灣省文獻委員會。

11.范明煥 2006《新竹地區的人與地》，新竹縣竹北市：新竹縣文化局 。

12.張興國 2000《新竹縣新埔、竹北之祠堂建築調查研究》。

13.鈴木清一郎撰 ；高賢治、馮作民譯 1978《臺灣舊慣習俗信仰》，臺北：眾文。

14.莊英章〈族譜與漢人宗族研究：以竹北林家為例〉，第一屆亞洲族譜學術研討會會議紀錄。

15.莊英章 1994《家族與婚姻》，臺北：中研院民族所。

16.陳支平 2004《五百年來福建的家族與社會》，臺北：揚智文化。

17.陳秋坤 2009.03 帝國邊區的客庄聚落：以清代屏東平原為中心(1700~1890)《臺灣史研究》16:1 [民98.03] 頁1-28。

18.陳麗華 2010.12 客家人的宗族建構與歷史記憶塑造：以臺灣六堆地區為例《臺灣史研究》17:4，頁1-31。

19.新埔林氏家廟建立事務所 1913《新埔林氏家廟許可書類彙纂》，林明諭提供。

20.慶祝二三〇週年紀念籌備委員會編 1987《孫壇公來臺開基二三〇週

年紀念沿革誌》。

21.廖經庭 2006.4 祭祖展演與家族記憶：彭姓崇本嘗會祭祖的田野調查
　　研究《客家文化研究通訊》（8），頁 150-177

22.戴炎輝 1979《清代臺灣之鄉治》，臺北：聯經。

遷徙與定居：略論清代新埔潘庶賢家族住居空間變遷與意涵

一、前言

　　潘屋位於新竹縣新埔鎮和平街 170 號，自清代以來即為新埔地區潘氏家族的古厝與公廳所在。潘氏祖先移居新埔的時間甚早，來臺祖潘庶賢於乾隆年間由廣東省嘉應州梅縣五里亭渡海來臺，先於桃園平鎮一帶進行墾荒，後再攜眷遷徙新埔，先於鳳山溪南岸石頭坑落腳，此地屬新埔南郊近山谷地，雖未居市區、街衢繁華之地，但由於距離新埔街市僅有一河之隔，渡河後即可到達新埔市集，交通可說極其便利，因此正是剛剛準備白手起家的潘氏祖先最佳的暫居處所，提供了後代子孫於新埔地區競逐更上一層社會地位的基礎所在。

　　潘庶賢育有來福、來興、來旺三子。道光年間，大房來福、二房來興派下由石頭坑轉居新埔市街，並於街內開設「金和號」商行，家業至此興旺。新埔潘屋作為潘家經商的事業基地，自潘榮光（來福）落腳此地以後，便逐漸成為派下子孫擴展社會關係與家族事業發展的主要空間場域所在，潘氏家族的榮耀亦由此展開，其中，金和號的創設，貢生官銜的取得，提供了潘氏族人有力的環境，以持續擴展其政經版圖。

　　自清代潘榮光協二子潘清漢、潘澄漢創建老屋起，歷經日治時代二房潘成鑑派下齋桃軒、潘錦河洋樓的興建，潘屋於新埔聚落中心地帶的發展，隨著潘氏族人社經地位的提升，來到了它生命週期的高峰。清末以降，潘氏子孫樂善好施，幫忙鄉里建廟捐渡、造橋修路，積極參與街內事務，推動地方建設，成為清末至日據時期新埔地區最具影響力的大家族。更與張、陳、蔡三大姓同為新埔地區的四大富豪，並藉由良好的政商關係，促進地方發展，對於新埔地區各項建設貢獻良多。然而，家族分枝散葉的發展，也促使潘屋因子孫分家立房而逐步分衍，形成今日分處一方的境地。潘家子孫繁衍眾多，老屋部分由清漢、澄漢兄弟派下

各自持有一半產權，大房居尊位於左畔，右橫屋部分則歸屬二房。

圖　石頭坑潘屋（下方點）與新埔潘屋（上
　　方點）所在
底圖：Google 地圖

　　回顧清代新埔地方歷史為主題的研究成果，以 1990 年代有關新埔聚
落、街庄及民宅營造體系的研究為代表[1]。這些研究，多以清末新埔地區
聚落、民宅體系的形成及發展為主題，配合宗族、祭祀組織等社會文化
涵構解讀，將焦點置於民宅與建築營造體系的整理與重建之上，其他有
關歷史性的研究著作甚少[2]。其中，當以何明星 2003《清代新埔陳朝綱家
族之研究》一書為代表，此外便是以古蹟建築為研究目的的新埔地區宗
祠古蹟調查研究報告，如陳氏宗祠、范氏家廟、張氏家廟、林氏家廟、
劉家祠等，這些古蹟調查報告內容，受限於史料的侷限，多以既有研究

---

[1] 這些研究成果以成大建築研究所徐明福教授指導碩論為主，如林泓祥 1988《清末新埔客家傳
統民宅空間構成之研究》、、張牲壽 1988《清末客家傳統民宅單體建築構成之研究》、蘇
仁榮 1989《日據時期新埔街庄的形成與發展》、洪心光 1990《清末五分埔聚落空間構成之
研究》。其後徐明福並以 1990《臺灣傳統民宅及其地方性史料研究》一書總結其研究成果，
對臺灣傳統民宅的研究建立系統化的研究方法與觀點。

[2] 這些研究成果以邱秋香 2010《基督教在客庄教會歷史的探討-以新埔基督長老教會為例》，中
原宗教所碩論。江瑞昌 2004《臺灣客家族群民間信仰之研究─以新竹縣新埔鎮枋寮義民廟
為中心》，臺大國發所碩論。曾春鎂 2003 新埔地區的經濟與社會變遷(1684-1945)，師大歷
史所碩論。何明星 2003《清代新埔陳朝綱家族之研究》，新竹教大社科教育學系碩論。賴
玉玲 2000《新埔枋寮義民爺信仰與地方社會的發展》，中央歷史所碩論。除了何明星一書
外（該書於 2007 年以《清代新埔陳朝綱家族之研究》出版），多以新埔地區宗教信仰的探
討為主。

成果為參考，因此少有對新埔地區家族歷史有深入的探討成果出現。也是因為如此，林柏燕1997《新埔鎮志》便成為學界理解或從事新埔地區研究的重要參考書籍，儘管該書缺乏學術嚴謹的考證及佐證，然而作者基於新埔地方史料的掌握，明顯超越以往既有研究的成果與認識。

　　至於本文所關注的新埔潘家為研究主題者更少，僅賴玉玲2012〈新埔潘金和家族與地方社會發展〉一文而已[3]。如同既往研究一樣，該文因史料侷限所致，皆以清代府縣志、採訪冊、淡新檔案為主要參考文獻，因此多以潘家第二、三代歷史人物的社會活動紀錄為敘事主題。

　　本文所引資料，除前述新竹地方志、淡新檔案外，亦藉由潘家子孫提供的第一手史料，以及土地申告書、日據時期司法文獻進行清代潘家人物世系的重建工作。相對於日據時期潘家子孫因政經、社會地位影響下的豐富史料留存，身為地方佃戶經商而崛起的清代潘家，可供參考資料其實不多。緣此，本文嘗試由建築實體史料解讀與對照，透過潘家移墾過程中，各地潘屋建築的出現，以及定居後新埔潘屋的空間營造變遷的各項訊息，以補文獻史料的不足。

　　所謂「遷徙」與「定居」，意指二個層面，包括客籍移民遷徙過程中尋得穩定生活寄託等內蘊力量的重組，以及定居過程中外顯社會權力空間的建構與擴張，而其具體表現，便是潘家於各地移墾、分家衍派的住居空間轉變，以及潘氏族人於社會事務的主辦與參與。尤其，作為某個族群文化的產物，民居建築的形式與結構，不僅是自然環境與社會集體價值的共同呈現，同時亦展現居住者的社會及文化空間意涵。如此密切的關聯，使得人物的歷史敘事得與建築空間文本相呼應。

　　循此，本文即以人物歷史與建築文本的對話為軸，進行清代新埔潘家的歷史發展重構，先以潘氏家族居住空間的變遷梳理，重新建構新埔潘家的遷徙特色，其後再以潘屋重建一事突出的「光耀門楣」意義，說明在各家勢力競逐的環境下，地方鄉紳賴以穩固社會地位進而表現出的定居特色，藉以說明新竹客籍移民個案的特殊範型價值，並得以了解清

---

[3] 可參《國史研究通訊》，第2期，頁50-56。

代新埔聚落由移墾轉向商業社會特質的具體表現。

二、移民來臺與暫居：乾隆、嘉慶年間由大陸梅縣至桃園南勢

新埔潘氏原為廣東省嘉應州梅縣人，相傳於清乾隆 30 年（1765）間，其先祖「潘庶賢」自廣東五里（鯉）亭渡海來臺，抵臺後先於平鎮一帶進行墾荒，至乾隆 40 年（1775）間，才遷至新埔鳳山溪南岸石頭坑口（今寶石里）一帶拓墾，進而定居繁衍迄今。[4]

潘家後裔子孫一行，曾溯源至廣東梅縣五鯉祖堂尋根，根據堂內 1992 年重修祖堂時所留下的〈潘世淵源誌〉，該碑記內文提及潘家大陸先祖來歷：

> 「考潘氏之宗迄今，軒轅皇帝經世代傳至畢公之季孫，在西安府，賜爵于榮陽，食采于潘為姓，以商音榮陽為郡，大始祖中牟公，人才輩出，潘全娶湯氏夫人，副龍氏、龔氏。宋淳祐四年，狀元及第，仕廣東監察御使陞秘書，一脈歷經救朝戰亂、水旱災害襲擾，世代多次南遷，至任公之子曾孫琴公，在廣東五華長樂開基，為一世始祖，其二子鵬、沖公子，明洪武初移居興寧繁衍，至十一世珩公號法成之子處士，號素齋公，則移居梅縣程鄉開基，傳十三世永聰、永明、永發、永潭公，傳十四世大泉、大滿、大源，號五鯉公，傳十五世柏山、栢川、岷山、嶸山。二子栢川公部分居赤水，岷山公部分居烏石頭為三房，今新屋四子嶸山公部分居詹塘……」。

潘家至十九世潘桂生後皆為單傳，新埔潘庶賢曾祖父為二十世潘敦獻，妻楊氏，育有獨子潘用舟。二十一氏潘用舟，娶妻鍾氏，生一子潘奎伯。二十二氏潘奎伯，亦即開臺祖潘庶（壽）賢的父親，娶妻劉氏，

---

[4] 根據 2002 年潘俊男《新埔潘家族譜》所記，潘庶賢到新埔時間記為乾隆 40 年（1775），林柏燕 1997《新埔鎮誌》沿用其說（頁 46），可為參考。

生二子，長子潘松賢，次子潘庶賢（23 世），二人皆來臺發展。[5]

　　潘庶賢來臺後，先於桃園平鎮南勢庄落腳，並進行墾荒，後入贅當地楊喜一家。潘庶賢娶妻後生有一女，惜母女二人皆不幸早亡。後來潘庶賢再娶陳氏，連生三子，分別是長子潘來福（榮光）、潘來興（廷興）、潘來旺（榮輝），三人亦即後來墾拓新埔的三大房（可參下圖潘家世系表）。

---

[5] 同上引。

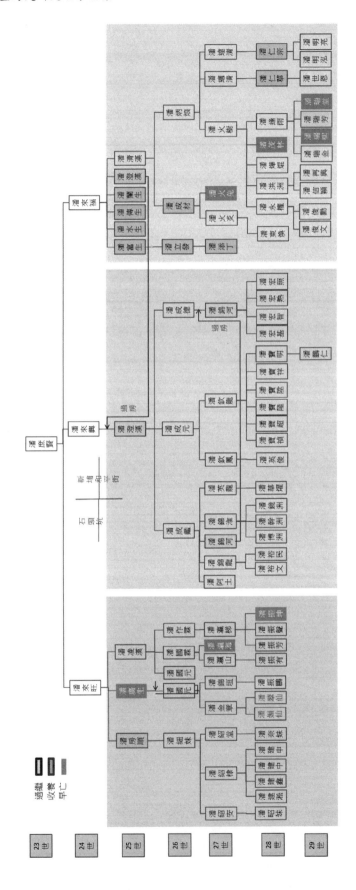

　　根據《新埔潘家族譜》記載，潘庶賢入贅楊家後，親人後來相繼過世，僅存妻弟楊仁發一人。所存田產、房屋後來皆被楊仁發典賣一空，產業賣與鍾家，後再轉典鄭家。無奈之下，潘庶賢遂攜子與友人離開南勢庄，到新埔一起合股營生。[6]

　　關於潘庶賢離開平鎮到新埔開墾一事，咸豐 11 年（1861）〈潘來福、楊順生贖回平鎮田產契約〉內容載之甚詳，可供參考：

> 「仝立合夥贖回田業字人潘來福、楊順生。緣因先年桃澗間堡南
> 勢庄內有楊仕德、龍兄弟，於乾隆五十一年（1786）間承買楊尚
> 雅田薗、屋宇壹所，與楊尚興共墾，批內。業每年計納大租谷陸
> 斗正。迨至嘉慶五年（1800）間楊尚興應額田薗、屋宇明賣於潘
> 庶賢掌管……。楊、潘原屬繼兄弟，即將先後兩主之業合歸同管
> 無異。續至道光年間，潘庶賢移居新埔街，其應額壹半之業依付
> 於繼男兄楊仁發合為瑾管，不料楊仁發乏銀應用，將自己應額壹
> 半，併繼弟父依托壹半，概行背典與鍾家，鍾家轉典與鄭家，嗣
> 後楊仁發已故無嗣，業難取贖。爰是潘來福因念繼誼，不忍絕祀，
> 從中招得楊順生二人合夥，各津佛銀式拾肆元，共湊修佛銀肆拾
> 捌元正，經向鍾家對鄭家贖典薗屋宇契卷等件……」。

　　潘庶賢於嘉慶 5 年（1800）間承買楊尚興所屬份額，與楊仕德、龍兄弟共同擁有田園、屋宇。至道光年間，潘庶賢移居新埔石頭坑（今日寶石里一帶）後，再將田產交與楊仕德、龍兄弟後代楊仁發代為掌管。經過多年的奮鬥，石頭坑潘家房產物業逐漸累積。咸豐年間，潘庶賢長子潘來福重返南勢庄，與楊順生一起出資合夥出銀肆拾捌元，重新贖回楊仁發先前典當的田產、房舍，並重新修建公祠。潘來福本計畫將所有產業交還楊姓親人管理，卻因楊家絕嗣無後，為有效管理當地產業，委託楊姓族親楊順生代為管理一切田業財產，並從租穀歲額提出部分供給公祠、墳墓祭祀支出之用。[7]

---

[6] 同上引。

[7] 此塊土地根據土地申告書所載，番號為「桃澗堡南勢庄埤字一至四號」，地目「田」，三分六釐五毫。大租為番口糧，產量與前述契約相同：「六斗」，租戶為埔頂社角庄 53 番戶蕭

另外，契約中的主角潘庶賢長子潘來福，係乾隆 59 年（1794）由繼室陳氏所生，三子潘來旺生於嘉慶 11 年（1806），加之潘庶賢尚於嘉慶 5 年（1800）購買桃園南勢庄土地房屋。因此，《新埔潘家族譜》所記潘庶賢「攜子」到新埔開墾一說應屬可能，時間約在嘉慶以後。

根據咸豐 11 年（1861）〈平鎮田產贖回契約〉內容，潘榮光描述其父潘庶賢「移居」新埔石頭坑庄的時間為道光年間（1821-1850），此說由潘榮光訂定契書時所書寫，且時間尚短，應為可信。再據道光 14 年（1834）〈立遜給山批字人契約〉內容提及潘庶賢及劉法發二人為佃戶，於石頭庄承耕地主衛壽宗山林。依此推測，潘庶賢移居石頭坑應於1821-1834 間。另外，《新埔鎮志》乾隆 40 年（1775）之說應該有誤，至於離開廣東五里（鯉）亭渡海來臺的時間是否為乾隆 30 年（1765），則待進一步證明。

三、道光時期石頭坑時期的苦淡經營

隨著大量漢人的移入與開墾，新埔於嘉慶 15 年（1810）時已成為周邊漢庄生產之蔗糖、茶葉、樟腦等經濟作物的主要集散之地，商業極為鼎盛，新埔街內也陸續出現了包括榮和、振利、雲錦、錦和、慶和……等大、小商號。

根據《新埔鎮誌》的紀載，潘庶賢於石頭坑（今日寶石里一帶）拓墾，一面作為佃戶向大地主租地進行開墾、耕作，另一方面也從事商販事業，後來更成立了「潘金和」商號，專門販售日常生活用品，如油、雜貨及糕餅等販賣，也因而奠定了日後潘家於新埔地區致富、發跡的主要基礎。[8]

興邦。根據明治 34 年（1901）土地申告書，業主為「亡曾祖父潘壽賢繼承人潘成鑑」，以及居住於南勢庄 46 番地的楊順生。另有一筆「建」地，番號不祥，不過申告書上記載有：「東、南各至自己田，西至葉日條田，北至潘阿來田（20 番地）」，大小為二分七厘三毫。其它還有一口「陂」，坐落於南勢庄，「東南各至曾鼎海田，西至曾日景，北至路」，大小為 1 分 1 厘 6 毫 5 系。

8 引自林柏燕 1997《新埔鎮誌》，頁 49。

有關潘家的事業的經營，史料留存無多。根據土地申告書所附道光14 年（1834）〈立遜給山批字人契約〉內容：

「……原山主衛壽宗暨全原受佃戶潘庶賢、劉法發等。茲因詹上珍問得吳陳生遜有窨坟壹穴，坐落土名石頭坑漳洲林庄山頂，原係潘、劉二家界內物業。又兼衛壽宗舊坟毗連，珍欲葬此坟，又恐二家干碍，所以○○陳光進、羅鳳貴觀二人前來問○原山主衛壽宗，現受業主潘庶賢、劉法發各分下遜給出舊坟與地方共壹所，與詹上珍裁修坟墓壹穴，即地師仟定坟地，永為定界……」。

自遷徙石頭坑後，潘庶賢作為佃戶，曾租耕竹塹社番業主（墾戶）衛壽宗土地，經營農事墾拓事業。同一時間，潘庶賢亦於新埔街上成立了「金和號」商號，從事日常商品買賣事業。此時的發展，顯然得到了初步的成果。依據道光 26 年（1846）潘庶賢過世後由二子潘來福、潘來旺主導的分家契約所記（契約為大房潘來福派下所存）[9]：

「全立分定闔約字兄弟潘來福、興、旺，茲因丁口浩繁，故不能效九世同居之義，而垂諸後世緣，二弟來興不幸早故，福切念兄弟手足之情，前將第三男名曰順生，承繼為嗣，茲今兄弟商議，將得族戚到場，即將家物、生理、神嘗、銀元等項，作為三份均分，俱各拈定。其餘承父創置田園屋宇所有，帶欠人上債務是以未得分定，異日扣抵還清人上債務，再將餘剩之田園屋宇仍作三房嘗業，奕世榮昌，瓜瓞綿遠。……今欲有憑，全立闔分三紙壹樣排列，和為貴字號，福應得和字號壹紙各得壹紙存照。
一，福分，拈定闔分應得金和號生理壹份，又拈定神嘗季份立簿炳據為照。
即日批明其未分之田物業，計開新埔街屋宇壹座，菜園一處，石頭坑庄屋宇壹座，水田壹處，員潭面庄水田壹處，鹹菜甕庄水田三處，另典大租銀員及水赤牛羊，茲帶前債項故未分定，異日扣還債務仍餘之業，俱作為三份公業，依簿清算批照……」。

---

[9] 引自臺灣總督府公文類纂，明治 34 年桃仔園廳竹北二堡打鐵坑庄土地申告書。

　　扣除三房分得的產業，尚存新埔街屋宇、菜園、石頭坑庄屋宇、水田、員潭面庄水田各一處（座），以及鹹菜甕庄水田三處等公業。此時的當家主事者，即是庶賢之子大房潘來福、三房潘來旺兄弟，其中又以潘來福為代表，所謂「福分拈定鬮分應得金和號生理壹份」，則代表大房潘來福掌握「金和號」的經營。

　　道光 18 年（1838），褒忠亭義民廟〈敕封粵東義民祀典簿〉內出現了金和號與新埔地區最重要客家廟宇—義民廟往來的交易記錄[10]，說明潘家已著手展開社會網路的建構，並已獲得相當地位。此外，道光 23 年（1943），潘來福與舉人陳學光一同倡議興建新埔文昌祠，並為副理一職。[11]亦約略在同一時間，潘來福與新埔地區其他五位仕紳，於新埔街尾「大厝場」一帶，捐建了周長廣達一里多的「義塚」一座。[12]

　　另外，潘來福亦於新埔與竹塹堡九芎林各庄間重要的交通樞紐「廣安義渡」，捐設了一艘「義渡船」，方便大眾往來 30 餘丈之水岸：

　　　　「在縣東二十二里新埔溪南濟安義渡之下游，為新埔適竹塹堡九芎林各莊之所。兩岸相距三十餘丈。北岸屬竹北堡，南岸屬竹塹堡。義渡船一，道光間紳士潘榮光捐設。」[13]

　　再據土地申告書的資料，至咸豐、同治年間（潘來福在世時），新竹新埔街、內立庄、打鐵坑庄、石頭坑及鹹菜甕（關係）附近地區山地的墾拓權力，多數都已落入潘家之手，這也使得潘家成為新埔地區最具財富的家族。依此，以第二代長房潘來福（榮光）為代表的潘家，藉由土地開發（田園、屋宇）權力的取得，逐步轉為新埔社會空間場域的商業競逐，而且順利脫穎而出，至遲到道光末年開始，潘家已經是主導新埔地方事務的最重要代表家族之一。

---

[10] 引自賴玉玲〈新埔潘金和家族與地方社會發展〉《國史研究通訊》，頁 52。
[11] 引自《新竹縣采訪冊》卷五/碑碣（下）/竹北堡碑碣/新埔文昌祠碑（二），頁 245。
[12] 引自《新竹縣采訪冊》，卷三〈竹北堡義塚〉，頁 141-142。
[13] 引自《新竹縣采訪冊》，卷三/津渡/竹北堡津渡，臺灣文獻叢刊 145，頁 131。

四、新埔潘家社會地位的高峰：潘屋重興

　　1846 年潘庶賢派下三大房分家時的公有產業包括：「新埔街屋宇壹座，菜園一處，石頭坑庄屋宇壹座，水田壹處，員潭面庄水田壹處，鹹菜甕庄水田三處，另典大租銀員及水赤牛羊」。文中提及所謂「新埔街屋宇壹座，菜園一處」，推測可能就是今日潘屋土地建物最早的記述，[14]而創建人可能便是由桃園來新埔墾拓的來臺先祖潘庶賢。《新埔鎮誌》提及：「潘家來新埔甚早，潘屋約建於咸豐 11 年（1861），為潘清漢兄弟所興建」。[15]此說依據為何，並不可知，或許是堂中所存咸豐 11 年（1861）間，因潘來福捐納為例貢生，立「貢元」匾額於中堂所致。

　　咸豐 10 年（1860），在潘來福（大房）的主導下，與其子潘澄漢（順生）所代表的二房，以及三房潘來旺分家，由大房潘來福（即長子潘清漢所代表的大房）、二房潘澄漢取得，石頭坑潘屋則交由三房潘來旺（即潘凌漢所代表的三房）：「咸豐拾年九月間，再批明新埔街屋宇、菜菌歸長、二房掌管，原契收執，石頭坑庄屋宇菜菌歸三房掌管」。

　　此時潘家勢力正值高峰，咸豐 11 年（1861）潘來福贖回平鎮南勢庄被舅舅典賣的土地、建物，長子潘清漢也於咸豐 8 年（1858）生下長孫潘炳烺，確實有可能因為新成員的加入，先促成了 1860 年的分家，使得新埔潘屋成為他個人（潘來福下一代大房、二房子嗣都是他的親生兒子）所屬的建物，繼之因應人口的增加（包括大房潘清漢成家），潘屋確實最有可能於此時進行重建。

　　於是，在潘來福的主導下，新埔屋宇在重新分家後由潘來福取得，對於新分得的舊建築及土地，再重新依照派下成員新的需求予以整建或擴建，顯然應是合理的發展推測，或許 1861 年正廳中「貢元」匾的出現，正是分家後「起大厝」的表現。

---

[14] 道光 26 年（1846）潘家分家契約」應為潘家大房拈鬮後所持有，因有「和為貴，字號福應得和字號壹紙各得壹紙存照一福分拈定圖分應得金和號生理壹份，又拈定神嘗季份立簿炳據為照」等描述。

[15] 引自林柏燕 1997《新埔鎮誌》，頁 603。

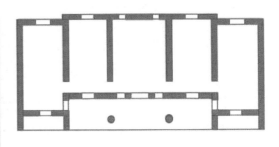

照片　石頭坑潘屋全景　　　　　　　　　　**圖　石頭坑潘屋平面圖**

　　目前石頭坑潘屋（三房）尚在，為正堂屋外加兩翼落額間格局。試著比較兩處潘屋的建築現況，其結果差異之大，說明了兩處潘屋於分家後迥然不同的發展。與新埔潘屋（大房、二房）比較起來，新埔潘屋不論在空間數量、建物規模、建築形式、材料運用上，都有著天壤之別，這樣的差異，推測應該都是1860年分家以後才有的發展轉變。

　　新埔潘屋為一堂四橫的傳統客家民居，其建築各部的構造作法與材料使用，反映了新埔地方匠師的施作技術，各棟屋舍的深、闊、高度，體現了匠師對於外部環境、庭院與建築本體三者間的倫理序位與對應關係。然而傳統建築研究史料極度缺乏，潘屋的建築變遷歷史究竟為何？難由既存的史料得到解答。因此，藉由潘屋各項建築元素的細部分析，成為解答潘屋營造之謎的鎖鑰關鍵。

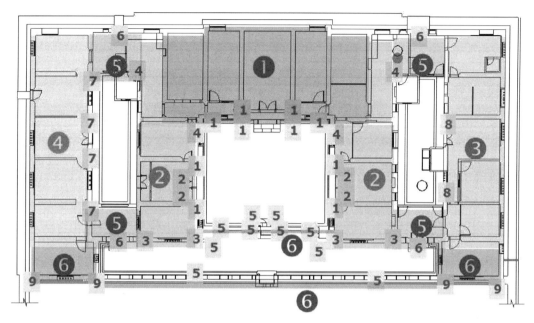

圖　新埔潘屋平面圖、建築營造次序推測圖

　　限於篇幅，本文僅以潘屋現有外露的結構磚柱及門、窗側緣磚柱之材料尺寸為例說明。潘屋所用紅磚種類與尺寸便有多種類型，僅厚度便有 3、3.5、4、5、5.5……公分等尺寸出現（其尺寸差異分別以 1、2、3、……至 9 數字標示，參上圖）。

　　依各類紅磚分佈位置與關係可以發現，內、外埕圍牆與內層門屋所用材料大致一致（⑥），應屬同期之作，而左右兩側的前後過廊亦有相同之狀況（⑤）。較為不同的是外橫屋、左側外橫（③）前段磚柱所用紅磚為 14.0x27.5x5.0 公分為全屋最大，與右側外橫（④）之 12.0x24.5x3.5 公分差異甚遠，與左、右內橫屋採取對稱的作法有所不同，應為前後期增建所致。另外，外橫後段的紅磚尺寸亦與前段（⑥）不同，但有別於外橫前段左右差異，左、右外橫屋後段均使用了完全相同之紅磚，推測應是匠師為了整合正立面的視覺景觀進而調整的結果。

　　依據潘屋各式紅磚位置及尺寸，以及左尊右卑、內外正背的建築倫理位序關係，可以推測潘屋係於不同時期營造的結果所致（①至⑥，此關係亦存在於建築的其他證據線索中，如門、窗建築元素、材料等）。

圖中堂屋的格局（①），與石頭坑祖屋格局幾乎一致，或許今日的潘屋堂屋即是前述「新埔街屋宇」的原構，經日後家族發展而逐步擴建而成。

試著檢視當時的潘家人口概況，新埔潘屋潘來福下一代 25 世有清漢、澄漢、蘭生（未傳）、傳生（未傳）、水生（未傳）、富生等六子、26 世有潘炳烺、潘成材、潘立發、潘成德、潘成元、潘成鑑等人，而石頭坑潘屋潘來旺 25 世有三子潘凌漢、潘廣生、潘房順，26 世有潘作霖、潘國霖、潘國元、潘細妹四人。由 25 世家庭人口數目來看，新埔與石頭坑於 1960 年間大致相似，1860 年時分家時，雙方差異可說不大。此一結果與前述建築格局的分析恰可作一聯繫，其間關係不難理解。

依此，新埔潘屋 1861 年改建的格局，應以一堂二橫最有可能（即①及②），此一推論可再證之於堂屋左側廚房旁的水井（圖中紅點位置）。此一水井原應位於屋外，因後期需求增加而再增建，才成為今日位於屋內的情形。

此時期的潘來福，由於其社會事務參與的領域及範圍可說不斷擴大，其影響力也不斷提升。例如咸豐 2 年（1852），潘來福以監生身分與淡水廳同知張啟煊、新埔街總理吳清華、保正范輝光等，籌議修築陂塍圳路，以資通流灌溉。[16]而在新埔地方事務如廟宇興建上，潘來福亦積極參與倡設，例如目前新埔地區的信仰重心「廣和宮」，亦為其於咸豐 9 年（1859）與當時街內之蘇景文、陳朝綱、張雲龍等人一同倡議捐款重修而成，當時擔任重建「經理」，並以「信生金和號」捐銀 50 元。[17]

同治元年（1862），潘來福將枋寮庄一處水田每年 12 石小租穀奉獻給「廣和宮」使用，並留有《新埔廣和宮祀租碑》記載其事，後再於同治 2 年（1863）擔任重建新埔廣和宮總理[18]。同治 4 年（1865），出任淡水廳竹北二堡新埔庄新埔總局，並協助官方辦理賑濟事務，再因新埔民煙稠密，為維持地方治安，來福與新埔街總理、董事、保正、貢生等共

---

[16] 引自 1852 年 8 月〈淡水分府張為諭飭會議督同修築事〉，淡新檔案。

[17] 引自〈重建新埔街廣和宮碑〉《新竹縣采訪冊》，卷五/碑碣（下），頁 249。

[18] 同上引。

同訂約禁止賭博。[19]種種地方事務的參與，都充分說明了潘來福已具備地方菁英的態勢，後於同治 11 年（1872）往生。

五、清末潘家勢力的延續：清末潘屋擴建完成

潘來福育有六子：清漢、澄漢、蘭生、傳生、水生、富生等。長子潘清漢（1836-1891），字雲渠，道光 16 年（1836）出生時，恰恰是父親潘來福於道光年間協助祖父潘庶賢立足石頭坑、發展新埔街的時期。換句話說，潘清漢是潘家事業有成以後才出生。

在父親的影響下，清漢個性慷慨好施，領藍翎同知銜[20]。《新竹縣采訪冊》有載：

> 「生平慷慨好施與，全人骨肉、獻義塚、捐義穀、建祠廟、設橋渡、周孤卹寡、捨藥放生，善舉頗多。同治元年，逆匪戴萬生亂，帶勇保守大甲，以克復功，由監生得獎六品銜候選訓導，誠異數也。」[21]

同治 6 年（1867），清漢受淡水同知嚴金清命令，與董事陳朝綱、姜殿邦、藍彰、曾阿連、林克銘、黎時雍、曾銘顏、張雲龍、范嘉猷、劉維巖、鄭吉恩等人，一起捐穀 850 石，建設新埔鹹菜甕等庄義倉。[22]

光緒初年，潘清漢任竹北二保新埔街紳董（總理為劉秉中、董事張元清，其他紳董有陳朝綱、張雲龍、曾如海等人）[23]，儼然成為潘家及潘金和號的代理人。潘清漢娶妻彭氏，育有潘炳烺、潘成材二子，後於光緒 17 年（1891）過世，與父親潘榮光二人奉旨旌表，雙雙入祀「忠義孝悌祠」。[24]

至於次子潘澄漢（1839-1897），生於道光 19 年（1839），僅晚潘清

---

[19] 引自〈示禁賭博碑〉《新竹縣采訪冊》，卷五/碑碣（下），頁 251-252。

[20] 引自《新竹縣志初稿》，卷四/列傳/孝友，頁 171。

[21] 引自《新竹縣采訪冊》，卷十〈竹北堡孝友〉「潘清漢」，頁 521。

[22] 引自《新竹縣采訪冊》，卷二/倉廒(社倉附)，頁 66-67。

[23] 引自淡新檔案，選錄行政編初集，淡水分府周造送淡水廳屬各保總理董事姓名清冊，頁 496。

[24] 引自《新竹縣志》，卷四/列傳/孝友，頁 171。

漢三歲，因二房潘來興（廷興）早逝、無子嗣，遂將澄漢過繼給來興繼嗣。受父兄影響，亦積極參與新埔地方公共事務，樂善好施，曾擔任新埔街庄捐輸分局職員，董辦捐輸軍餉事務，亦曾助理大甲溪護岸工程、臺北城垣的興築等事業。

澄漢對於地方事務亦受其父影響，參與不遺餘力，社會實質影響力甚至超越其兄潘清漢。例如光緒 7 年（1881），距離文昌祠建廟已有將近四十年的時間，廟宇早已破舊不堪，於是出首與陳朝綱及蔡景熙等人發起重建，並捐贈了銀 240 圓作為建設經費。[25]同治年間他亦與其他 12 名鄉紳共同捐穀 850 石，並在義倉尚未建成之際，調撥金和號倉庫分儲義穀 308 石 4 斗。[26]後來更以新埔地區董事名義，與地方紳蘇錦榮、范立成等一起重修褒忠亭。

潘澄漢育有三子成德、成元、成鑑，日後新埔之潘氏政要，多為其後血脈。至光緒 21 年（1895），日軍登臺，當其南下至新埔一帶時，受地方義民抵抗，日軍死傷慘重，故放火燒毀新埔市街，潘澄漢此時便攜帶家眷離開新埔，暫時遠離避難。可惜戰事平息不久，澄漢便於明治 30 年（1897）過世，享年 59 歲。[27]

潘清漢、潘澄漢兄弟二人相差三歲，過往時間亦僅差六年，兩個人的人生發展及影響時期可說約略相同。目前文獻資料並未看到二人分家的相關資訊，根據 1901 年新埔土地申告書資料，新埔街 200 地號及 201 地號（即今潘屋所在土地地號），其所有權人便是大房派下潘炳烺，及二房派下潘成元、潘成鑑共同代表，其登記理由為「亡曾祖父潘庶賢繼承人」。

此一史料除了說明建物仍舊延續清代土地建物的傳承外，亦可作為新埔潘屋或為潘庶賢時期所創建之例證。尤其，這些土地建物根據新埔地政事務所的資料皆為多人共同擁有之「共業」，初次辦理保存登記的時間為「大正 8 年（1919）」，其後土地雖在大房、二房間隨著家族成員

---

25 引自《新竹縣采訪冊》，卷五/碑碣(下)/竹北堡碑碣/重建新埔文昌祠碑，頁247。

26 引自《新竹縣采訪冊》，卷二/倉廒(社倉附)，頁67。《新竹縣制度考》義倉穀石，頁90。

27 引自林柏燕 1997《新埔鎮誌》，頁450。

演變而有所變化，然大致仍延續清代大房、二房共有的脈絡，延續迄今。

諸此種種，都揭示了一個重要的訊息，那就是新埔潘屋在進入日本時代以前，便已完成目前所見的建築格局。其可能時間，應該在潘清漢、潘澄漢兄弟二人還在世的時候最有可能，亦即 1861 年基本一堂二橫的合院格局創立以後，由於家族人口越來越多，因此陸續增建了左外橫屋、由外橫屋，最終以南側二道圍牆，於日據以前完成了潘屋建築今日的格局。

今日，新埔潘屋每年均會舉辦六次的大型祭祀活動，包含了年二十九、大年初一、元宵、掃墓、端午、中元等重要節慶。這些慶典儀式除了各房墓塚祭儀外，幾乎都是大房、二房更同進行所有儀式。

以農曆新年的除夕之日（年二十九）「請祖公文」為例，除了恭請榮陽堂上潘氏歷代始太高增祖考妣外，依序為：

> 「（1）二十三世開基顯祖考　馳封奉政太夫　諡剛烈　諱庶賢潘公，妣勤操陳太宜人。（2）二十四世祖考　誥封奉政太夫例受供生諡和惠良恭　諱榮光潘公，妣質直范宜人勤慧賴宜人。（3）二十四世祖考　誥封直太夫　諡柔樸　諱廷興潘公，妣溫良張太安人。（4）二十五世祖考族表孝友賞戴藍翎加知銜候選訓導　諡義友顯承　諱清漢潘公，妣諡慈善莊嚴彭宜人。（5）二十五世顯祖考賞戴藍翎五品銜候選分州　諡創義　諱澄漢潘公，妣靜淑曾太宜人」。

儘管進入日治中期以後，由於家族子孫繁衍眾多，又進行了幾次分家，但潘屋始終仍維持大房、二房共有的空間權力狀態，也說明 1960年分家後的新埔潘家定居的特質。

六、結語

新埔地區的開墾，可追溯自乾隆年間竹塹社土目衛阿貴、錢子白率族人由新社遷居入墾開始，當時稱作「吧哩嘓」。乾隆中期以後，新埔地區廣大的荒埔地，吸引了無數來臺避難的粵民在此落腳，他們大多來

自廣東惠州、嘉慶州、潮州等地,這些移民相偕進入後便在這充滿生氣的「新埔」,展開了新的生活。

經過百餘年的辛苦奮鬥,咸豐 11 年(1861)潘屋落成之時,新埔街上許多的紳商透過新宅邸及家廟的營造展現社會地位,同一時間出現的還有咸豐 10 年(1860)范氏家廟、同治 6 年(1867)劉家祠、同治 9 年(1870)張氏家廟、同治 10 年(1871)陳家祠等。就在這短短的十年間,新埔街出現了一波新興的營建風潮,完全反映出新埔街商貿活絡的景氣現象。其中,由單一家族出資營造的以陳朝綱的陳家、張雲龍的張家二個案例,可與潘家相論。

同治年間的陳家,經過二代的耕耘,以購買、承租、交換方式逐步取得大量土地資本,使得陳家來到了事業的全盛時期。陳朝綱與其他鄉紳捐納出身一樣,陸續取得監生、貢生資格。戴潮春動亂發生以後,剛過而立之年的陳朝綱更以客籍義首身分,協帶鄉勇參與了平亂戰役,清廷還因此軍功授予他欽賜花翎選用分州加同知銜。

此後數十年間,陳朝綱與官府及其他墾首一起合作,除了協助平定匪亂外,還以武裝鄉勇開墾苗栗內山地區。另外,他還參與了臺北府城築造、接手鹹菜甕(關西)撫墾事務、劉銘傳清賦工作、鐵路營造等工事,還因此獲頒四品朝議大夫,其他如祭祀嘗會、神明會、義渡義倉興辦及廟宇修建等。陳朝綱憑藉著過人的才能與膽識,加上與清廷良好的關係,促使陳家在樟腦、茶葉事業的經營上獲得源源的助益,最終成為清末新埔地區最重要的家族。

而張雲龍的家族則是率先在新埔墾耕為生的少數漢人之一,由於進入的時間尚處開發階段,張家也成為粵籍移民墾拓新埔的成功先例之一,至嘉慶、道光年間,張家已經是富甲一方的豪商。

同治年間的張雲龍以製油販售為業,同時還兼營米穀、豬商雜貨事業。與其他鄉紳一樣,他亦透過捐納取得監生、貢生資格,良好的政商關係使得張家的事業逐步發展。咸豐、同治年間以後,張家鋪號已經是新埔地區最著名的商號之一。由於張雲龍才識超群、樂善好施,像是捐銀建廟、修築圳路等地方事務,經常可以見到他的身影,最出名的事蹟,

該屬同治年間張雲龍帶領客家鄉勇參與了平定戴潮春叛亂戰役，事後還因此獲賞藍翎州同官銜，大大提升個人的聲望與地位。

　　總結而論，新埔地區的各大家族，積極從事商務活動之餘，也同時發展土地墾拓事業。不同於陳家（陳朝綱）、張家（張雲龍）等家族事業發展的豪強脈絡，清代新埔潘家的事業發展，展現出更多經商致富的富紳特色，這也替日治時代潘家政治轉型與發展，打下了無比堅實的基礎。

在地的百年建築教育：記工業講習所木工科的成立

一、緣起：日本治臺初期的實業教育

　　一百年前八月底的一晚，由沖繩南部、石垣島一路朝西北方向而來的颱風於北臺灣登陸，超大的豪雨使得全臺各地水害嚴重，聯通南北的縱貫線鐵路設施，也因為土石流失、嚴重受損，原訂幾天後舉行的第一屆總督府工業講習所開學典禮，在交通阻斷、學生無法順利抵達，加上校舍受損的情況下而取消，然而幾天後學生陸續抵達，並開始上課，真正屬於在地臺灣人的建築教育也由此展開。[1]

　　工業講習所剛成立時的全名為「臺灣總督府民政局學務部附屬工業講習所」，明治45年（1912）年7月創立時，恰逢日人治臺後漸趨穩定的工業建設階段，對於改善當時產業環境的呼籲不斷出現，以日常生活工業發展為主的議題，也逐漸受到統治者的關切，為了促進此類工業、產業的發展，臺灣工業教育政策也出現在教育政策的議題中。

　　事實上，這樣的呼籲早在十年前便已出現。領臺初期，總督府殖產局便有成立農藝、林業、商業，甚至工業等實業學校的提議，他們認為林業學校的設立將有助於熱帶風土植物的研究，而基礎商業人才的培養，將對臺灣於東洋商業中心角色的確立有直接助益：

> 「……臺灣島中所需要的產業，不僅只農業而已。例如自林業的角度看，臺灣有一種特別特殊的植物，其繁殖的過程與反應都與其他植物不同；因此，若至臺島各地搜尋研究名花珍木，勢必會找到至今不為世界所知的植物。如果在臺島不進行此種研究，只墨守成規行事，他日若對外條約修改，西洋人大舉來臺島進行風土植物等研究時，日本便錯失先機，落為笑柄，實為遺憾至極之事。……如上所述，不論是林業、工業、抑或是農業商業，從各

1 引自1912年9月2日〈工業所暫緩開課〉《臺灣日日新報》，第3版。

界的立場而論，都需要專業的學校；因此，實業學校不得不設立之事，可說是無可置疑的事實。」[2]

在此風潮趨勢下，成立類似於日本「徒弟學校」教育機構的共識逐漸形成。[3]於是乎，不同於以往由學務部主導的基礎教育系統，轉由「殖產局」另行成立紡織、竹製品業、造紙業等產業講習所，以教導在地臺灣子弟各種生活工業技術與知識，最先付諸執行的，便是 1900 年「農事試驗場」開始的講習生傳習課程，隨後並陸續開設了糖業、林業等講習課程的實施。[4]

在這之後，各種產業講習所陸續成立，1905 年臨時臺灣糖務局於臺南大目降設置「糖業講習所」，招收首批糖業講習生。[5]到了 1909 年間，殖產局為了進一步鼓勵家庭生活工業的發展，除了在臺北、臺中、嘉義等地成立竹器改良工廠，以增進竹製品的生產外，也成立了「竹細工練習所」，有計畫的培養及訓練竹細工學徒。[6]

恰如 1912 年民政長官於工業講習所確定成立後發表的宣示所言：

> 「本島人習慣，聞甚厭於勞働，但為國民者，凡生活上必要有實際之智識技能，宜努力留意於此，養成其好作勞動之習慣。本官以國利民福，為指導之目的，常鑑外國之施行空理、空談教育，致經失敗之先例，自昨年以來，我總督府或於教員講習會科目中，選定手工及農業，為實業的教科，又本年更設置工業講習所，以受各種實業，現方法俱各斟酌考究，無非於本方面，進為計畫之一端也。」[7]

日人重視臺灣人各種實業教育的發展，其出發點顯然仍不出日人治

---

[2] 引自 1898 年 2 月 4 日〈實業學校設置の議〉《臺灣日日新報》，第 2 版。

[3] 另可參 1909 年 4 月 25 日〈徒弟學校（臺北廳の設立計畫）〉《臺灣日日新報》，第 3 版。

[4] 引自 1900 年 5 月 3 日，「臺北縣農事試驗場規程」（縣令第 5 號）公布。1905 年 9 月 29 日「臨時臺灣糖務局糖業講習生養成規程」（訓令第 247 號）公布。1909 年 1 月 17 日「臺灣總督府林業講習規程」（訓令第 2 號）公布。

[5] 引自 1905 年 2 月 1 日〈臨時臺灣糖務局糖業講習所設置ノ件〉，臺灣總督府報《告示》，1681a 期，004 件，頁 2。1905 年 2 月 1 日〈糖業講習所設置〉《臺灣日日新報》，第 2 版。

[6] 引自 1909 年 12 月 26 日〈改良竹細工近狀〉《臺灣日日新報》，第 3 版。

[7] 引自 1912 年 7 月 20 日〈長官訓示〉《臺灣日日新報》，第 5 版。

臺的低階工業勞力需求，當時高級技術工匠數量極少，統治者因此認為
尚不需要設立高等工業學校，僅中學程度的工業學校即可：

> 「……聞某士語曰：在本島之需諸種技術者工匠，現今可勿論，
> 將來隨各項產業之發達，所需益多，為養成之，而設立工業學校，
> 頗得機宜，故今本島之情狀，不問為官廳抑民間，所謂高級之技
> 術者工匠，極為小數，當此之時，故不須設高等工業學校，然當
> 局所計畫者，想亦準內地中學程度而設立者也！」[8]

　　儘管多少是基於對臺灣人固有習慣與智識的鄙視而來，但不可諱言
的，實業教育學校的出現，確實是日本統治者於推行日本國語養成教育
外，最為突出的教育政策表現。

二、工業講習所木工科的成立

　　臺灣總督府工業講習所設置計畫確定以後，1909 年底臺灣總督府
先行邀請時任名古屋高等工業學校（今名古屋工業大學前身）首任校長
土井助三郎來臺進行「工業教育實施調查」，進行工業學校設校的先期
準備評估。[9]同一時間，總督府也委派民政部學務部隈本繁吉部長，親
自前往東京向學務局及交部省，進行協議爭取設校經費的補助。然而事
與願違，1910 年所提預算經費遭到大幅刪除，設立之事可說一波三折。[10]

　　不過，歷史性的一刻終究還是到來，1912 年 7 月 5 日，總督府「民政
部學務部附屬工業講習所規程」以訓令第 153 號發布，「工業講習所」也
因而正式成立，全名為「臺灣總督府民政部學務部附屬工業講習所」。[11]同
日，告示第 100 號發布了「生徒養成規程」，屬於臺灣人的工業教育也
自此展開，成為總督府學務部四所直轄學校中，除中學校（臺北、臺中、

---

8 引自 1910〈工業學校將設〉《臺灣教育會雜誌》第 105 號，頁 21。

9 引自 1909 年 12 月 11 日〈土井助三郎氏〉《臺灣日日新報》，第 2 版。

10 引自 1911 年 12 月 19 日〈工業講習所設置の議〉《臺灣日日新報》，第 2 版。

11 引自 1912 年 7 月 5 日《臺灣總督府報》訓令「民政部學務部附屬工業講習所規程」，第 3560a
　　期，001 件，頁 1。1912 年 9 月 26 日民學第 146 號〈臺灣總督府民政部學務部附屬工業講
　　習所所長職務規程〉。1919 年 10 月《臺灣公立臺北工業學校一覽表》。

臺南）、高等女學校、臺北國語學校等中學程度學制外，唯一的實業學校。[12]

剛成立的講習所，與臺北農業講習所一樣，屬於「乙種」實業教育訓練（初級實業教育）學制，以培養臺灣各地子弟為對象，給予職工訓練。成立之初，共設置「木、金、電」三科，後來才改名為「建築、機械、電氣」三科。木工科又分為「木工」、「家具」二分科，其它則是鑄工、鍛工、精鍛、板金工、電工五分科。[13]

日治初期，隨著來臺日人不斷的增加，供應大批日人居住使用的官舍、住宅、社宅，也成了日治初期各地經常見到的營造工事，因而產生了基層木工工匠的需求。根據「工業講習所入學須知」所載，木工分科「係授以建築家屋、製造雜物之技能及智識，而養成木工。故製圖設計等項，使之時地練習者固勿待言，即家屋建築法亦教之，使之實地作業。」[14] 亦即，「木工分科」為養成建築木造家屋的木匠訓練課程，專門傳授營造、伐木的技藝和智識；而「家具分科」則訓練學生成為家具製作工手，負責製造桌椅、戶棚（櫃子）、簞笥（竹櫃）、火鉢（木製暖爐）等生活日用品及室內裝飾品。[15]

講習所修業年限為三年，按照當年入學的資格規定，學生必需是公

---

[12] 1902 年臺灣總督府於國語學校內設置鐵道及電信二科，招收國語學科第三學年中對於鐵道運輸及電氣通訊有興趣的學生，鐵道科修習科目有修身、國語、英語、運轉、信號、電氣通信、調查驛務，電器科科目則有修身、國語、英語、線字通信、音響通信、電信法規、電信電話大意等，為日治時期臺灣實業教育最早起源。至 1902 年時制度進一步變更，於國語學校附屬學校設置師範、中學、國語、實業四部。其中實業部包括農業科、電信科、鐵道科等，招收 17 至 24 歲公學校畢業，並為國語部修習第二年完畢的臺灣學生，農業科修業二年，科目有修身、國語、數學、物理、化學、博物、耕種、養畜、農產製造、農業經濟、農業實習、體操。電信科修業一年，科目有修身、國語、英語、數學、電信電話、體操。鐵道科修業一年，科目有修身、國語、英語、數學、運輸、體操等。引自 1900 年 10 月 26 日〈國語學校鐵道、電信科假規程〉《臺灣總督府報》，府報第 847a 號，「彙報(學事)」。1902 年 7 月 6 日〈修正明治二十九年以府令第三十八號公布之臺灣總督府國語學校規則〉《臺灣總督府報》府令第 52 號。

[13] 引自 1912 年 7 月 5 日〈工業講習所規程〉《臺灣日日新報》，第 2 版。

[14] 而家具分科的任務則是：本分科係養成製造好款堅固之椅棹、箱櫥及其他日用雜器，並室內裝飾品，家具有西洋家具及日本家具，各以意匠、圖案、著色、塗料為緊要，故此亦教之。引自 1912《臺灣教育會雜誌》「通信彙報篇」，頁 15-16。

[15] 引自 1912 年 7 月 8 日〈工業講習所概要〉《臺灣日日新報》，第 2 版。

學校畢業學歷，年齡為 14 歲以上、20 歲以下，才符合資格。考試科目有國語（日語）、算數、圖畫三科。除了學力檢定、品性必須端正外，身體檢查也必須合格方可入學，考量到入學後將機械操作時將產生極大的危險，因此視力、聽力的檢查，便是體格檢查中最嚴格的項目，如果是體力衰弱、身材矮小、視聽力不合格的學生，都會遭到淘汰。[16]

　　課程分面分成「共同科目」及「專業科目」。前者有修身、圖書、國語、數學、理科、英語等。其中修身最受重視，課程中講授倫理道德以涵養學生德行，養成他日成為一名模範勞工的基礎。[17]課程每日由上午八點開始至下午五點下課，午餐後休息一小時。除了休息時間外，平均一週授課達 42 小時，有時因為特殊專業訓練需要，需上至 58 小時之久，幾乎是普通學校的兩倍之多。[18]

　　尤其，各分科訓練都以職工實務訓練、工廠實習為目標，非常強調工廠實作技能的操作，學生並與業界工廠密切配合，很像是今日的產學合作，等到學生畢業以後，便可直接到實習的工廠繼續服務。至於各分科專業科目則都不相同，譬如木工科特別重視「木工法」與「建築製圖」，學生在工廠中使用日本生產的鉋、鋸等工具，製作比例尺為 1/3 的日本造家屋建築模型，以及大工（木匠）專用的道具箱等。實習過程中，老師陪伴學生進行實作，學生們也自然的對自己的專業產生興趣，進而提升自己的專業能力。[19]

---

[16] 引自 1912 年 7 月 8 日〈工業講習所概要〉《臺灣日日新報》，第 2 版。

[17] 引自 1912 年 7 月 8 日〈工業講習所概要〉《臺灣日日新報》，第 2 版。

[18] 引自 1913 年 3 月 27 日、28 日、30 日〈工業講習所を觀る（一）、（二）、（三）〉《臺灣日日新報》，第 4 版。

[19] 引自 1913 年 3 月 27 日、28 日、30 日〈工業講習所を觀る（一）、（二）、（三）〉《臺灣日日新報》，第 4 版。

木工實習現場
出處：臺北科技大學

　　這樣的特色，最後便表現於講習所校舍都由教員與學生自行建造的成果之上。根據第一任專任所長矢口玉五郎的說法，講習所初期的校舍，大都由教員與學生自行設計、建造而成，家具分科同學負責製作各式家具，金工科同學則製作床架，全都是由學生自行施工完成。[20]例如1916 年落成的自修室、炊事場增築工程，其設計者便是當時的木工科老師，時任民政部土木局技手的永島文太郎。

　　值得一提的是，由於工業講習所課程屬性與其他中等學校不同，學生實習材料的花費極多，這對貧困的臺灣學生而言，經濟顯得相當困難。為了解決這個問題，1913 年於工業講習所內成立了產業界常常見到的「工藝獎勵會」。[21]獎勵會會員，由所有講習所學生擔任，校長則擔任會長，並由所有教職員中推舉委員，提供贊助者則以名譽委員稱之，以其贊助金充作獎勵會運作的經費基礎。

---

[20] 引自《臺灣旅行記(三)》/教育，頁 91-92。
[21] 引自 1909 年 3 月 21 日〈工業獎勵方針〉《臺灣日日新報》，第 3 版。

工業講習所學生參加教育展覽會的作品
出處：1915 臺灣教育會雜誌第 159 號

工業講習所時期學生作品模型
出處：臺北科技大學

　　自工藝獎勵會設立以後，學校便開始接受校外各種工藝品、生活器物的定製，包含機具、火爐、家具、木器、鑄工、鍛工、電工及其他銅板細工等作品都包含在內，不過考量學生都還是練習生階段，因此定價稍低於當時業界的售價，因此經常引起社會大眾的關心與重視。[22]

　　「最近，我們也收到了芳釀舍的訂單，內容是一棟八十六坪的機關室，木工科的學生們正每日趕工著。我們接的訂單內容，大的例如建築、幫浦、機械等，小的例如書桌、掛架、文具盒、洗臉盆等等都有。若本所能夠與小公學校合作，於本所學生的實習中製作小公學校用品（鐮刀、鐵鍬、澆花器等等，不過如果數量多的話，必須稍待幾日）的話，我想，不只可以互相創造經濟上的利益，更可以促進本所學生們與母校公學校之間的聯絡。我們另外也非常歡迎金杯、銀杯等藝術品的訂單，望您還能多多利用」。[23]

　　每逢學務部舉辦展覽或工業展時，按例都會陳列木工、金工等學生作品，現場進行販賣，有時還會召開鑑賞會，學生作品若是工藝精良則授與獎賞等活動。[24]由於各界反應熱烈，有時作品還會貼上已經販售完畢的小貼紙。[25]

---

[22] 引自 1913 年 12 月 5 日〈工藝獎勵會〉《臺灣日日新報》，第 4 版。
[23] 引自 1914 年〈工業講習所通信　鈴木生〉《臺灣教育》，第 145 期，頁 34-35。
[24] 引自 1915 年 6 月 16 日〈目覺しき紀念事業　學務部の計畫〉《臺灣日日新報》，第 7 版。
[25] 引自 1920 年 6 月 29 日〈工業展覽賣品〉《臺灣日日新報》，第 5 版。

其實，講習所設立期間還發生了不少爭議。按原定計畫，開校前期預定將開設測量科、製圖科、木工及石工科、金工科、電工科等五科，後來礙於經費問題，僅開設了木、金、電三科而已。[26]而學生入學以後，校內還曾為了究竟是「工廠」本位、或是「學生」本位為主的教學主軸，引發爭論及困擾，由於兩者目的各不相同，互有衝突，因此引起了學校教學與工廠實習間很大的爭論。

還有，新設立的學校到底稱作「工業練習所」，還是「工業學校」？[27]成立後的主管機關將隸屬於拓殖局，還是學務局？也都曾引發了許多爭議。按照日本的慣例，凡是文部省（即教育部）所設立者都稱為「學校」，其餘則統稱為「講習所」，以臺灣各類產業講習所為例，隸屬機關於1912年工業講習所創設以前依例都應該是「殖產局」。按這樣推論，由學務部管轄工業講習所一事，確實說明了工業講習所獨具的學校特質。

三、木工科的首批教員

根據1912年設立時的官制規定，工業講習所創設初期並未專門聘任專職的教師與職員，包括所長及各教員在內，都是由總督府其他相關單位來支援。以講習所的首任所長為例，便是由當時掌管臺灣教育的最高長官—學務部隈本繁吉部長兼任，時間長達二年之久，直到1914年講習所改制為「臺灣總督府工業講習所」，才由新聘的專任所長矢口玉五郎接任。[28]

---

[26] 引自1911年3月14日〈工業講習所と學科〉《臺灣日日新報》，第2版。1910〈籌設工業學校後聞〉《臺灣教育會雜誌》第96號，頁20。

[27] 例如工業講習所成立前，一篇以「工業學校名稱」為題的討論即指出：「本島將設置之工業學校，其豫算案既欲提出於本期議會，其校名諒係稱為工業練習所，而不稱工業學校，又管理該校，將屬於拓殖局與？亦學務局與？現尚未之，然不久當能決定，又該校工費豫算，係十五萬圓，自本年度，向後三個年，間攤之五萬圓，在本年度，唯購土地家屋等，授業開始，則在明年度云」。引自1911年〈工業學校名稱〉《臺灣教育會雜誌》第106號，頁20。

[28] 引自1913年3月27日、28日、30日〈工業講習所を觀る（一）、（二）、（三）〉《臺灣日日新報》，第4版。

　　講習所的第一批教員，主要由總督府國語學校（今臺北市立教育大學前身）教員支援校務行政與基礎學科的授課，如國語、修身、數學、物理、化學、用器畫、自在畫等。又配合木工科、金工及電工科兩科實習課程授課需要，由總督府協調鐵道部及土木局職員兼任講習所學生所需的專業技術授課任務。

　　根據 1912 年 12 月 1 日臺灣總督府獎勵各兼任諸員的名冊，首批教師包括國語學校支援的友松寅次郎書記（會計）、大和田胤修書記（庶務）、杉本重治助教（理科）、高橋精一助教授（自在畫）；土木課有神田元壽技手（木工法）、鐵道部長沼淺造技手（鑄工法），以及市川清醫師（醫務）等人。[29]而隔年（1913 年），新增加了土木課技手永島文太郎（木工法）、鐵道部長屋富吉技手（鑄工法）、岩澤潔技手（金工法）、崛內清技手（金工法），以及作業所根岸金次郎技手（電氣工學）等人。[30]

　　這些由國語學校、鐵道部及土木局支援的教員，大多服務到 1914 年 6 月 1 日新一批專任技手、書技出現為止，原有專任教員嚴重不足的窘境才稍告一段落，當時實習教員增加為 9 位，分別是木工分科 2 名、家具分科 1 名、鍛工分科 1 名、鑄工分科 1 名、鈑金工分科 1 名、電工分科 1 名、組織分科 2 名，因此使得學校內「課程實習，略有齊備云」。[31]

　　以木工科為例，負責教授「自在畫（即徒手繪）」課程的高橋精一，原來便是國語學校的助教授。高橋精通洋畫，曾出版五卷《自在畫臨本》及《日本蛇類大觀》。來臺二十餘年間幾乎都在從事圖畫教育工作，除了國語學校、講習所外，中學校、高等女學校、醫學專門學校、淡水中學、淡水女學校、高等學校等，也都曾有他的足跡，可謂育才無數，離開教職以後，還曾到大稻埕迪化街開設麗光洋畫館（畫像館）。[32]

---

29 引自 1912 年 12 月 1 日〈囑託杉本重治外五名工業講習所創設ニ關スル賞與〉，臺灣總督府公文類纂，冊號：2074，文號：62。

30 引自 1913 年 12 月 1 日〈囑託友松寅次郎外十名賞與、工業講習所〉，臺灣總督府公文類纂，冊號：2202，文號：75。

31 引自 1914 年 9 月 24 日〈矢口工業講習所技師〉《臺灣日日新報》，第 2 版。

32 引自 1909 年 10 月 9 日〈學事彙報　自在畫臨本の新作〉《臺灣日日新報》，第 2 版。1926

　　為了配合木工科、金工、電工科等專業課程的需要，講習所協調了鐵道部、土木部委派專人兼任工廠實習等技術授課任務，譬如鐵道部支援的長屋富吉（鑄工法）、岩澤潔（金工法）、崛內清（金工法）三位技手，他們共通的特色，都是鐵道部新進的技手。而支援木工科的兩位教員—神田元壽、永島文太郎也一樣，他們都是剛到土木課不久的菜鳥技手，進入講習所兼任教職後，都擔任木匠最基本的課程：「木工法」的授課工作。這兩位北工建築的元老教員，後來都同樣成為地方政府的頂級技師兼營繕課長。

　　神田元壽（1884-1929）原來是東京府豐多摩郡人，1905 年福岡縣立工業學校建築科（今福岡県立福岡工業高等学校）畢業後，曾於大倉土木組、工兵營繕單位及警視廳工作，1911 年來臺後出任總督府技手在營繕課工作。1912 年 7 月 7 日便被委派至講習所兼任教職，此時正是工業講習所成立的時間。神田元壽在木工科兼任的時間並不久，1914 年講習所改制後，由於聘任了多位的專任教師，神田老師於 6 月離開了工業講習所，回到總督府任職。1917 年擔任民政部通信局兼土木局職務，1924 年進入總督官房會計課，1926 年再榮昇為新竹州土木課技師（臺灣總督府地方技師、臺灣土木技師），並擔任州屬營繕係長，代表作品有新竹州商品陳列館（1929 落成），可惜英年早逝（1929 年 12 月），以其名留世的作品並不多見。[33]

　　　年 6 月 4 日〈開設麗光洋畫館〉《臺灣日日新報》，第 4 版。

[33] 引自《新竹大觀》，頁 122。1926 年 8 月 1 日〈府技手神田元壽任府地方技師、任土木技師、勤務、補職〉，臺灣總督府公文類纂，冊號：4049，文號：53。

神田元壽　　　　　　　　　　　　新竹州商品陳列館

　　木工科另外一位教師則是陪伴講習所長達八年的永島文太郎，幾乎是工業講習所時期的終身教師。永島為福岡縣宗像郡人，與神田老師一樣，都是福岡縣立福岡工業學校建築科的畢業生。1907 年畢業後的永島除了在私人部門從事建築工事監督外，還曾在 1911 年到「福岡工業徒弟學校」新成立的「木工科」擔任實習講師一職，這也是一所以訓練木工必須知識技能，養成良好職工為目的學校[34]。或許正是這樣的緣分，使得他在工業講習所一待便是八年，也成了講習所木工科（建築科）的元老教師。

永島文太郎　　　　　　　　　　　　中央卸賣市場

---

[34] 永島文太郎畢業後曾擔任福岡縣伯爵立花宅監督助手（明治 40 年 10 月 8 日～43 年 2 月 10
　　日）。引自 1927 年 8 月 1 日〈永島文太郎任府技師、俸給、勤務、免本官〉。臺灣總督府
　　公文類纂，冊號：10048，文號：68。

永島文太郎於 1912 年 3 月來臺，先於臺灣瓦斯株氏會社擔任建築工業監督，此時離講習所成立不到半年的時間。他在 8 月進入臺灣總督府，擔任民政部土木局營繕課囑託，負責營繕事務工作。[35]大正 2 年（1913）1 月 24 日，就在講習所開學後不久，永島受命接受民政部學務部的職務，前往工業講習所擔任講師，負責「製圖」教務工作。永島於 1912 年 3 月 31 日，成為總督府技手，擔任土木局營繕課勤務，[36]這位最資淺的菜鳥，顯然一踏入土木科後便被委派到講習所擔任教師的工作，在他兼任期間一直負責木工法及製圖教學的工作，直到 1919 年 3 月講習所改制為工業學校以後才離開講習所。

永島文太郎於 1922 年曾至中國汕頭負責日本領事館工事，1924 年擔任臺北醫院新築工事工事主任，1927 年昇任總督府技師，敘高等官七等，隨即轉任臺北市營繕課長直到戰後。[37]他的代表作品以市府營繕課長時期為代表，像是 1929 年中央卸賣市場、1935 植物園、動物園、1938 年圓山兒童遊園地等，其中又以臺北公會堂最受到建築界的矚目。

臺北公會堂的興建提議，早於 1921 年間市協議會即有呼籲出現，初期計畫時係與市廳舍（臺北市役所，1940 年落成，即今行政院大樓）一起興建於當時的三線路旁（今中華路），為 1928 年御大典紀念博覽會事業之一。公會堂的原設計者為地方市營繕課長永島技師，初期設計的公會堂位於文武町，面朝三線路（面西），北以市廳舍緊鄰著南署（今城中分局）。公會堂建築形式為三層的近代式樣式，地下室為倉庫、一樓為 1000 人的大食堂、二三樓為可以容納 1500 人的大會堂。

至 1930 年時的公會堂設計，改為四樓磚造建築，面積增為 2862 坪，一樓為與民眾生活相關的食堂、娛樂室、照相室、大廣間等，二樓則是可以容納二千人的大食堂及集會室，而具有上、下層的大禮堂則位在三、四樓。市廳舍也由市長決定遷移至他處興建（最後移至今行政院位置）。

---

[35] 引自 1912 年 9 月 1 日〈永島文太郎營繕二關スル事務囑託〉，臺灣總督府公文類纂，冊號：2070，文號：2。

[36] 同上引。

[37] 引自《臺灣人士鑑》，頁 305。

只是好景不常，由於基地嚴重不敷使用，因此擬移至北段的日人治臺最重要史跡舊總督府廳舍（即今日位於植物園的行臺建築）位置。由於舊廳舍建築如何保存？如何遷移？在當時曾引起社會各界的討論，加上公會堂預算與興建規模不斷變更（例如容納人數一度擴增至 2500人），後來竟然成了一宗「懸案」，拖延許多的時間，也因而經歷了幾次變更設計的過程。最終不僅讓市廳舍遷移至今址興建，也使得變更為中央的營繕課長井手薰。

至 1932 年時，設計者已改為總督府營繕課長井手薰。同年 8 月，公會堂的設計圖終於確定，並由市長、市土木課、營繕課、庶務課等市級首長正式舉辦公開說明會以提供與會者及各界批評。該說明會便是由永島文太郎課長負責簡報並回答問題，當時的設計與今日所見以大致相似，大門背向三線路，現代式四樓建築，因地盤關係取消原有的地下室，一樓 1220 坪、二樓 845 坪、三樓 605 坪、四樓 231 坪，總坪數為 3028坪，比原有的設計多了二百坪左右。東西長 62 間，二樓大食堂（270）可容納二千人、一樓為大會堂，舞臺前面觀眾席為可容納 1200 人，其上部二、三、四層觀眾席可容納 1770 人，三樓另有繪畫展覽會場及許多小間，二樓設有貴賓室，設有電梯以供上下樓，經費預估為六十萬圓，另有冷房換氣設備。

儘管設計者改由總督府營繕課長井手薰擔任（臺北公會堂亦成為井手薰的代表建築作品），然而公會堂的施工，還是由永島文太郎擔任工事監督主任，這應該是後來的工業學校建築科同學經常以公會堂作為校外實習階段最重要的參觀案例之來由。也許是講習所的元老教師關係，導致了講習所畢業生與實務界緊密的關連，永島的作品經常由講習所學生負責興建，例如木工科第一屆畢業生林提灶所開設的協志商會，便負責了老師所設計的臺北市役所廳舍、臺北市自動車課事務室及車庫等建築的營造工事。

這些國語學校、鐵道部及土木局支援的教員，由於本身都有職務之故，為免妨礙正常工作，因此多於放假日（星期天）到校授課，不過也因此造成了教師與學生極大的困擾。1914 年新官制頒佈，允許講習所

聘任專任教師、職員,講習所隨即聘任了包括東京高等師範學校出身的所長矢口矢口玉五郎以及多位專任技手、書技教員,也才稍稍彌補了設立初期教員不足的窘境。[38]

四、木工科第一屆建築畢業生

工業講習所首次考試,於 1912 年 8 月 20 日分別在臺北、臺中、臺南三個考場舉行入學考試,報名參加人數遠超過總督當局的預期,原本預估約三百人左右,最後卻有 424 名考生參與應試,競爭相當激烈。[39]此現象正說明了當時臺灣各地工業漸次發展(1908 年縱貫線鐵路通車),因此儘管講習所為自費入學,卻也吸引了許多的臺灣子弟應試。

這批應試學生,以臺中、臺北兩地最多,大多數的同學都是想要繼承家業、學習新的技術,而不是想要轉職或是開創新業。[40]最後錄取木工科 22 人,內有木工分科 14 人,家具分科 8 人。其中,第一批臺灣本土建築的「木工分科」學生,分別是賴秀實(枋橋)、林煋灶(艋舺)、劉坤厚(枋橋)、簡滄浪(葫蘆墩)、李福(大稻埕)、廖允寬(葫蘆墩)、江漢水(桃園)、章甲王(新竹)、俞石獅(大稻埕)、宋麟祥(月眉)、林俊卿(大龍峒)、傅榮欽(葫蘆墩)、魏錫清(臺中)、黃榮蒼(臺中)等人。[41]

---

[38] 1914 年講習所聘請了東京高等師範學校出身的矢口為所長,以及專任技手瀧波惣之進、川田高之助等人。另外,河合鐵太郎技手則由總督府轉任,府屬鈴木豐次郎擔任書記。其中,後來擔任校長長達十餘年的瀧波惣之進,為東京高等工業學校應用化學科畢業,由東洋製糖會社車路墘工場技師轉任,也成為講習所首位招聘技手,負責理化、數學、英語等課程授課工作。引自 1914 年 12 月 14 日〈講習所教員招聘〉《臺灣日日新報》,第 5 版。

[39] 第二年度於臺北考試者,為臺北、宜蘭、桃園、臺東、花蓮港,於臺中考試者為新竹、臺中、南投,於臺南考試者為嘉義、臺南、阿猴、澎湖,考試科目有國語、算數、圖畫,攜帶筆墨硯鉛筆,以及乾糧。採自 1913 年 4 月 20 日〈工業所招生之續報〉《臺灣日日新報》,第 5 版。考場除了臺北工業講習所外,臺中為公學校,臺南為臺南第二公學校。引自 1913 年 5 月 22 日〈工講の入學試驗〉《臺灣日日新報》,第 2 版。第三年度考場增加,分別有新竹、臺中、南投、嘉義、臺南、阿猴、澎湖舉行。算數、國語、圖畫外,另加口試及身體檢查。引自 1914 年 5 月 31 日〈工業入所試驗〉《臺灣日日新報》,第 5 版。

[40] 引自 1912 年 8 月 18 日〈工業講習所應募成績〉《臺灣日日新報》,第 1 版。

[41] 引自 1912 年 8 月 18 日〈工業講習所應募成績〉《臺灣日日新報》,第 1 版。1912 年 8 月

　　儘管全臺報名人數眾多，但錄取木工分科的學生全都是臺中以北地區的臺灣小孩，其中又以臺北市最多。這批學生於 1915 年 7 月 7 日上午九點舉行第一屆畢業典禮，此時的木工科已更名為「土木建築科」，首屆學生順利畢業的共有 11 人，還有一位則是隔年才畢業。[42]第一批的木工科學生，後來都成為臺灣建築界最重要的本土建築人才。

　　譬如戶籍為艋舺的林煜灶（後改名林尚志），便是今日大同公司前身大同鐵工所的創辦人，也是林挺生的父親。林煜灶於工業講習所畢業後，先後在日人營造廠高石組、矢部組從事土木建築營造工作，餐與了許多陸軍的新建工事。1919 年，在取得矢部米吉支持下，林煜灶與工業講習所時期同窗好友，一起合資成立了專門經營土木建築營造工作的「協志商會」。[43]

1920 年協志商會成立時的《臺灣日日新報》報導

　　1939 年，為了確保五金建築材料供應無虞，於是進一步成立了大同鐵工所（位於宮前町，又名協志鐵工廠，即大同公司的前身）同時也開始跨足馬達設備生產工作。1950 年，協志商會正式改名為「大同林業營造公司」，擴大經營項目，除了本行土木建築營造及工程設計外，又涉足造林、砍伐製材加工業等。

　　林煜灶一生經歷豐富，日治時代曾任臺北商工會議所議員（副會

　　　29 日〈工業講習所入學生〉《臺灣日日新報》，第 2 版。

[42] 引自 1915 年 7 月 1 日〈卒業式と夏休〉《臺灣日日新報》，第 6 版。1916 年 7 月 13 日〈卒業證書授與（工業講習所）〉《府報》，第 1060a 期，頁 37。

[43] 引自 1920 年 2 月 10 日〈工業生之自營〉《臺灣日日新報》，第 6 版。《大眾人士錄－外地海外篇》，頁 57。

長）、臺北市綠町區長、株式會社大同鐵工所監查役、臺灣殖產工業株式會社社長等。戰後出任營造工業同業公會理事長、土木建築同業公會理事長、臺北工業公司董事長、大豐化學工業公司董事長、臺北信用組合理事長、臺北倉庫利用合作社理事長、大同林業公司董事長、龍山信用合作社理事長等職。所屬的協志商會自成立到光復初期，總計承接了許多營造工程，多以官方如總督官房會計課、交通局道路港灣課、臺灣軍經理部、臺北州廳、新竹州廳、臺中州、基隆市役所、臺北市役所、臺灣電力株式會社、遞信部、專賣局等單位，類型含括交通、水利、建築工程都有，如鐵路、公路、橋梁、港口、機場、堤防、水壩、排水溝等；建築工程則有七星郡役所廳舍（1934）、羅東郡役所廳舍（1933）、臺北電話局（1936）、臺中醫院（1936）及臺北市役所（1920）等。[44]最有名的案例，應當是總督府舊廳舍的遷移工程，同時進行的還有永島老師設計的動物園及植物園工事。

剛興建落成的七星郡役所，出處：1934 年　　羅東郡役所，出處：1933 年《蘭陽大觀》
《七星郡要覽》

　　另一位則是 1980 年獲得母校北科大頒發畢業證書編列第一號的俞石獅。俞石獅為大稻埕人，他設計的作品有不少登上了當時的新聞報導，如板橋大觀舞臺（1934）、臺灣劇場（1934）、深丘派出所（1935）等。其中，臺灣劇場所屬建物株式會社為大稻埕富商錦記茶行陳清波主持，當年參與競標的營造商共有包含大倉組在內的日本人八組，以及由

[44] 引自《土木の人物》，頁 18。

林熄灶等七組臺灣人共同競標。作為工業學校建築科的畢業生，俞石獅是日治時期少數以建築設計師身分出現的工業生。臺灣光復以後，俞石獅曾擔任板橋鎮民代表會主席（1950），並經營協和炭業及同益炭礦（即原臺灣焦炭株式會社之板橋炭礦），承包探礦開採工程，其礦場位於土城廷寮村的板橋二坑、三坑（後來的和隆煤礦）。

　　此外，第一屆學生也有畢業後任職於各地公務機關的案例，如苗栗月眉人宋麟祥，畢業後至新竹州土木課任職，1932 年為土木課技手（月1），1935 年為土木課建築技手（五級，至 1939 年時升為四級），兼勸業課勤務。[45]1930 年母校臺北工業學校瀧波校長於全臺訪問各官署、公司、商店畢業校友，積極成立了各地校友會支部（包括屏東、高雄、臺南、嘉義、臺中、新竹、恆春、阿里山與埔里），其中新竹支部即由宋麟祥負責成立大安工業俱樂部新竹州支部。[46]臺灣光復以後，宋麟祥繼續任職於新竹市公所，1951 年為新竹市市公所技正。[47]

　　類似經歷的還有大龍峒人林俊卿，當年考上工業講習所時，與其堂伯兄林篤衷（考上醫學校）同時以「苦學有成」登上報紙。[48]林俊卿畢業後，至臺北州廳服務，州廳中的臺灣人並成立有州友團社團，以團結彼此間的情感。[49]其弟林傑卿，1918 年總督府醫學校畢業後，於今大稻埕開設「保安堂醫院」。兄弟兩人事母至孝，其母七十歲時，臺北崇聖會及崇聖道德報社曾贈呈林家節母唐太孺人「節孝風世」匾額。[50]〈林俊卿傑卿二孝子令慈唐孺人苦節行〉一詩更說明了兩人苦讀出身的艱苦經歷，可以看出當年臺灣子弟寒窗苦讀藉以出人頭地的必經之路：

---

[45] 引自 1932 年《昭和七年七月末現在新竹州下各官公署銀行會社產業組合職員錄》，頁 11。1935 年《新竹州諸官公署、諸種團體、產業組合、銀行會社職員錄》，頁 12。1939 年《新竹州下官民官公衙、學校團體、會社、組合職員錄》，頁 9。

[46] 引自 1930 年 5 月 22 日〈新竹／瀧波校長來所〉《臺灣日日新報》，第 5 版。

[47] 此一職位至 1963 年仍是。引自 1951 年 12 月 1 日〈新竹彰化屏東市公所昨日分別成立〉《聯合報》，第 5 版。1963 年 7 月 14 日〈調處火車站前廣場拓寬糾紛〉《聯合報》，第 6 版。

[48] 引自 1912 年 3 月 15 日〈苦學有成〉《臺灣日日新報》，第 5 版。

[49] 引自 1925 年 7 月 30 日〈州友會懇親會〉《臺灣日日新報》，第 n04 版。

[50] 其弟林傑卿，1918 年總督府醫學校畢業，1926 年自總督府臺北醫學專門學校畢業，後曾於臺北醫院及日本赤十字社臺灣支部病院見習，1919 年於大橋町 1-93 開設「保安堂醫院」，主治內科、小兒科。

「……孀人廿五失所夫，誓欲隨去共黃泉。隣石翁姑相慰唁，長繩放下淚如霞。翁曰家門不幸兒早歿，拖我衰顏雙白髮。孫一初生一稺齒，無父無母誰怙恃。家徒四壁儋石無，自顧靡逞況二雛。劉女自經雖云烈，不如陳婦能養姑。忽聽床頭呱呱聲，吞聲忍哭聊偷生。艱難辛苦非所計，惟願二雛克長成。荏苒二雛年漸長，臼聲書聲苦相響。二雛能體慈母心，未敢嬉遊隨朋黨。……煢煢母子徒相依，嗷嗷數口何所歸衣。食全憑纖手供，柏舟矢志永無違。卻幸二雛知自勉，埋首芸窗不釋卷。大兒早已登宦途，次兒□醫勝□扁。及身榮達何足論，感君立志報親恩……」。[51]

林俊卿光復以後曾為暫代資格核准開業之建築師，後因未於 1955 年 12 月前變更登記及通過技副之特種考試，建設廳遂正式公告中止其資格。[52]

其他的畢業生，根據目前所得資料，也幾乎都回到家鄉服務，如魏錫清回到中部彰化，曾出任員林南昌路貫通委員會委員，[53]以及員林鎮第四屆鎮民代表（新興里）。[54]黃榮蒼曾出任彰化芬園鄉農會常務理事。[55]廖允寬畢業後則回到豐原，1920 年《臺南新報》「內臺人共婚獎勵策」為題進行徵文，廖允寬獲得比賽第二獎，文章並於《臺灣教育》雜誌發表，文章提及若要改造臺灣人家庭，則須先行改造臺灣家屋建築，則可打破迷信，使得本島人變成內地人。[56]廖允寬光復初期任職於臺中豐原地區中華日報記者，專門報導相關建築營造新聞，並一度出任豐原嗟商會副主任，[57]以及豐榮農田水利會會員代表（豐原鎮）。[58]

---

[51] 引自楊嘯霞 1942 年〈林俊卿傑卿二孝子令慈唐孀人苦節行〉《興南新聞》，第 4265 號。傅錫祺另有 1942 年〈壽林俊卿、傑卿母唐太孺人七十〉一詩計仔此事，可參《鶴亭詩集(下)》，臺灣先賢詩文集彙刊(第二輯)，頁 268。

[52] 引自 1956 年 4 月 15 日〈建築師十八人 營造廠百餘家〉《聯合報》，第 4 版。

[53] 引自 1963 年 1 月 8 日〈員林南昌路即可打通，補償問題解決〉《臺灣民聲日報》。

[54] 引自 1952 年 12 月 23 日〈各地鄉鎮民代表當選者名單〉《聯合報》，第 4 版。

[55] 1950 年 5 月 14 日過逝，引自 1950 年 5 月 21 日〈黃榮蒼先生過逝〉、1950 年 5 月 21 日〈黃榮蒼逝世 彰各界表婉惜〉《臺灣民聲日報》。

[56] 引自臺灣教育會 1920《臺灣教育》，第 78 期，雜錄，頁 3。

[57] 引自 1948 年 4 月 2 日〈豐原各報記者，籌創嗟商會〉《臺灣民聲日報》。

[58] 引自 1956 年 10 月 21 日〈后里臺東兩水會昨開首次代表大會〉《聯合報》，第 6 版。

　　這些畢業生回到家鄉服務的發展，頗為符合 1914 年講習所成立初期學校對於未來畢業生的期待：

> 「本所考量到必須讓學生們畢業後，能夠馬上從事工業工作，因此將重心置於實習課程上，高年級生每週必須要有三十個小時左右的實習課。隨著這些自本所學有一技之長且勤勞務實的青年們畢業，不只他們的家庭與街坊能夠受惠，我想，更可以帶動本島人青年子弟的水準提升。本所的畢業生雖然也有被公司或工廠雇用為員工，不過，我們主要希望他們能夠歸鄉開店，如此一來，幾年過後他們便會成為社會上矚目的焦點，促進本島的經濟發展，本島的家長們也將會想要將他們的小孩送到我們認真努力的實業教育界來」。[59]

五、結論：臺灣百年建築教育開啟之時代意義

　　日本「徒弟學校規程」出現於 1894 年，係因應十九世紀末期歐美工業教育風潮所引發的職業技藝教育而來。1894 年，實業教育費國庫補助法制訂，加上清日戰爭獲勝，加速了日本產業革命的發展，也促成了實業教育的需求與思潮的產生，因此具備現代意義的工業學校便開始大量出現於日本各地。[60]

　　其實，當時日本國內多數產業仍屬傳統社會工藝技術，新興的工業教育遂以工藝學校或徒弟學校為主，結合具地方特色的工藝，以生產出服務於傳統社會的工匠職人為主。據 1886 年施行的諸學校令第三條的規定，當時的徒弟學校係屬「小學校」同級的學科及程度。因此當時常見的小學校附屬手工科及農業科、徒弟學校、女子職業學校三者，一般都被歸類於「低階實業教育」等級。[61]其中，徒弟學校被設定為配合地

---

[59] 引自 1914 年〈工業講習所通信　鈴木生〉《臺灣教育》，第 145 期，頁 34-35。

[60] 引自高田由夫 1975 年〈徒弟学校規程の成立過程についての一考察〉《研究紀要》，第 17 號，日本大學紋理學部人文科學研究所編，頁 211-227。

[61] 當時西方的實業教育類型，根據工業教育振興最知名的人物手島經一的說法，計分成高等技藝學校、中等實業學校、徒弟學校、職工夜校及女子職業學校五種。同上引，頁 212。

方工業（或產業）特色，以養成善良的職工的教育為目的，配合高等小學校的作業，並強調技術的養成。至 1890 年實施小學校令中明確規定小學校附設專修科、補習科等實業教育內容，以及小學校中陸續出現的農商工專修科，即是其發展印證之一。[62]

1895 年，東京職工學校教授平賀義美指出振興工業教育屬當務之急，小學校程度的工業從事者養成教育已不符時代需求，因此提出設置「工業中學」的呼籲，促使傳統工業的技術教育應配合工業的近代化一併轉變，具有學理基礎「良工之養成」觀念，以及兼具技術與學識的職業應用養成教育理論，遂逐漸成為日本實業教育改革的主流，最終形成以徒弟學校為主的初等技藝教育，以及職工學校、商業學校的中等技藝教育兩類發展。[63]此後，如「簡易農學校規程」、「實業補習學校規程」陸續制定，中等程度技術教育機關的學校規程陸續制定。至 1899 年時，「實業學校令」正式公布，包括工業、農業、商業、商船、水產等學校規程依次制定，代表著中等技術者養成的實業教育，以及具組織化的技術教育制度成了教育制度革新的新發展。[64]

1899 年「實業學校令」的制度，正是後來臺灣於 1900 年陸續成立實業講習所的背景環境，包括農業講習所、糖業講習所、養蠶講習所等，亦即在此規程下的徒弟學校制度反應。臺灣總督府工業講習所木工科成立於 1912 年，設立當時到底稱作「工業講習所」，還是「工業學校」？成立後的主管機關將隸屬於「拓殖局」，還是「學務局」？等議題雖曾引發爭議，然經由前述的脈絡整理，似乎可以「臺灣總督府民政局學務部附屬工業講習所」的校名予以解釋：

首先，「講習所」說明了成立之初的教育目標，應是較符合徒弟學校的教育訓練內容，與其他成立多時的農業、糖業、養蠶等性質大致相近，此在工業教育實施初期應屬合理過度。再者，講習所隸屬「學務局」

---

[62] 同上引，頁 213。

[63] 同上引，頁 213。

[64] 引自高田由夫 1962 年〈成立期における工業学校の一考察：教育内容編成の問題〉，日本教育学会大會研究發表，頁。網頁資料：
http://www.nuedu-db.on.arena.ne.jp/pdf/001/01-r-002.pdf

一事，則說明了中學程度的實業學校制度，才是總督府工業講習所成立之初所設定的短期目標，初期由隈本繁吉部長兼任所長，1914 年講習所先行改制為「臺灣總督府工業講習所」，並以新聘專任所長的矢口玉五郎接任，則是「工業學校」的第一階段轉型。至 1917 年，講習所規則修正，新設應用化學科，原有分科也改成機械科、電工科、土木建築科、家具科及金屬細工科，臺灣總督府中學程度的實業學校制度終至成形。

　　1919 年，臺灣教育令公布，因應教育令新制度及日臺共學制度的實施，工業講習所也正式改為「臺灣公立臺北工業學校」，正式改為修業年限為五年的中等教育機構，為期八年的工業講習所時期也告一段落，進入到「北工」名稱時期，那又是另一段故事了。[65]

---

[65] 引自 1912 年 9 月 26 日民學第 146 號「臺灣總督府民政部學務部附屬工業講習所所長職務規程」。及 1919 年 10 月《臺灣公立臺北工業學校一覽表》。

跨世紀的轉變：1990 年以來的臺灣建築史研究[1]

一、前言

　　有關臺灣建築史學史的討論，林會承先於 2001 年提出臺灣建築的「七個文化期及五個面向」論述概念，2004 年當臺灣建築語典開編之際，尚沿用五個面向。後於 2004 年將此概念修正為「七個文化期及七個面向」[2]，期望概括臺灣歷史上所發生的建築相關的所有人、事、地、物均被含括在內。其後經多次彙整，於 2012 年再以「臺灣建築的知識體系」重新論述，透過臺灣建築歷史書寫的歷程，除了嘗試架構臺灣建築史學史體系外，亦在提出一總覽式的回顧同時，概略檢討了近年建築史研究的侷限。

　　本文的進行，即在的「七個文化期、七個面向」討論基礎上，直接檢視近近二十餘年來，臺灣建築史學計畫與研究成果的真實面貌概觀，以最具學術代表性的兩類研究成果進行分析討論案例，包括建築學報、科技部專題研究計畫二類進行統計分析。其中，《建築學報》出刊於 1990 年 1 月，由中華民國建築學會（後更為臺灣建築學會）出版，內容以建築及其相關領域之論文為主，為臺灣建築界少數嚴謹審查的學術著作刊物，出刊以後，一直是臺灣建築學界最重要的學術性期刊發表場域。另外，科技部（前身為國科會）「專題研究計畫」則為國內補助大專院校及學術研究機構執行科學技術研究工作主要計畫，自 1991 年開始，陸

---

[1] 本文文稿曾於 2014 年臺灣史研究的回顧與展望學術研討會以〈1990 年以來臺灣建築史研究變遷與回顧〉為題發表。

[2] 林會承所提出的「臺灣建築的七個文化期及七個面向」，七個文化類型包括史前建築（ca.7,000 BP－500 BP）、南島建築（ca.7,000BP-1970s）、荷西建築（1622-1670s）、漢式建築（ca.1640s-1950s）、西式建築（1860s-）、日式建築（1895-1950s）、現代建築（1950s-）。七個面向包括風格（style）、類型（functional type）、形式與作法（form）、空間與使用（space）、營建與構造（construction）、建築事務（architectural matters）、建築人物（architectural practitioner）。

續補助國內各建築校系研究人員進行研究議題的執行，由於其為國內學術界最具指標性之研究計畫，其成果亦為檢視臺灣建築史研究發展的重要參考。

　　循此，本文即透過資料彙整及統計方法，嘗試歸納自 1990 年以來臺灣建築史研究的變化，以了解二十餘年來的研究成果與變遷，另於文末就其研究環境的轉變關聯，嘗試說明其背景淵源之可能。

二、建築學會《建築學報》（1990-2014）的分析[3]

（1）歷史理論、古蹟保存大分類比較

　　相關建築史文章可簡單區分成三類，第一類為建築「歷史」，其內容從單體建築、街市、聚落、城鎮至都市歷史變遷。第二類則是建築「理論」探討。第三類則是因應古蹟保存的需要，對建築類古蹟、歷史建築進行的研究調查成果，其中可再區分成「歷史建築」研究、遺產保存與「再利用」二分類。

　　這四類中，以「歷史」最多，計有 75 篇（48%），除了第 84 期因為建築史專輯而高達 9 篇外，二十餘年來均穩定出現，其中又以建築學報刊載初期（2-7 期）最為突出，綜觀其研究題材，中外、臺灣皆有，其中臺灣建築史研究的趨勢，前期以日式為主，漢式建築則在 1996 年才大幅出現（容後再敘）。

　　其次，理論部分亦有 29 篇（15%），內容議題有都市化、烏托邦建築、建築論述的空間概念、建築現象學、明堂、現代建築透明性、臺灣建築後現代現象、中國理水觀點、政治權力形構的空間秩序、建築構造倫理、現代環境科學、傳統民居身體觀、西方建築理論廣度及深度、埃及象形文與建築、中西建築體系比較等。

---

[3] 本文所分析的建築學報，總計自 1990 年 3 月第 1 期開始，至 2014 年 6 月第 87 期止，總計 800 篇文章刊出（含 5 次增刊），其中與建築史論研究相關者計有 155 篇，約占二成左右，以下即以這些文章進行討論。

較為特殊者，1996 年（第 18 期）以後，漸次有多篇運用工程科學
技術研討傳統建築構造、結構的專文出現，且其趨勢日漸明顯，2001
年以後漸為建築史學界論述風潮中重要的研究領域，如 1996〈傳統寺
廟大木作柱構材損壞評估〉、1998〈超音波檢測技術應用於臺灣古蹟大
木構件新料擇用之初探〉、2001〈新化鎮歷史街屋損壞調查及評估模式
探討〉、2001〈九二一集集地震磚造歷史街屋震害調查研究〉、2002〈磚
牆灰縫剪力強度及面內力作用下牆體破壞行為實驗探討〉、2004〈九二
一集集地震磚造鐵道倉庫震害經驗探討〉、2004〈運用應力波非破壞檢
測方法研判健全臺灣傳統穿斗式木接點形式之研究〉等皆是，迄 2014
年止，計有 31 篇（20%），1999 年九二一大地震對於建築史研究的影響，
顯現出跨領域的建築歷史研究，已在學界產生極大的迴響。

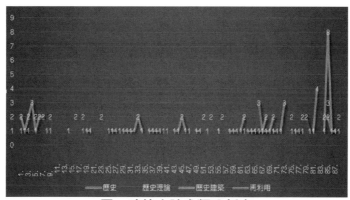

圖　建築史論分類分析表

另外，有 19 篇涉及古蹟、歷史建築、遺產的「保存與再利用」議
題的討論，包括都市保存之容積移轉、紀念場域、擴增實境與古蹟保存、
文化遺產 R.O.T.、文化遺產監測機制、城市建築保存、地域資源利用、
閒置空間再利用、遺產真實性、博物館展示、再利用與模糊德爾菲法、
遺產價值保存、古蹟委外經營決策、舊城邊緣帶空間型態及意涵、古蹟
公辦民營制度、文化景觀保存區、文化資產風險地圖等。

這些研究除了 1999〈歷史建築遷建之問題〉、2002〈從歷史街區的
重塑探討都市保存理念的實踐之道〉外，大都於 2008 年以後出現，其

內容並無法以本文前述概括的七個文化期、七個建築面向加以概括。此現象的具體意義，即建築史理論的研究，已經出現另一新類型主題，亦即，應用型的遺產保存與再利用，已經成為建築史學界的重要研究焦點。尤其，紀念場域、文化景觀、氣候變遷等最新遺產觀念，都已反映在研究的成果之上。

（2）建築文化期變遷

三十年來，文化期研究分布以臺灣地區漢式建築篇數 43 篇最多，數量其次的是其他地域建築研究（含中國、金門、馬祖、國外）則有 33 篇，日式建築有 21 篇，屬於歷史理論有 13 篇，再來則是現代建築 9 篇、西式建築 6 篇，其他南島、荷西，史前建築研究則未見到。

首先說明的是 1990 年出刊初期，「其他」地域建築研究為所有類型之首，此特色大致延續了前期（1980-1990）建築史研究的特色，包括中國、西洋建築史領域皆有，例如北京四合院、清《工程做法則例》、周秦漢祭天建築、明堂禮制建築、中國南方民居、貴州黔侗族民居、中日合院型住宅、中國營造學社、唐代禪寺建築、義大利都市、路易康 Order 理論、安藤忠雄建築、范艾克建築、埃及象形文與建築、哥林多柱裝飾、國際建築博覽會、蘇門答臘民居、金門傳統民宅、金門洋樓、金門宗祠、馬祖聚落等皆屬之。此類研究成果，反映出學界建築建築史教育中「中國建築史」、「西洋建築史」、「近代建築史」訓練下的史觀。

由議題地域分布來看，初期並未見到臺灣地區漢式建築研究成果大量出現於期刊內，且研究地域僅及於少數地區而已，如新竹新埔、金門二地，這些文章僅見於 1990〈新埔地方傳統匠師計劃民宅的程序與方法之研究〉、1991〈論臺灣的傳統中國村庄研究的基礎工作－以日據初期五份埔庄空間形態的復原工作為例〉，後來才有 1997〈金門傳統民宅平面形狀文法構成之初探〉、1997〈臺南地區傳統建築壁鎖特性之研究〉、1999〈清治時期臺灣齋堂空間秘密屬性之研究〉等文章出現。追其根源，顯然便應是「臺灣的傳統中國村庄研究」思考所致。

　　然而較令人注意的，應是治時期相關研究遠高於臺灣漢式建築研究篇數的呈現。其實，1990 年起，隨著日據時期建築的受到重視，以及日本留學歸國學者的加入，學界中有關日治時代建築的相關研究風潮可說隨之而起。其研究類型初期多集中於都市計劃、營繕組織、殖民政策、建築標準等官方建築規範的探討，例如 1990〈長尾半平與日據初期的營繕組織〉、1991〈日治時代臺北街路網結構之分析〉、1992〈日治時代高雄都市結構之分析〉、1992〈日本殖民對臺南傳統都市的衝擊〉、1999〈日治時代臺灣近代建築法制之創設與內涵〉、2000〈日治時期臺鐵官舍建築平面構成法則之初探〉、2004〈臺灣總督府官舍建築標準之研究〉等，至 2005 年以後，不同的建築類型相繼出現，如官舍、住宅、警察派出所、支廳舍等建築，反映出日據時期建築研究的面向發展。

　　史前建築相關研究，自《建築學報》創刊以後迄今，一直未出現相關文章，此部分由於涉及考古學專業領域，另有專業期刊刊載，如《考古人類學刊》。而且，建築考古學於臺灣尚屬陌生，兩岸建築史學界當以中國學者楊鴻勛最為著名，臺灣建築史學界此類相關研究甚少，林會承 1984《先秦時期中國居住建築》、徐明福 1991〈由二里頭的兩個上古建築遺址論中國傳統合院的原型〉當為代表[4]，然而僅此而已，且二文所論皆屬大陸地區史前建築歷史、聚落空間討論，以此檢視日後臺灣史前建築的研究，更可見其無比之窘境。

　　與建築遺址有相同情形者，如南島族群建築、荷西時期建築二類，且文章的出現都在 2010 年以後，顯見 1990 年後的二十年間，幾乎未見相關論述出現。其中，原住民建築體系部分，三篇文章分別是雅美族傳統建築的防風對策（2 篇），及日治時期魯凱族與排灣族石板屋型態，前篇的地域風場環境探討，後篇亦運用了統計學定量的相似性指數和集群分析法，皆與 1995 年以後臺灣興起的工程科技跨領域合作研究有關。同樣的發展，也出現於荷西時期建築二篇文章，〈臺南地區傳統建築壁鎖特性之研究〉一文探討臺南地區田野現存荷據時期建築構造─閉

---

[4] 徐明福 1991〈由二里頭的兩個上古建築遺址論中國傳統合院的原型〉《成大學報》（25），頁 47-111。

鎖的分布與構造探討，而〈熱蘭遮城底部砂丘大地工程特性之研究〉一文，則以大地工程的觀點探討熱蘭遮城底部砂丘的特性。

（3）建築面向變遷

略除其他、理論及保存再利用文章，本文以可具體歸納其建築面向的 91 篇文章進行討論。這之中以「營建構造」一類最多，將近 36 篇（40%），其大幅出現的時間為 1996 年，其後並未有稍減趨勢，2010 年以後迄今更有日趨增加發展態勢。

這些文章內容，初期以傳統寺廟大木構柱樑、耐震損壞、磚牆灰縫、磚牆震害為主，其後室內溫熱環境、氣候環境、磚造建築基礎、砂丘大地工程、磚牆貼附鋼絲網補強、木棟架附壁柱震損變形、磚造拱開口、木棟架木板壁、碳纖維補強清水磚牆、洪水風險等主題陸續出現。材料試驗部分則有臺灣紅檜，福州杉、孟宗竹等構件結構行為的分析，到彩繪桐油展色劑的研究。運用技術由、超音波檢測技術、應力波非破壞檢測、$CO2$ 養護檢測、溫度、相對濕度、風速、PMV、PPD 、溫度場分布、通風效率指標、軟化效應評估等方法。

可以發現，漢式（或日式）建築的研究分析，其主題由構造、物理環境，轉為材料分析、構造補強議題，分析構造形式由早期的木構柱樑、磚構造，而至連接材（灰縫）、架扇隔間牆壁面、甚至開口部的探討，隨著研究的深化，運用其他工程專業技術的涵蓋層面（或研究人員）亦越見廣泛。

而在建築「類型」、「形式作法」方面。前者計有 22 篇（24%），其內容包括都市、聚落、市街、眷村、街屋、亭仔腳、三合院、派出所、支廳、學校、車站等，都屬建築史研究常見的題材。後者亦有 12 篇（13%），內容包括鑾頭風水、日式小住宅平面、傳統民居建築彩畫、山線民居屋架構造、雅美族傳統聚落、府城小東門甕城、辰野式樣建築、石板屋建築型態，其中甚至有應用三維雷射掃瞄圖，來解析穿斗式木構基本空間構成。

另一個特別的現象是，有關「空間與使用」相關研究一直不多，除

了 1990〈日據時期官舍住宅使用後評估〉外，一直要到 1999 年〈清治時期臺灣齋堂空間秘密屬性之研究〉一文出現，才開啟建築空間、使用議題的探討，如 1999〈以空間型構理論分析臺灣省立美術館空間組織之研究〉、2000〈斗六地區傳統聚落五營空間序列之調查研究〉、2004〈臺灣傳統民居建築之身體觀研究〉、2006〈臺南縣菁寮地區租賃型街屋空間構成之研究〉等。其他像是建築「風格」與「人物」亦不多，皆僅有 2 篇而已。二者可能是因為學術性期刊限制關係，一方面因為篇幅有限，不易探討時代風格，一方面可能因為建築人物多屬歷史傳記，刊載於《建築學報》者不多所致。

三、科技部（國科會，1991-2014）專題研究計畫的分析[5]

（1）歷史理論、古蹟保存大分類比較

與《建築學報》研究成果的趨勢分布大致相符，臺灣建築「歷史」仍居最多件數，達 136 件近五成比例（50%），自 1991 年起的 1 件，至 2000 年時達最多的 16 件，爾後雖有下降之勢，唯仍有約 5 件維持，大

---

[5] 本文探討的科技部專題研究計畫中有關建築史論議題的計畫，其來源係為研究人員自填「學術專長」中，與「建築史」直接相關研究人員之專題研究計畫為主。　按科技部學術專長分類共計六大類，與建築相關者為「人文及社會科學類／區域與地理研究／建築與都市設計」及「工程技術類／土木水利工程／建築」二類。其中，多數建築史學者以前者為主。「建築與都市設計」下又分成八小類，為便於分析，與建築史相關者除了「建築與都市發展史」一類外，「空間文化形式」、「聚落保存及歷史街區之再發展」、「都市風格與型態」，亦為建築史研究學者經常涉及領域與專長，然考察實際概況，建築與都市領域學者專長仍有一定區分，前述建築史研究學者研究領域仍有其穩定特色，因此本文即以「建築與都市發展史」20 位研究人員，加上工程技術類下的「建築歷史與古蹟保存」2 位作為基礎。另外，考量多位主要研究人員因未開放其個人學術專長資料庫檢索，本文特別將其檢出，計包括 16 位，與前述學者共計 38 位，以下的討論，即是在這 39 位研究人員主持的專題研究計畫共計 274 件，進行討論。前 20 人包括王維周、宋立文、林美吟、林思玲、倪晶瑋、邱上嘉、吳秉聲、郭奇正、郭錦津、張基義、陳信安、陳逸杰、福田美穗、榮芳杰、賴仕堯、蔡明志、褚瑞基、蘇明修等人。其中，張瑋如研究計畫明顯與建築史有落差，另楊雅玲、林珍瑩二人並無計畫，先予略除。後 2 人為陳啟仁、黃恩宇。另外 16 人有王惠君、米復國、江柏煒、吳光庭、林會承、徐明福、孫全文、陳其澎、郭肇立、黃俊銘、黃蘭翔、張崑振、夏鑄九、傅朝卿、關華山、蕭百興等人。

致可以看出建築歷史研究基本態勢。而古蹟、歷史建築的保存與再利用
議題研究計畫，亦於 2000 年以後大幅出現，計至今年度（2014）為止，
出現達 78 件（28%）之多，除證明建築史學界與古蹟保存的密切關聯
外，建築史研究的應用化、產業化需要，已然成為史學界重要的發展。

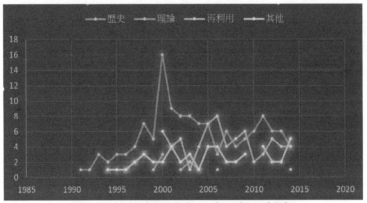

圖　科技部專題研究計畫分類分析表

　　其中，針對古蹟本體的研究工作，一樣出現大批運用現代工程科
學、技術投入相關研究之中，例如 1994-1996 日據時期「歷史性建築再
利用計畫程序、空間型態計畫、建築構成術、建築增建」、1997「臺灣
古蹟大木構材破壞模式及其非破壞檢測法之比較研究」、2000「景美地
區歷史建築與環境調查研究」、2000「歷史街區的地域風格及其保存應
用」等。

　　至 1999 年，由於九二一大地震後，不同於以往的國家型研究計畫
出現，除了科技部外，內政部營建署建築研究所亦提出長達十年的科技
研究計劃，在此風潮下，包含工程、森林、防災等領域學者紛紛投入，
而建築史學界亦佔主導之勢。

　　自 2000 年起「臺灣古蹟及歷史建築防震技術之研究」主計畫展開，
其子計畫有 2000 年起有砌體構造防震技術之磚材研究、紅磚與土埆磚
壁體之灰縫修復技術研究、建築微振動量測及動態特性之研究。2001
年起有砌體構造防震技術之磚材研究、磚與土埆之灰縫劣化及破壞研
究、日式及西式建築微振動量測及動態特性之研究。至 2002 年，這批
學者進行的計畫為磚材修復方式研究、磚與土埆之灰縫修護工法及補強

材料研究、微振動量測在防震技術上應用、大木構件斷面之劣化與力學衰減之關係研究。此後，臺灣建築史學界利用非破壞方法現場檢測、3-D雷射掃描儀參與相關研究成為計畫常見主題之一。

此外，近年還有另一趨勢，即運用電腦數位化技術納入建築史研究的計畫議題。如 2005「運用 3-D 雷射掃描技術探討臺灣日治時期祠廟建築疊斗式木構架」、2006「以 3D 雷射掃瞄技術解析臺南地方傳統厝穿木構造架扇形式之演化」、2008「澎湖花宅傳統聚落之空間建築數位典藏計畫」、2008「運用 3D 雷射掃瞄技術建立原住民傳統聚落立體空間模型之研究」、2010「澎湖花宅傳統聚落生命史典藏計畫」、2001-2012「戰後臺灣空間規劃史料數位典藏計畫」、2012「傳統建築木構架三維變形量自動偵測及虛擬復原技術開發之研究」等。

而古蹟再利用、遺產政策的討論，隨著世界遺產觀念的傳播，自2005 年以後，包含文化景觀、產業遺產、遺產旅遊、遺產教育、永續遺產等相關研究計畫亦逐年出現，幾乎已成為科技部專題研究計畫的主流議題，充分反映世界遺產保存思潮的影響。這些案例如 2006「臺灣工業遺址之技術形構的研究」、2006「國際保存維護文獻對當代文化遺產保存維護觀念與策略的影響」、2007「公部門政策對於高高屏地區歷史性建築再利用之影響」、2008「高山型文化景觀空間象徵與想像之研究」、2008「日本非營利組織參與文化財建造物活用運作模式研究」、2008「臺灣文化景觀制度發展與經營管理策略之研究」、2009「金門地區傳統聚落保存區劃設方式與執行機制研究」、2009「臺灣文化景觀永續性發展策略之研究」、2010-2014 東北角漁港聚落之文化地景研究、2011「由民眾之經濟效益觀點探討建築類文化資產保存與活化」、2014「文化資產景點旅遊特性之研究」、2014「從世界遺產教育計畫探討遺產教育課程的本質與類型」等。

而差異較大者，當數其他地區（中、外）主題的研究計劃也有 50件計畫（19%），且自計畫執行初期（1993）以後，並未如《建築學報》一樣逐年遞減，該類型的建築史計畫一職維持每一年度 3 至 4 件，如金門洋樓、東南亞築城、馬祖芹壁村落、中國南方民居、東南亞建築、中

國木構建築、上海都市空間、國民政府時期首都南京、陳嘉庚建築、上海里弄住宅、殷商文化空間、僑鄉金門、越南亭建築、上海舊租界城市空間、馬祖傳統民宅、金門珠山村落、阮朝皇朝建築、馬來西亞浮羅吉膽島、韓國傳統住宅、中國六朝時期佛教伽藍、蒙元大都皇家園林、廈門地區近代建築、法國建築教育等，可說相當多元，應是建築史研究學者的基本盤線。

（2）建築文化期與面向變遷的綜合探討

而在七個文化其與七個文化面向的比較方面，科技部專題計畫呈現出的概況，大致亦與《建築學報》一致。在 136 件臺灣建築歷史類研究計畫中，「漢式」建築研究仍居最多，有 53 件（39%），研究題材由 1993 年金門、澎湖地區傳統聚落，東勢、關西客家、望安聚落議題，到 1998 年聚落五營、日治時期店屋、亭仔腳議題，到 2002 年間官祀建築與信仰空間、彩繪匠師、聚落空間領域、客家住屋空間，到 2006 年傳統工匠大木司阜、匠師體系，再到 2012 年製茶產業設施、都市社會經濟空間等，其趨勢大致呈現出有形建築轉為無形空間的計畫類型，如由聚落而信仰空間、由客家而沿海閩南聚落、由建築形式而空間組織、生活經濟與空間之轉變。

其次為「日式」建築，有 31 件（23%），內容除了少數如住宅、保正住宅、礦業建築類型調查外，主要由幾個大主題圍繞，包括 1993-1998 年臺灣近代建築圖面、建築法規、技師組織史料之調查、1999 近代城市衛生工程、2000 日治時期住宅建築、文獻、照片史料、建築構造材料生產系統、2002 洋式建築門窗五金、2003 建築風土適應性文獻史料、2007 建築仕樣書、2008 菸酒公司產業建築圖面史料、2008-2010 日本佛教宗派（淨土真宗、禪宗、真言宗）臺佛寺建築、2011 建築標準圖、2013 臺灣建築及土木相關技術之海外資訊調查等。顯然，日治時期得優於其史料保存環境，擁有豐富的都市計畫、建築史料於公部門各類資料庫及檔案庫內，這些資料的取得與整理，以及日治時代營繕系統、組

織的理解，成為近二十餘年來研究計畫的主題。另外，日治時代中數量留存最多的住宅、佛寺，亦為最受關注的二種建築類型之一。

另外，「西式」建築一類（13 件，10%）除清末淡水、大稻埕洋人建築研究外，多數仍屬日治時期的研究主題，近代都市防災、土木建築營造業體系、建築設備、建築材料（水泥砂漿、混凝土）、公園、州廳、學校，以及臺北機廠鐵道產業遺產等，可一併納入前述「日式」範圍內。

至於「現代」建築部分，除了少數的調查研究外，與日治時期建築研究有著同樣的特色，多是運用相關建築史料進行整理與解讀，藉以了解光復後現代建築的發展，這些研究主題，包括 1991 空間實踐與後現代論述、1998 光復後外國建築師在臺作品、境與象與建築師雜誌的現代建築變遷解讀、2000 現代大木匠師建築圖面、2003 宮殿式建築、2005 梁思成與盧毓駿之作品論述、2009 洪文雄教授遺稿史料與著作、2009 戰後臺糖公司營繕書圖、2010 戰後臺灣空間規劃史料、2011 美國經援技術影響等。

當然，史前、荷西建築文化期仍是掛零，南島建築的研究亦不多見，除了 2000 年海砂屋重建與蘭嶼建築的討論外，2002「臺灣山地原住民建築研究成果彙整」、2005「蘭嶼原住民住屋木作工法與造船技術之關連研究」、2011「從日治時期之調查資料探討卑南族建築之特色與變遷」，多為建築史料收集及史料研究。

由此可見，受限於史料與建築案例，南島文化期的建築史研究環境確實艱難。另外，2001 年西南沿海及南部平埔族分佈區域的空間領域貞定物研究當為平埔建築研究孤立。

四、二十餘年來建築史研究環境的變遷

1970 年代初期，伴隨著鄉土文學運動興起，及受到國外文化保存活動影響，臺灣地區的傳統建築研究風氣逐漸復甦，陸續引發了 1967 板橋林本源園邸、1970 彰化孔廟、1975 鹿港老街、1976 臺北林安泰古厝等保存運動，直接促成了臺灣傳統建築的調查研究與論述工作的啟

動。這一波臺灣建築史論述成果，如 1970 年代，包括蕭梅 1968 臺灣民居建築之傳統風格、林衡道 1970 臺灣傳統建築、迪瑞德、華昌琳 1971《臺灣傳統建築之勘查》、洪文雄 1973《板橋林宅的調查研究與修護建議》，進入 1980 年代，臺灣傳統建築個案研究蔚為風潮，如漢寶德 1976《彰化孔廟》、內政部 1978《彰化孔廟修護》、漢寶德 1979《鹿港龍山寺》、李乾朗 1979《臺灣建築史》、內政部 1979《臺灣地區古蹟調查表》，皆為 1980 年以前臺灣最重要的建築史研究成果（或稱記錄較佳）。

以下即概括二十餘年來臺灣建築研究變遷中最關鍵的幾個大環境因素。

（1）首批留學歸國學者的研究延續

1980 年代以後，隨著文化資產保存的加溫，臺灣建築史的相關研究越趨熱烈。1981 年 11 月文建會成立，1982 年 5 月文化資產保存法公布施行。受到第一波鄉土建築研究風潮的影響，首批出國進修而於此期間留學歸國的學者，陸續投入建築史研究的工作，總計於 1990 年的建築史學者包括孫全文、夏鑄九、林會承、傅朝卿、郭肇立、陳其澎、徐明福、關華山、米復國、吳光庭等人。[6] 在這批學者的參與與帶領下，大批研究生投入臺灣地方建築史的研究，戰後臺灣建築史研究工作可說於研究類型、方法上都獲得初步的成就。

（2）1990 年以後日據時期古蹟的指定風潮與留日學者歸臺

以最早指定日據時期建築為古蹟的臺北市為例，其轉折時間點剛好正是 1990 年。1988 年率先指定臺北賓館，其後勸業銀行舊廈、臺北孔子廟（重建）、臺北公會堂、臺北郵局、原臺灣教育會館相繼納入文化資產。而在這時間之前，臺灣地區的古蹟指定，幾乎都以清代建築為主，

---

6 其留學國家、教學年資如下：孫全文（德、40）、夏鑄九（美、37）、林會承（英、34）、傅朝卿（英、33）、郭肇立（比利時、29）、陳其澎（英、29）、徐明福（英、27）、關華山（美、27）、米復國（臺、25）、吳光庭（美、24）。

在創建年代的迷思下，以廟宇、宗祠、墓塚為主的古蹟指定風潮席捲全臺，日據時期建築幾乎被排除在外。與此同時，一批留日學者歸國，如黃俊銘、聶志高等人，也直接促成了日治時期建築研究的風潮，形成另一新興的研究類型。[7]

表　1990 年前後臺北市古蹟指定名冊一覽表

時間	古蹟名稱	公告時間	時間	古蹟名稱	公告時間
日治	臺北撫臺街洋樓	1997/11/21		1990 年	
光復	寶藏巖	1997/8/5	清代	義芳居古厝	1989/8/18
日治	曹洞宗大本山臺灣別院鐘樓	1997/8/5	日治	臺北賓館	1988/9/3
日治	紫藤廬	1997/7/23	史前	圓山遺址	1988/4/25
日治	北投溫泉浴場	1997/2/20	清代	陳悅記祖宅（老師府）	1985/8/19
日治	臺北第三高女（中山女中）	1997/2/20	清代	艋舺地藏庵	1985/8/19
日治	前美國大使官邸	1997/2/20	清代	學海書院（今高氏宗祠）	1985/8/19
日治	西門紅樓	1997/2/20	清代	艋舺青山宮	1985/8/19
史前	芝山岩遺址	1993/2/5	清代	艋舺龍山寺	1985/8/19
日治	原臺灣教育會館	1993/2/5	清代	艋舺清水巖祖師廟	1985/8/19
日治	臺北郵局	1992/8/14	清代	芝山岩隘門	1985/8/19
日治	臺北公會堂	1992/1/10	清代	士林慈諴宮	1985/8/19
日治	臺北孔子廟	1992/1/10	清代	芝山岩惠濟宮	1985/8/19
清代	林秀俊墓	1991/11/23	清代	景美集應廟	1985/8/19
日治	勸業銀行舊廈	1991/5/24	清代	急公好義坊	1985/8/19

（3）跨領域研究的整合研究風潮

1990 年間，隨著古蹟調查研究工作的進行已經累積相當經驗，跨領域的建築研究逐漸形成。古建築調查一反過去僅為建築學者與歷史學

---

[7] 其留學國家、教學年資如下：如黃俊銘（日、22）、陳逸杰（臺、21）、黃蘭翔（日、19）、王惠君（日、19）、張基義（美、18）、邱上嘉（美、18）、江柏煒（臺、17）、蕭百興（臺、16）、聶志高（日、15）、陳啟仁（瑞、15）、褚瑞基（美、15）、蘇明修（臺、15）、王維周（法、13）、張崑振（臺、13）、陳信安（臺、10）、黃士娟（日、9）、宋立文（美、7）、林思玲（臺、7）、吳秉聲（臺、6）、林美吟（日、5）、蔡明志（臺、4）、倪晶瑋（德、4）、福田美穗（日、3）、賴仕堯（臺、3）、榮芳杰（臺、2）、黃恩宇（荷、1）。

者的合作研究工作，成為一門有集合歷史、民俗、建築、構造、結構等綜合研究類型工作，受其影響，新一批建築工程學者投入了古蹟建築的試驗評估工作。這之中又以成大建築系的古蹟調查研究計畫最具代表性，如 1994《臺北縣三級古蹟五股西雲寺調查研究及修護計劃》、《臺北三級古蹟新莊文昌祠調查研究及修護計劃》等。受此影響，包括黃斌、張嘉祥、姚昭智等人相繼參與，並帶領學生參與傳統建築的實驗分析，可以說直接影響了 1995 年以後臺灣建築史研究的面貌與發展。

（4）科技研究方法的促進：1999 年九二一地震後的影響

2000 年，由於九二一地震的關係，為保護一些未指定為古蹟的古建築，已經實行近二十年的文資法重新修法，增列「歷史建築」，同時將「新材料、新工法」引進傳統建築的修復與保存觀念中，認為必要時可使用不同的保存、維護方式，並使用新技法、新材料，藉以達到防震、防災、防蟲腐的目的。受此影響，不僅吸引更多的學者對此領域的關注，在國科會（科技部前身）的主導下，提出了國家型專題研究計畫，並於 2000-2002 年間，進行「臺灣古蹟及歷史建築防震技術」之研究計畫，另外內政部建築研究所也於 2003-2008 年間，著手執行多年度古蹟暨歷史建築保存科技研究。[8]運用工程科學技術進行古蹟、歷史建築的研究也蔚為風潮。

（5）世界遺產觀念的引進與影響

自 1972 年，UNESCO 通過「保護世界文化和自然遺產公約」之後，世界遺產的保護，成為世界各地保存風潮最為關注的發展。1992 年，世界遺產委員會將「文化景觀」與文化遺產、自然遺產、複合遺產，同

8　2003 年第一年度研究計畫包括，「修復程序：古蹟修復工法程序及規範的基礎研究」、「非破壞性檢測法應用於古蹟及歷史建築大木作損壞之研究」、「混合式構造之地震受災診斷方法研究」、「古蹟修復技術-灰作材料性質與修復工法之研究」、「古蹟暨歷史建築木構架結構狀態之檢測研究-以疊斗式為例」。

列四種遺產類型。2001 年，全球文化多樣性宣言出現，世界遺產委員會新增「人類口述與無形文化遺產」，並於 2009 年起獨立成為無形文化遺產名錄。2000 年間，臺灣地區出現世界遺產的觀念，隨著世界網絡聯繫的越加便利，遺產保存資訊流通更形迅速，2003 年文建會推出 12 處「臺灣世界遺產潛力點」，自此以後，臺灣地區有關世界遺產的觀念，幾乎已經與世界同步。2005 年新版文資法的文化資產，除了獨立出遺址一類外，另外亦順應世界遺產潮流，增列「文化景觀」，有關神話傳說之場所、歷史文化路徑、宗教景觀、歷史名園、歷史事件場所、農林漁牧景觀、工業地景、交通地景、水利設施、軍事設施等文化地景，幾乎都成為新一波研究的主題。

五、結語

　　回顧 1990 年以後的臺灣建築史研究，本文僅列舉了二項最具代表性的研究成果與計畫內容，《建築學報》、「科技部專題研究計畫」雖有其突出的學術性研究特色，但亦有其潛在的顧慮必須稍加說明。首先，《建築學報》反映學術投稿制度下的研究成果，作者侷限性極高，受到論文審查制度的影響，《建築學報》論文的刊載，只是臺灣建築史研究的一隅而已。其次，「科技部專題研究計畫」反映納入國家補助計畫的研究計畫概況，申請者有其資格限制，僅可代表國內建築史學界的局部而已。最後，臺灣建築史研究的回顧與分析，尚有許多可行的討論可進一步發展，本文受限於時間因素，未及全面探討其內容，文章疏失肯定不少。謹此數語，略作說明，也供後續研究者之參考。

從關渡宮的遷徙看關渡隘口的地景變遷

一、前言

關渡宮的前身靈山廟建於康熙 51 年（1712），由通事賴科鳩眾創設於關渡山頂，七年後（1719），基於地理形勢考量，關渡宮因「關山之前比之關之上為峻絕」之故，移建山麓。日本領臺後，關渡宮因火焚毀，付之一炬。事後董事林大春再因地理之故，將宮廟移至今址重建。回顧關渡宮的歷史發展，幾度因地理需要而遷建廟址。

有關關渡宮的遷建歷史與理由，前人已有許多討論，本文緣於關渡宮文化叢書《宮廟與文化景觀》一書的寫作，除了對關渡宮的歷史變遷重行研討外，亦對關渡宮文化地景生成的自然地理、人文生態、信仰文學等進行發掘與整理。儘管因主題差異依章節分述，無法進行特定議題彼此間的連結研究，本次因為關渡宮研討會的關係，特別以關渡宮遷徙的歷史作為基礎，配合自然地理形勢特色，嘗試藉由兩者間的密切關聯進行串聯研究，進而提出推論，提供參酌。

依此，本文分成兩個部分，前文先就關渡宮的遷徙歷史進行建築、地政史料及文獻綜整，重行釐清關渡宮的遷建歷史，後文則以關渡隘口的自然地理形勢特徵為基礎，藉由人文地理學觀念的分析，重新對照關渡宮歷次遷徙所透露出的地景變遷訊息，具體說明關渡宮的歷史地景特色。

二、關渡宮的遷徙歷史

（一）關山之上：以茅立廟的干豆山頂靈山天后宮

關渡宮的興建緣起，以地方志所記最早。根據康熙 56 年（1717）諸羅知縣周鍾瑄《諸羅縣志》的記載：

「靈山廟：在淡水干豆門。前臨巨港，合峰仔峙、擺接東西二流

與海潮匯，波瀾甚壯。康熙五十一年建廟，以祀天妃。落成之日，
諸番並集，忽有巨魚數千，隨潮而至，如拜禮然。須臾，乘潮復
出於海：人皆稱異。」[1]

書內還提及兩段有關歷史沿革及建廟的神話傳說：

「天妃廟……一在淡水干豆門。五十一年，通事賴科鳩眾建：五
十四年重建，易茅以瓦，知縣周鍾瑄顏其廟曰『靈山』。」[2]

另外，「康熙五十四年，干豆門重建天妃宮，取材鷺島；值西風，
一晝夜而達。」[3]

周鍾瑄記載，其實距離關渡宮建廟時間僅僅二年，且落成之日他還
親至廟內題額：「靈山」，按理《諸羅縣志》所記應為可信。由其內容看
來，關渡靈山廟創建於康熙 51 年（1712），由通事賴科鳩眾設於關渡山
頂，初建時為茅草屋頂廟宇。或許是初建時因陋就簡所致，因此沒隔幾
年（1715）便有重建之舉，易茅為瓦，並由廈門（鷺島）載運建材而來。

1871 年刊行的陳培桂《淡水廳志》則提到：

「天妃廟：……一在關渡門，原建山頂，康熙五十八年，移建山
麓。乾隆四十七年修。道光三年重修。」[4]

原位於山頂的靈山廟，於康熙 58 年（1719）移建山麓。山頂位於
何處並未可知，然而觀察關渡山「象鼻」形式，關渡宮廟後分金線（中
軸線）頂端山脊線位置，原有一平緩坡地（海拔約 110-120 尺位置，關
渡三潮勝地石碑、觀景臺附近），頗符山頂趣味，可供遐想。

至於山麓之意，「麓」，有陸的意思，山足曰麓。以象鼻來龍去勢觀
之，關渡宮日治初期燒毀的廟址，正處於山足末端盡處（海拔 50-60 尺
位置），最有可能。

---

[1] 引自周鍾瑄《諸羅縣志》，頁 286。
[2] 引自周鍾瑄《諸羅縣志》，頁 281。
[3] 引自周鍾瑄《諸羅縣志》，頁 287-289。
[4] 引自陳培桂《淡水廳志》，頁 150。

圖　1912 年淡水川流測量地圖（出處：中研院）

另外，道光 4 年（1824）陳愿淡等人所題〈天后宮重建捐題碑記〉中，也提到了遷廟的過程：

> 「祖宮由來久矣，自有淡江即建基宇於關山之上，環抱而龍脈悠長，氣慨軒昂而勝地爽豁，雖謂我淡之支衛，亦自成奇觀。……遞至康熙五十一年，前輩相度地勢，關山之前比之關之上為峻絕，擇吉經營而更〇嶝移後在於斯，虔敬而崇祀之，咸靈愈覺其丕振，於今百餘歲矣！」[5]

「環抱」，係指水流環抱之意，而後文所謂「建基宇於關山之上」，「相度地勢，關山之前比之」，指得便是二處廟宇基址的形容，而遷廟的原因，便是文中所說基於地理形勢考量，主因「關之前」比之「關之上」更為「峻絕」之故。

此次遷建，集合了漳州、泉州府同安、安溪，及興化府移民共同捐建，並推舉高飛鶴為建廟董事，共計花費 2200 餘元。至乾隆 46 年（1781）間，由於管理人鄧大鳳認為廟宇方位不正，遂再與庄民商議，由廟方出

---

[5] 引自道光 4 年（1824）10 月天后宮重建捐題碑記。

財產 2000 元，庄民再捐 2400 元，於次年重行改建，重新調整了關渡宮
的座向。此後，關渡宮還經歷了道光 3 年（1823）、光緒 16 年（1890）
的重修工事，直到日治初期燒毀遷址。

（二）關山之前：西山山頂媽祖廟遺址與慈航寺

明治 30 年（1897），董事林大春，見靈山天妃廟原址所在係為鍾靈
毓秀、生氣聚結的大好吉穴，心想只要能夠在該地興建大宅，日後子孫
必能求得功名利祿。[6]於是他與翁源隆共同勸捐，糾集各地商號一起捐
助，將靈山天妃廟遷移至關渡宮現址重建。

只是事與願違，自林宅大興土木重建大宅邸後，林大春也從此家道
中落，1920 年過世後原址先由財團法人臺灣教區天主公教會購買取得。
大正 12 年（1923）間，再由慈航禪寺信眾莊輝玉、郭木榮、郭烏榮等
人，在顧問小宮元之助律師的協助下，以九千餘圓購得土地，重新興建
伽藍寺宇。建廟之初稱作「飛龍寺」，至昭和 2 年（1927）間，再由首
任住持葉智性（葉港）改作「慈航寺」。[7]

---

[6] 引自佚失〈關渡宮開山碑〉：臺灣日治時期，明治卅年（1897 年），關渡富商林大春因講究
　　風水學，收購廟地，改建為自己之住宅。後林大春捐了兩百八十銀元並集資，遷移「靈山
　　天妃廟」到山下，坐西朝東，風水上稱作「萬水歸堂穴」，易名為「關渡祖宮」。大正十
　　一年（1922 年）再次重修，更名為「關渡宮」。
[7] 引自 1932 年《臺灣全臺寺院齋堂名蹟寶鑑》、1941 年《臺灣佛教名蹟寶鑑》，慈航寺、慈
　　航禪寺部分。

照片　1947 年慈航禪寺與關渡宮的位置（出處：臺北和淡水航照影像 1947）

　　日治時期的慈航寺主祀觀音佛祖，隸屬臨濟宗妙心寺派下寺宇（臺灣大本山為圓山臨濟護國禪寺），佛寺舊有地址為「七星郡北投街關渡214 番地（光復後更為關渡里 138 號）」，這個位置剛好位於關渡宮現址西南方的半嶺坪上方，日治時期描述該廟特色時曾謂：「寺宇前臨淡水河，風景絕佳」[8]。

　　靈山天后宮所在基地自是不凡，高士穆〈立秋日遊慈航寺〉：

> 「古寺榕陰鳥噪頻，蒼苔石踏幾遊人，乍逢客子言難辨。舊識山僧兄愈親，早稻香生秋社近，木瓜熟墜晚風新，潮分波碧舟行穩，霞露江天萬里春。」[9]

---

[8] 引自 1932 年《臺灣全臺寺院齋堂名蹟實鑑》慈航寺部分。
[9] 引自臺灣日日新報 1935-8-12。

照片　1932 年慈航禪寺大殿與庭園（出處：《臺灣全臺寺院齋堂名蹟寶鑑》）

　　1963 年，大臺北地區因葛樂禮颱風侵襲而受災嚴重，其中更以淡水河左岸的三重、蘆洲、五股、泰山、新莊大部份地區災情最為慘重，積水一時無法排除，形成一片汪洋。行政院在檢討水患災情原因時，認為主因在於關渡隘口阻滯洩洪，於是在 1964 年實施「淡水河防洪治本計劃」，決定將關渡隘門兩側拓寬 90 公尺，並拆除位於計畫排水道內關渡、獅子頭聚落既有民房共計 59 戶。其中，同樣位於水道內的慈航禪寺，也只能被迫搬遷至北投中和街現址重建。

　　然而，就在靈山天后宮舊址消失的同時，拆遷屋宇後留下的棄石，由關渡宮理事長黃定、總幹事雷雲峪發起興建「後山公園」。今日沿山設置的石階、石護，多為當年石材砌築而成。重建之舉似乎讓昔日靈山舊廟的故事可以延續下來。當年並留有〈本宮後山公園興建緣起〉碑記。

（三）明治年間的重興

　　日本領臺後，由於認為關渡宮廟中藏有抗日份子，因此火燒古廟，關渡宮數百年基業，付之一炬。據聞火燒當夜，蛇仔形村民趕來搶救媽祖，將之藏匿於觀音山下石壁腳，事平才請回關渡。[10]隔年，在董事林大春、翁

10　引自魏聰敏〈關渡的老街〉《北投文化雜誌》，第 21 集，頁 27-29。

源隆發起募捐下，並由黃興遠提供廟地重建宮廟，土地番號為「北投庄嗄嘮別字關渡 170 番地」，共計費銀 1276 圓，大木由林猫司負責，彩畫油漆由吳烏棕職司，關渡宮終得於浴火後再度重生。[11]

1897 年〈重修關渡宮碑記〉明載：「黃興遠献宮庙地」。原來，關渡宮所在土地為「祭祀公業黃興遠」所有，黃氏家族為關渡地方的大地主。據說黃氏祖先於乾隆時期隻身帶著一根扁擔到關渡洪姓人家做長工，後因勤奮誠實，深得主人賞識，再因洪家無男丁可繼承家業，黃氏遂入贅洪家而繼承財產，終得發跡。[12]

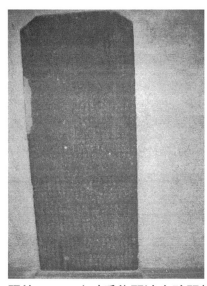

照片　1897 年〈重修關渡宮碑記〉

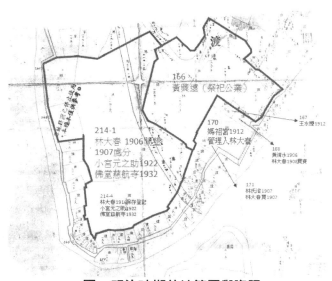

圖　明治時期的地籍圖與資訊

黃家子孫所屬土地大多緊鄰關渡宮東側，例如關渡宮後山的土地（日治時期為 166 番地）亦同樣是「祭祀公業黃興遠」所有，光復以後經關渡宮陸續購買才漸成廟方土地。由關渡宮（日治時期為 170、167、171 番地）土地形式與關係看來，兩塊土地原來應都屬同一基地才是。

此次的遷址重興，源於日本據臺初期的兵寇災禍，相關舊廟燒毀說法有二。一為日軍縱火：

---

[11] 引自 1897 年〈重修關渡宮碑記〉。

[12] 引自文崇一《西河社會的變遷》。

「日寇佔據臺灣之後翌年，日軍謂關渡地方有土匪出沒，大起兵
隊而來，以水油灌注，民屋延燒殆盡，同時用水油併燒本宮，蓄
意燒卻予烏有，變成平地之暴舉而後已。」。[13]

另外則是《臺灣日日新報》報導的土匪作亂而遭焚毀：

「關渡宮……於去年該地的土匪發起亂事，廟宇遭兵燹被化為烏
有，前任住持於返廟途中遭匪徒殺害，不見屍首。後經日本曹洞
宗大本山末寺與關渡宮董事、廟祝等商議，企圖著手修繕，於本
年已有概略性的修繕」。[14]

　　儘管兩方說法立場不同，不過可以理解廟宇及老街被燒毀後，地方居
民心裡應該都是極為恐懼與害怕，尤其初期關渡宮還一度做為「警察署巡
查派出所」。[15]此時由與日本交好的董事林大春（1909 年授佩日本政府紳章）
出現協調，並在他的主事下，關渡宮改遷於東側山腳黃氏土地上（即現址）
重建，其後才有 1907 年的改建與擴大規模之舉。

三、自然地理限制：關渡隘口

　　「觀音、大屯二山，雄峙水口，以為拱護」，此為第一任臺北府知府林
達泉於 1878 年〈全臺形勢論〉中對關渡環境的描述。

　　1697 年，郁永河至北投開採硫礦時，乘船沿淡水河上溯，過關渡隘門
後，見到了大湖的地理景觀：「余與顧君暨僕役平頭共乘海舶，由淡水港
入。前望兩山夾峙處，曰甘答門，水道甚隘。入門，水忽廣，漶為大湖，
渺無涯涘」。此文所載，除了說明關渡隘口的形勢外，亦點出了船運作為淡
水河最重要交通運輸地位的關鍵角色。

---

13 引自 1959 年〈省府關渡宮檔案〉。文中提及：「雖然神之顯赫，安然自在，大顯神通，其
　火不燃而熄，保持全廟如舊，毫無損失」，廟宇焚毀應為事實，此段敘述目的在展現神功
　傳說，可供參考。

14 引自 1897 年 9 月 4 日〈關渡宮の再興〉《臺灣日日新報》。

15 引自溫國良 1999《總督府公文類纂宗教史料彙編（明治 28 年 10 月至明治 35 年 4 月）》，
　頁 21-23。

而關渡門前方的基隆河與淡水河，各有多條支流合流而成，最後再由
滬尾港流出大海。清代《淡水廳輿圖纂要》說明了水流形勢：

> 「港內分南、北、中三大溪，名曰內港。南溪（即大漢溪）之源
> 出自大壩尖山，由大姑崁、三角湧向西北至新莊，與艋舺溪（即
> 新店溪）會合；至大稻埕折而西至關渡，與北溪合流而出滬尾。
> 北溪（即基隆河）之源出自三貂嶺，南至水返腳、錫口轉西南，
> 過劍潭會磺溪至關渡，與南溪合流而出滬尾。中溪名艋舺溪，發
> 源於獅頭山，入拳山保大坪林，折而向西至大加臘保，會南溪而
> 入於海」。[16]

橫跨淡水河的關渡門由關渡門山、獅頭巖山對峙圍成，關渡門山後有
大屯山，獅頭巖山則以觀音山為背，兩山支脈歧出，橫亙臺北盆地西北側，
《臺灣府志》載干豆門意涵，曰：「二山夾港如門柱然，故名」[17]，也因而
形成了雄鎮海口的峽門隘口地勢，自臺北開墾以後，一直是艋舺、臺北府
城的重要口門屏障。

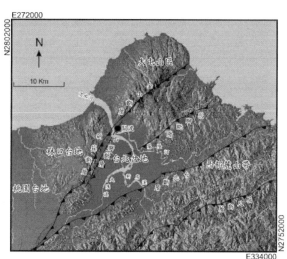

圖　臺北盆地地質資訊渲染圖（出處：中研院）

關渡水口所在，係由東北、西南向的大屯山系岩層（大屯山火山噴發

---

[16] 引自《淡水廳輿圖纂要》淡水廳輿圖冊/水(附海防要害處所)，頁 279-280。

[17] 引自《臺灣府志》卷一 封域志/山川（附海道）/諸羅縣山，頁 14-16。

堆疊出的火山體）直向伸入淡水河走勢而成，另一端則是觀音山系的獅子頭山，其介面恰為金山斷層往西南山腳斷層和新莊斷層連接位置，右側盆地水平堆積物則是落於褶曲第三系沉積岩之上（屬第四系沉積層）。淡水河穿越斷層岩層出海，因此留下了「關渡口門」的特殊地景。

也是因為大屯山系岩層直入淡水河，在關渡一帶形成了天然的阻礙，獨特的隘口地形特色，不僅展現於水流、地質地景變化上，同時也具體影響了天候的特徵。大屯山地形圍繞阻隔東北季風，造成了關渡內外不同的風信：「滬尾之風，多內東外北；同時所發，而內外互異。或云：東西山低而平，北山高而挺」。[18]

淡水地區西臨臺灣海峽及淡水河河口，除東側大山外，並無天然屏障，風向隨氣流轉變而多變化，而東側關渡附近，卻因高山橫互南北，隘口東側（關渡街庄）有了完全不同的氣候環境。《淡水廳志》記載：

> 「關渡以內，風來自東；關渡以外，山擁於北；故反風也。或云：南山亦高，遇颱則皆北；北止回南，則皆南。……」。[19]

如此明顯的天然屏障，不僅侷限了風信天候的發展，同時也限制了關渡宮山後一帶的陸路交通發展。

四、水路交通要衝：關渡門與關渡門渡的發展

關渡意指重要的關口、渡口之意。《淡水廳志》「建制志」載：「關渡口渡，廳北百二十里，艋、滬往來適中之區」。做為艋舺與滬尾的中繼點，清領時期的關渡門，一直是淡水河水路必經的通道，配合盆地地形口門的特色，關渡門確實是自然地理形勢限制下，漢人出入臺北盆地最為簡便與安全的交通通路。

日據初期行船人的現實苦楚，說明了此關口的重要性：

> 「臺北關渡：水上達艋稻，為諸商舶進出必經之所。自山北北投

---

18 引自《淡水廳志》卷7志6武備志/船政/風信，頁198。
19 引自《臺灣通志》疆域/風潮，頁39-40。

等處，有匪賊之變，夜間大小商舶進出所裝貨物多為賊搶，水道梗塞，行舶有戒心，亟宜備一哨，船多帶火器，於夜間駕往彼處，乘潮漲時加意巡緝……」。[20]

其實，漢人移墾臺北盆地初期的交通，多以水路為主，基於安全與貨物交易的考量，都盡量避開陸路平埔各社的威脅。《諸羅縣志》總纂陳夢林所記「淡水各社紀程」一文，曾提及關渡門上游沿岸的水路、船舶渡口及各番社的關係。當時溯水路而上，可分成南、北二港二路線，其中，西南「南港水路（大漢溪）」可上至擺接社止（即板橋），而東北「北港水路（基隆河）」則可溯至峰仔嶼（汐止）止。路程中於武勝灣社、大浪泵社位置還可泊船，可以想見當年船運往來的頻繁景象[21]。

關渡宮創建以前，淡水河水路概況大抵如此，17世紀西班牙神父愛斯基倍魯曾於夜間沿淡水河航行觀察，其目的即在避開陸上番人的干擾：「一隊80人在暗夜溯上淡水河，由武勝灣發現臺北平原。」[22]

至於關渡宮所在的關渡門渡，其出現時間甚早，關渡宮創立隔年，1718年周元文《重修臺灣府志》「津梁」一節便提到當時淡水河流域的六個渡口，除關渡門渡外，另外還有北港塘渡（即淡水）、八里坌渡、劍潭渡、沙貓樹渡（推測應為圭武卒社 Kimotsi，又名奇武卒社或奎府聚社，活動區域推測為大稻埕一帶）、擺接渡等。[23]

1710年，陳濱增設大甲以北地區「一汛七塘」兵防，前述「北港塘渡」即是由此而來，軍隊駐防基地的出現，說明臺北盆地有越來越多的漢人寮屋及村莊出現。此時的六座渡口，不僅代表了漢人移民聚落所在，也直接指出水路交通的重要所在。[24]

---

[20] 引自1897年10月30日《臺灣日日新報》。

[21] 原載《臺海使槎錄》，本文引自《重修臺灣府志》卷十五　風俗(三)/番社風俗(二)/淡水廳(二)/附考，頁456。

[22] 引自《臺灣島備忘錄》。

[23] 引自《福建通志臺灣府》津梁：錄自重纂福建通志卷三十一/淡水廳　，頁9-10。

[24] 據劉良璧1740年《重修福建臺灣府志》卷五，「城池」一節記載：「淡水海防廳：二保，管三十五莊。淡水保管下：淡水保管下：八里坌莊、滬尾莊、大屯莊、竿蓁林莊、關渡莊、北投莊、八芝蓮林莊、奇里岸莊、瓦笠莊、興仔武　灣莊、大佳臘莊、圭母子莊、大灣莊、水興莊、興直莊、加里珍莊、擺接莊、山腳莊、八里坌仔莊、海山莊、坑仔莊、虎茅莊、

1741 年《重修福建臺灣府志》記載了漢人商船自大陸來臺行經關渡門以後，與平埔原住民交易貨物的景況：

> 「內有大澳，分為二港，……番民往來，俱用蟒甲者，刳獨木以為舟也。澳內可泊數百；到此載五穀、鹿脯貨物。內地商船，間亦到此」。[25]

另外，清末《臺灣府輿圖纂要》則提及了漢人船舶往來艋舺、滬尾時，出入關渡門的時機：

> 「關渡在艋舺、滬尾適中之區，兩山夾峙，河面不過一箭之闊。但潮水直抵艋舺以上，三、四百石商船儘可滿載而乘出入；即大號商船，亦可半載而隨潮進出」。[26]

此後，隨著漢人街庄快速形成，到清末為止，淡水河沿岸上下游渡口已經多到不可勝數[27]，而其必經之路，關渡口門最為關鍵。

頻繁的水路交通運輸，直到日據初期仍是如此。而且，不僅作為艋舺、大稻埕商貨出口的唯一選擇，亦為關渡宮朝聖、關渡居民外出謀生的重要憑藉。以朝聖為例，如每逢媽祖祭典佳節，朝拜人潮絡繹不絕，朝聖香客大多便是搭乘船輪於關渡上岸後，入廟朝拜：

> 「……歷年舊曆正月，劍潭宮觀音大士及關渡天上聖母，焚香者恒逐隊成群，肩摩轂擊絡繹於途。故稻江小汽船輒乘此機會，載客赴兩處焚香，以博厚利。聞昨日又鳴鑼達眾，專輪馳赴關渡，諸香客結隊搭載，紛紛沓至，趨詣參拜者，頗見盛況云」。[28]

奶笴莊、澗仔歷莊、甘棠莊。」乾隆年間淡水河流域一帶確實已的興盛時期。頁 80。

[25] 引自 1741《重修福建臺灣府志》卷三 山川/彰化縣，頁 68。

[26] 引自同治初年《臺灣府輿圖纂要》淡水廳輿圖冊，水(附海防要害處所)，頁 282。

[27] 據根據《淡水廳志》的紀錄，清末淡水河兩岸總計有滬尾溪渡（芝蘭堡，淡水）、關渡口渡（興直堡，關渡）、八仙渡（艋舺東南，北投）、獅頭渡（和尚洲，蘆洲）、塭仔渡（興直堡，蘆洲）、艋舺溪渡（大加蠟堡，萬華）、圭母卒渡（大加蠟堡，大稻埕）、番仔溝渡（大加蠟堡，大龍峒）、社仔渡（大加蠟堡，社仔）、成仔寮渡（八里坌堡，五股）等渡口，由於這些渡頭與關渡門渡或相鄰，或對渡或航線通過關渡門，因此形成了關渡口綿密的交通網線。

[28] 引自 1909 年 2 月 3 日〈鶯啼燕語〉《臺灣日日新報》，第版。

　　1913 年另一篇報導亦有類似的報導:「艋稻士女,每年自舊正元旦日起,至是月終止,即赴劍潭寺、龜山岩寺或關渡媽祖宮進香求福。此三處頗為遠涉,以肩輿或人力車往,則為費不貲。在稻艋巡航之石油輪,因利用此機,每日自午前九時開航,或赴劍潭,或赴龜山岩停泊,再赴關渡;復由關渡轉赴龜山岩,日晚始歸。每日乘客甚夥,一人乘賃十五錢云」。[29]

　　熱絡的交通往來,也反映在關渡隘口經常發生的船難之上。關渡隘口因驟風來時無法預測,因此船隻通過隘口時,常因風向臨時改變、應變不及,加之河流航道多變,每每發生翻船意外,關渡口門正是意外當口所在。

> 「昨日關渡口有小船三隻,從淡水載米而來,甫至該處,風浪大作,該小船竟被沖沒。聞所載白米為謙泰隆、福記、周義興等商採運,餘各號尚未週知。是日謙泰隆聞報,急雇人尋覓,每包米工資八角,艮經覓得六十餘包,而已然亦氣運不齊故有斯災禍。」[30]

1905 年類似的船難發生,

> 「去十九日午前五時。沿淡水川之關渡庄,因遇風波,有紅頭船載瓦五千枚,沉沒於此,同日九時,同河港邊街,載砂紅頭船一隻,埤仔墘街有載石炭二千九百斤之紅頭船,亦皆沉沒,船中人皆告無恙焉。」[31]

　　受限於陸路交通的不便,肩輿、人力車的運輸方式終究不如渡輪來得快速與便利,日據初期的關渡交通如此,清代以前景況,更可以想像。然而,好景不常,淡水鐵道的開通、淡水河水路的淤積,加之基隆港的出現,淡水港地位逐漸失落,淡水河水路船運也註定了沒落的發展。

　　1895 年日人入臺後,陸軍鐵道隊計畫改良並貫通清領時期臺灣鐵路,為了快速並大量輸送各項鐵道建設物資及材料,因此希望盡快打通淡水港

---

[29] 「龜山巖寺」為觀音山西雲巖寺。引自 1913 年 2 月 22 日之〈載客進香〉《臺灣日日新報》,第版。

[30] 引自 1899 年 6 月 6 日《臺灣日日新報》。

[31] 引自 1905 年 1 月 24 日《臺灣日日新報》。

要道，同時開採沿線石材，淡水線鐵道也成為臺灣鐵道改良事業中最早完工、通車的路段。

做為木材、石材、鐵材、器具等材料搬運線之一[32]，淡水線於明治 34 年（1901）完工開業，同時開設了位於頂茄苳腳聚落附近的關渡車站（原作江頭驛），為淡水線初期工程五座車站之一。[33]江頭驛的出現，設立反映出嘎嘮別庄、關渡街庄、關渡渡口於日治初期的重要性。1925 年 4 月，江頭驛車站因為人為故意縱火原因而全部燒毀。[34]1930 年間，考量原有車站離關渡舊聚落稍遠，居民使用相當不便，因此改址遷建。[35]

日據初期，一篇以〈添設小輪船〉為題的報導，其內容具體指出了昔日熙攘往來於淡水河間的渡輪，因為淡水鐵道的開闢與通車而逐漸沒落事實：

「淡水河前之小汽船，渡貨客來往其間者凡有數艇。自淡水鐵路開通後，各貨客因汽車發著之時間有定，皆舍汽船以就汽車。況該河之水，如大稻埕番仔溝之附近，遇潮去之時，河底之砂尚見現出。汽船之往來如喫深水者。大者被其所阻。猶要待至潮來。方可轉運。行人每廉其不便。搭載漸少。汽船因貨客之零落。所入幾不供其所出。因是或將汽船賣卻。或轉向他處運輸。淡水往復之汽船。僅存一二艘。不特發著時間無定。而有無垃難以預卜。搭載之貨客。益見其零落。近聞松田政吉氏。現已向內地買備二艘之小汽船。其發動器乃燃石油者。雖容積無多。然其行動甚速。自稻至淡。約一時便可到著。貨客載資亦要從廉。又欲於關暫行停滯。以俾諸人來往之便。……」[36]

淡水鐵道的出現，加之淡水河的淤積，終結了關渡門水路的風華歷史，也讓關渡宮與關渡聚落的密切關聯，徹底呈現出來。

---

[32] 引自 1901 年 1 月 17 日《臺灣日日新報》。

[33] 引自 1901 年 3 月 5 日《臺灣日日新報》。其他有圓山、士林、北頭、淡水。

[34] 引自 1925 年 4 月 8 日《臺灣日日新報》。另可見 1925 年 4 月 8 日〈謀燒江頭驛〉《臺南新報》。

[35] 引自 1930 年 12 月 2 日《臺灣日日新報》。

[36] 引自 1907 年 11 月 26 日〈添設小輪船〉《臺灣日日新報》，第 4 版。

五、結語：關渡宮遷徙趨勢的解讀

關渡古道起於何時，已不可知。由早期文獻看來，當關渡仍是漢番界域分隔的時代，山行小徑可能是淡水社往北投社的通路。隨著關渡地區漢人街庄出現以後，沿著庄與庄之間的山間小路便漸次發展，隨著陸路交通往來越來越繁複、龐大的運輸需求，沿著山腳、河道發展的平坦小徑，便陸續開闢成完善的步道。

其實，1860 年開港以前，淡水一直是附近地區的物資集散中心，如北側新庄仔、土地公埔庄、圭柔山庄，甚至石門庄，東側經小坪頂庄、嘎嘮別庄連通北投等漢人街庄，都是藉由山間小路跨越山嶺直接連接。關渡由於水路航渡地位明顯，即使到了日治初期，都仍只有沿著淡水河沿岸的通路，以連通東北的下茄苳腳村落，及西北的土地公鼻庄。可以看出，除了淡水河中社子島可能有較多的生活關連外，關渡（江頭）並非交通必經之路，作為區域型的村鎮，關渡顯然不若其他村落來得重要，關渡聚落、關渡渡口之所以重要，關渡宮顯然正是關鍵。

圖　1897 年關渡（江頭）與淡水河南北岸地區陸路交通圖

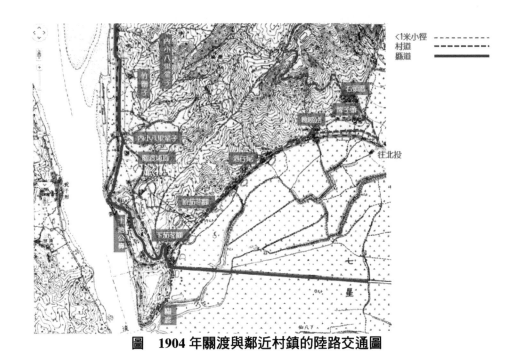

圖　1904年關渡與鄰近村鎮的陸路交通圖

　　關渡宮初建時的靈山廟出現於康熙51年（1712），由通事賴科鳩眾創設於關渡山頂，七年後（1719）基於「關山之前比之關之上為峻絕」地理形勢考量而移建山麓（慈航寺舊址，此說因臺北湖關係，有學者曾認為係因臺北湖消退所致）。而最後一次遷徙，則是日據以後經董事林大春將宮廟移至現址重建而成今貌。由前述地理關係看來，關渡宮前期的幾次遷徙，顯然不僅僅是大屯山地理形勢的考量而已，隨著關渡聚落逐漸成形，地方宮廟突出的人群廟特質，可能便是其中關鍵。

　　回顧關渡聚落發展，關渡大澳內沿山區一帶平埔族有北投社、嘎嘮別社及唭哩岸社等三個部落，其中勢力最大且人數最眾者為北投社，在漢人入墾後，土地漸為漢人取得，原有平埔部落也才逐漸轉為漢人村落。

　　關渡宮作為北臺灣首座媽祖廟，其位置設於關渡，既非漢人街庄八里、淡水聚落，也不在番人部落內，其主要原因，推測應該是關渡恰好位處漢人、平埔番社生活領域的中介點，是彼此安全防護的談判、溝通的場所，關渡也因此發展成漢、番最主要的交易地點（與艋舺類似）。

　　其實，漢人正式取得官方允許進入淡水河右岸墾拓，以康熙48年（1709）

諸羅縣令宋永清核准「陳賴章墾號」入墾大佳臘地區最早。在此之前,淡水河右岸平原地帶盡是荒埔景象,1654 年荷蘭人所繪製的大臺北古地圖,關渡一帶尚被標記成「野生灌木林河角」景象,關渡宮創建當時(1712),附近主要仍為平埔番各社群的部落生活景象,初建時期的關渡宮位於關渡山頂,其位置推測便是由淡水沿河翻越山嶺往嗄嘮別庄的通路所在。

此後,隨著漢人入墾越加頻繁,三個平埔社群也漸次成為與漢人關係密切的「熟番」。康熙 54 年(1716),當時關渡尚隸屬芝蘭二堡嗄嘮別庄,就在關渡宮建成後的第四年,由關渡庄民合設立了三將軍廟(即今關渡延平郡王三將軍廟前身)[37],雍正 12 年(1734)官方再於嗄嘮別庄設立淡水社土番社學[38],代表平埔原住民生活圈已向北投社趨近。反過來說,嗄嘮別庄外的漢人街庄(關渡亦是)應已逐漸形成,至乾隆 6 年(1741)間,淡水堡下除了關渡庄外,甚至亦包括了北投庄、奇里岸庄等漢庄。[39]

新興的關渡聚落,代表關渡一帶漢人已漸為主力。此時,隨著關渡漢人越聚越多,與民眾息息相關的媽祖廟卻位於關渡山頂,1719 年的遷廟,集合了漳州、泉州府同安、安溪,及興化府移民共同捐建,如同前述關渡宮與關渡渡口、關渡聚落的絕對關聯一樣,推測便是因為關渡宮眾多信眾朝聖靈山的需求所致。

---

[37] 引自《社寺廟宇ニ関スル調查 臺北廳-北投公學校》。

[38] 引自《臺北市志》卷首下大事記,頁 20。

[39] 引自《重修福建臺灣府志》卷 5 城池(坊里、街市、水利、橋梁附)/坊里(附),頁 80。

臺灣產業遺址保存價值探討：鐵道建築遺構真實性的追求

一、前言

對於產業遺址的保存價值探討，由國際產業文化資產保存委員會
（The International Committee for the Conservation of the Industrial
Heritage, TICCIH）訂定於 2003 年的「下塔吉爾憲章」，對產業遺產
（industrial heritage，或有譯為工業遺產）提出了清楚的定義與價值說
明，認為所謂的產業遺產係由歷史的、技術的、社會的、建築的或科學
價值的產業「遺留（remains）」所構成，包括與工業活動息息相關的建
築和構造物、製造程序、設備工具，及場址所處城鎮中有形與無形的證
據表現。[1]

憲章進一步歸納出四項遺產的基本價值，包括（1）歷史價值：產
業遺產是延續深遠歷史結晶的活動證據，保護工業遺產的宗旨是基於歷
史證據的普世價值。（2）社會價值：遺產記錄了大眾的生產與生活，並
確認了其自明特性。遺產於製造、工程、構造領域中具有技術與科學的
價值，並表現出建築、設計及規劃的美學價值。（3）本質價值：各項工
業地景、檔案文獻及無形的記憶、慣習中的基地、網絡、組成、機具、
配置，都具有其獨特的價值。（4）稀有價值，表現於特殊的製程、基地
型態與地景，特別是早期具開創性的案例。[2]在此憲章內容的基礎上，
儘管國內學者有許多衍伸性的詮釋，不過大抵與憲章主張與立意相近。

近年，產業遺產的保存與其他世界潮流如文化地景、水下考古、近
代城市、泥土建築、無形遺產等議題，都成為世界各國保存風潮的討論
焦點所在。回顧國內產業遺產保存的經歷，首篇以「產業遺產」為題的
期刊論文為 2003 年〈日本地方博物館新趨勢：以整合型產業遺產為

---

[1] 引自 The Nizhny Tagil Charter for the Industrial Heritage， July 2003。
[2] 同上引。

例〉，首篇產業遺產新聞的報導為 2003 年 5 月刊登於《聯合報》以〈活化歷史產業、樂山基金會辦活動：一窺士紙、建國啤酒廠保存過程 28 日起有 11 場座談、演講〉，首篇博碩士論文為博物館學界 1999 年《臺灣鐵路保存的博物館化：鐵路展示的探討》[3]，國科會第一篇專題研究計畫案為林曉薇 2005 年「整合型產業遺產再利用之環境教育系統建置之研究（2005-2006）」。由此看來，儘管過去國內不乏對各項產業類古蹟（或歷史建築）保存的經驗與論述出現，但以「產業遺產」保存觀念為前提的保存論述，確實仍是以少數學術界人士為主，且其發展不過是最近十年內的經歷而已。

　　本人自 2006 年起陸續主持了多項臺灣鐵道遺構的清理及調查研究工作，包括原清代劉銘傳鐵路隧道（獅球嶺隧道）、臺北城北側鐵路橋墩遺構、日治時代臺北工場之汽車修理工場（臺北工場）、塗工場、遷車臺遺構、第二代臺北車站月臺遺構、樺山貨物驛遺構。在很短的時間內，密集地接觸了臺灣近代化發展歷程中的幾處重要鐵道遺構，各項遺構創建年代由清代而至日治末期，建築類型則橫跨各項鐵道建築類型：客、貨車站、隧道、橋梁、月臺及工廠等。其中，由臺北市捷運工程局所委託研究案（臺北工場相關遺構的調查工作）因涉及機場捷運、松山線捷運興建工程需要，以及施工進度與龐大預算利害，其保存經驗似乎是國內產業遺產保存相當特殊且有趣的案例經驗。

　　回顧事件的發展，2005 年 6 月，位於今塔城街與市民大道口的原鐵路局臺北工場，因其歷史價值受到重視，臺北市政府公告指定「臺北工場」（即本文之汽車修理工場）為市定古蹟。考量古蹟本體位處機場捷運線與臺北捷運松山線北門站主體規劃，因而產生國家重大建設與古蹟保存上的難題，經相關單位臺北市政府文化局、捷運工程局、臺鐵，為顧及工程施作之時程及經費，最終決議採用「挪移後移回原址」的保

---

[3] 此處係根據 2012 年 5 月網絡資料庫查詢結果。包括蔡旺洲 2003〈日本地方博物館新趨勢：以整合型產業遺產為例〉《國立歷史博物館館刊》，13:12。牛慶福 2003 年 5 月 23 日〈日本地方博物館新趨勢：以整合型產業遺產為例〉《聯合報》。另有 2003 年 2 月 18 日《聯合報》一篇以〈臺鹽鹽場場務所 布袋人搶救〉則以「產業資產」為關鍵字。蔡旺洲 1999 年《臺灣鐵路保存的博物館化：鐵路展示的探討》臺南藝術學院博物館學研究所碩論。

存方式，並預計日後遷回並與車站出入口共構計畫，市定古蹟臺北工場的遷移計畫也大致成型。遷移工程於 2006 年 10 月 20 日正式開工，2007年 10 月完成頂昇 1.5 公尺，後再於 12 月完成水平挪移約 30 公尺後暫時定位，目前（2012 年 4 月-5 月）正進行工場移回工事中。

　　古蹟（或歷史建築）亦或文化資產中深層的「文化」命題，本源於拉丁語 Colere 而來，有「耕耘」、「培育」與「居住」諸義，有時更可以追溯至印歐語的 kwel 這一字根，其意義同樣是帶有翻動一塊地方、運作與耕作的意義。藉此，我們可以將其解讀成，文化本身原來就是「人與自然」之間的對話，亦即人與自然的互動。古蹟（歷史建築）乃至文化本身，在在透露出這種「活生生」的屬性，這也正是強調多元的尊重要點所在。

　　歷史性的強調，代表了我們對歷史「證物」的重視，而其可貴之處，便是近年來大家所熟知的「真實性（authenticity）」的討論。根據世界文化與自然遺產保護條約實施行動綱領（Operational Guidelines for the Implementation of the World Heritage Convention）整體性與真實性（II.E Integrity and/or authenticity）一節的說明，所謂真實性的追求與考驗，其意義遺產訊息的價值解讀，完全仰賴來自遺產內本身可靠、真正的訊息，有關遺產的知識與理解與意義，端賴文化遺產原初及其衍伸的特性而定。[4]

　　其實，歷史證物原本就具備了多層的意義、價值：它是許多歷史事件的直接證據，也是歷史發展的第一手史料（實體史料），其真實性由此得到證明。其次，透過這些遺物，可以提供人們反省歷史，肯定自我，並對所屬的時空環境有所認識；最重要的，它是人們集體記憶的表徵，也代表了多數人共同擁有的過去。如此的歷史價值，直接指明了前述那些建築、地景、場所、基地的文化自明性和連續性，它不僅是建築史的延伸而已，也是地方史、藝術史的表現，其他包括政治、經濟、社會、文化意義都涵括在內，也因此成了吸引大眾前來觀光的一大利多。

---

[4] 引自 World Heritage Centre， 2011，Operational Guidelines for the Implementation of the World Heritage Convention。

　　然而，再利用過程中所展現的，乃是一種詮釋的歷史性、不言而喻的歷史性，而非隱藏、覆蓋或被刪除的歷史性。只有歷史證物是真實的，經由修復而獲致的詮釋卻不是，它們的真實只是代表歷史場所在當下時間被了解的意義而已，與從前沒有什麼必然的關係。文化資源的歷史性傳遞或宣傳，建立在古蹟或歷史建築「真實性」價值的鑑定、評估與詮釋計畫之中，任何一個階段的忽視或錯誤的決策，將對其真實性產生嚴重的危害，並進而產生錯誤的歷史觀點。

　　本文無意重複且例行性的檢視各項產業遺產的價值，基於「回到遺產」原則的保存思考，「由遺產出發」似乎最能體現文化遺產的保存價值。依此，本文除先行介紹臺北工場汽車修理工場與塗工場簡史，並希望透過執行過程中諸多保存議題的研討經歷，就保存價值的發掘過程提供參考，其後再以遺產「真實性」的找尋為題，進行鐵道產業遺產保存價值的討論。最後，為了探尋臺灣產業遺產的特色，同時釐清其與他類文化資產類型價值之差異，本文文末嘗試將鐵道產業遺產課題，置於臺灣經濟發展網絡加以檢視與對照，企圖凸顯各類產業遺產獨具且突出的「現代化」普世價值，礙於篇幅，日治時期產業遺產另一突出的「殖民性」特色將另文討論。

二、鐵道部臺北工場汽車修理工場與塗工場簡史（1909 年）

　　臺北工場所在原為光緒 11 年（1885）由清朝政府所設置的「機器局」[5]，負責兵器、鐵道相關製品製造，兼掌貨幣鑄造、汽船修理等事業，專司臺灣島內各項兵器修理，12 吋砲以下的各種彈丸、火藥莢、船舶、鐵路、鐵橋的製造等，為當時洋化運動過程中，重要的近代化廠房設施[6]。日本陸軍於明治 28 年（1895）接收以後，改機械局為「臺北兵器修理所」，繼續從事陸、海軍兵器的修理，以及製造各種砲彈、小

---

[5] 機械局官衙 1886 年起工，隔年竣工，引自《臺灣鐵道史》上卷，頁 283。

[6] 《臺灣鐵道史》上卷，頁 276-278。

彈丸、火藥莢等，後再於明治 32 年（1899）改稱「臺北砲（礮）兵工場」[7]，期間為確保鐵路運行，便利用陸軍廠區內一部分土地設立專屬修理廠，由臨時臺灣鐵道隊之鐵道班車輛掛負責車輛維修[8]。

　　明治 32 年（1899）12 月，總督府鐵道部長後藤新平認為臺北砲兵工廠周圍均為鐵道用地，因臺灣縱貫鐵路施工範圍擴及砲兵工場週邊，因此計畫將砲兵工廠及其機械物品，全部移交鐵道部，轉為鐵道工場用地[9]。翌年 2 月臺北砲兵工場正式廢止[10]，轉由臺灣總督府經營，同時移交鐵道部管理。至 12 月 1 日，正式改稱「鐵道部臺北工場」，並積極著手移轉事務[11]。改制後的臺北工場，鐵道部逐步展開廠房的整理工作，至明治 41 年（1908）年底，當時區內工廠分為鑄工場、木挽置場、仕上及旋盤工場、鍛冶工場、製罐工場、木工場、組立工場、塗工場等廠房[12]，主要建築物以磚瓦造居多，總建築物面積為 1660 多坪。

　　明治 41 年（1908），臺灣鐵道縱貫線全線通車，隨著全島運輸事業快速的發展，鐵道工作及業務日漸增多，尤其鐵道工場當時是島內具有成熟製造技術與設備的機械廠房。明治 39 年（1906）勅令 224 號公布，允許工場除鐵道部業務外，還可接受其他機關或私人公司的機械製造、修理訂單，鐵道工場成為全臺大型機械製造與修理重鎮。[13]

　　在廠區益顯狹隘而不符需求的情況下，鐵道部因此計畫新一波的改造工事，在原臺北工場東側鄰地，新建塗工場、汽車修理工場及遷車臺[14]。該改造計畫於 1908 年完成，擴建計畫的內容，包括了東側緊鄰廠區敷地的擴展（計 3887 坪）、週壁圍牆以及臨北門街工場通用門的建造，建

---

[7] 同上引，下卷，頁 155。

[8] 至 1899 年鐵道部成立以後，轉為汽車課所轄。

[9] 引自臺灣總督府公文類纂 1901 年 7 月 18 日〈元臺北砲兵工廠敷地建物機械類鐵道部へ引繼一件書〉，冊號 624、文號 6。

[10] 軍方檔案亦有相關檔案，可參考 1900 年〈臺北砲兵工廠廢止の件〉，國立公文書館藏，亞細亞檔案中心。

[11] 引自《臺灣鐵道史》下卷，頁 155。

[12] 同上引，頁 160-161。

[13] 引自 1906 年〈臺灣總督府鉄道部工場ニ於テ機械其ノ他ノ製作及修理ヲ引受クルコトヲ得〉，國立公文書館藏，亞細亞檔案中心。

[14] 同上引，中卷，頁 463。

築部分則有汽車修理工場（火車修理工場）、遷車臺、塗工場（塗裝工場）及通用門旁（便門）的守衛詰所（守衛室）等。實際擴建工程於隔年5月開工，10月連同附屬建物一併建成，隨後再於隔年（1910）3月完成遷移正式使用[15]。

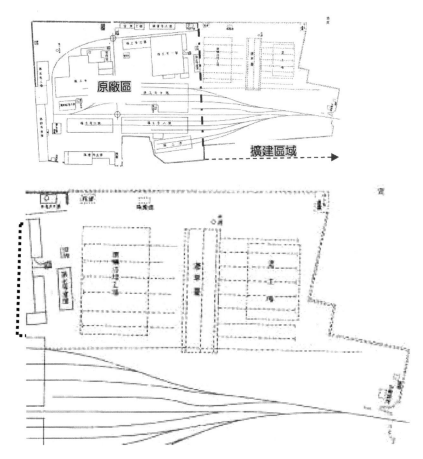

圖1　1908年臺北工場擴建區平面圖
底圖出處：1908年《臺灣鐵道史》

---

[15] 週壁築造工事，於1909年5月22日開始著手，至同年12月25日完工。其他「臺北機械場」的工事還包括撤去原有廠區圍牆、地均（整地）、臨時排水溝、混凝土、水拔土管、石牆增築、機械場、廁所、臨時柵欄拆除、器械基礎等。引自《臺灣總督府鐵道部第十一年報》，頁87-88、108-109。

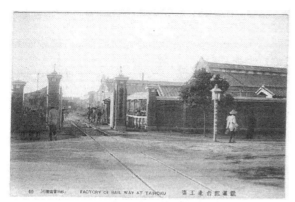

照片1　塗工場與汽車修理工場	照片2　1944年的汽車修理工場及塗工場
出處：**Taiwan Picture Online Archive** 網站	出處：文建會國家文化資料庫

　　大正2年（1913）間，汽車修理工場及塗工場皆因業務迅速擴張進行了另一次的增建工事，然在各式廠房、設備逐漸不敷使用，且周邊已無腹地向外擴展等情況日益嚴重下，鐵道工廠的改善遂成為鐵道部檢討北部地區鐵道設施改良計畫的先期任務，並於昭和3年（1928）提出了四期的改造計畫：第一期鐵道工場移轉計畫、第二期貨物驛分離計畫、第三期客車與貨車操車場新建計畫、第四期臺北市內高架線、旅客驛新建計畫等。

　　其中，第一期鐵道工場遷移即是昭和5年（1930）起由現址第一代「臺北工場」遷移至七星郡松山庄興亞地區的工程計畫，亦是今日松山臺北機廠來由，遷移工作於昭和10年（1935）全部完成。[16]自此以後，原臺北工場區域內各建物，便從工場設施轉型為辦公類型的房舍使用，而汽車修理工場轉為成「監督課、運輸課檢查係」辦公室，塗工場轉成「會計課」辦公室，而遷車臺則因特殊的下凹形式，北端攔腰切除，重新添建游泳池，而南端臺座基礎則順勢成為鐵路局中的畜水池。

　　民國34年（1945）光復以後，國民政府接收全臺灣鐵路業務，至民國37年（1948）正式成立臺灣鐵路管理局，局內設秘書、人事二室，運務、工務、機務、材料、會計、總務等六處，直到民國78年（1989）

---

[16] 引自1937《旅と運輸會報》，第四號，頁6。

鐵路局搬遷至新完工的第四代臺北車站為止，本區可以說一直是臺灣鐵路事務決策與管理的中心所在[17]。

此一期間，汽車修理工場成為「汽車處」辦公空間，而塗工場建築則由鐵管會下屬「臺北鐵道辦事處」進駐使用】併同「庶務課」辦公室使用[18]。至民國 38 年（1949）間，汽車修理工場進一步轉變成鐵路局員工所屬休閒、運動活動中心—「大禮堂」。而至市民大道開闢時，塗工場因道路寬度需要而將工廠北段拆除，原游泳池也幾乎全部拆除，而西端汽車修理工場建築則僅剩一半而已，直到民國 94 年（2005）市定古蹟「臺北工場」（即原汽車修理工場）遷移工程案開始為止。

三、保存價值的發掘：遺產考古

作為鐵道部北門臺北工場時期的廠房僅存遺構，包括汽車修理工場、塗工場及遷車臺保存價值的論證，因為機場捷運及捷運松山線的開闢通車壓力，一直欠缺妥適與開放的討論，儘管其部分價值案經臺北市政府文化局現場會勘而指定「臺北工場」為古蹟，然其調查研究因未及完成即進行遷移工程之故，相關的價值發掘一直停留在文獻與地上建物的討論之上。以下，透過挖掘過程中出土的相關遺構與設施，試圖將遺產保存價值的探討帶入建築考古的領域，重新審視實體證物無可替代的歷史特色，藉以引出建築遺產保存最高價值所在：真實性（authenticity）。

（一）1909 年汽車修理工場混凝土道床

汽車修理工場的混凝土地坪為原有道床。道床遺構的出土，具體反映了修理工場 1909 時工場內部空間的使用關係，尤其是東西向原工場軌道配置關係的呈現，在汽車修理工場當年圖像紀錄鮮少留存的情況下，越是彰顯其特殊與珍貴價值。

---

[17] 黃俊銘 2009，頁 51-52。
[18] 黃俊銘 2010，頁 1-47。

　　（1）混凝土道床配置：根據室內道床遺跡呈現的配置情形，目前室內共有四道完整軌道底盤，為修理工場南側僅存遺構，反應當時工場建築使用機能的特殊價值。道床配置配合東側遷車臺的安置，車輛由東側大門進入，西側因此為軌道車止位置。每道軌道間距淨寬約為 12 尺 8 寸，大於當時鐵道建設規範軌道間距最小寬度 12 呎（3.6 公尺）（停車場內）[19]。軌道內枕木痕跡及位置相當清楚，當年工場內部的景觀不難想像。枕木位置空槽全長約 7 尺（220 公分），其內下方混凝土底盤淨寬約 3 尺，共同形成了相當可觀的軌道道床全貌。

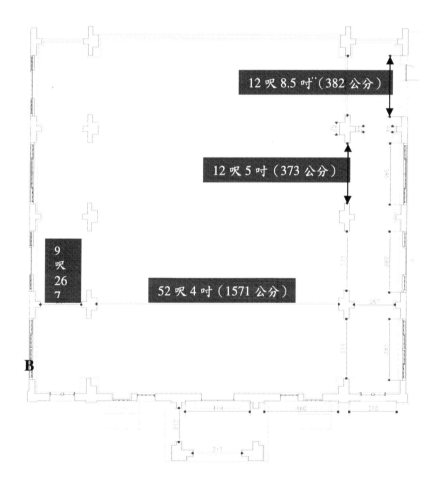

圖 2　車輛修理工場柱間平面尺寸圖

---

[19] 引自鐵道時報局 1904 年《新鉄道法令集訂正增補》，頁 107-108。

照片 3　道床地坪全貌

　　（2）混凝土道床構造：原汽車修理工場的道床地坪分成軌道部位
與工作平臺部位二部分。前者提供給車輛修理時的承載之用，因此構造
上與工作平臺在構造設計上截然不同，由下而上，分別是黏土層（兼模
版層）、卵石層、細骨材層、混凝土層、表層混凝土（淺溝）等幾個部
分。其中軌道混凝土層厚達 20 公分，與工作平臺上薄薄的排水混凝土
溝槽（最薄僅 0.5-1 公分厚粉刷層），兩者差異極大，或者這也是為何工
作平臺清理出來後，都發現已受到相當嚴重的損害的理由之一。

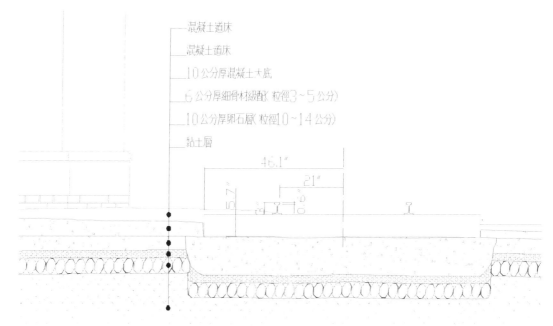

混凝土道床

混凝土道床

10公分厚混凝土大底

6公分厚細骨材級配(粒徑3~5公分)

10公分厚卵石層(粒徑10~14公分)

粘土層

圖3　道床剖面圖

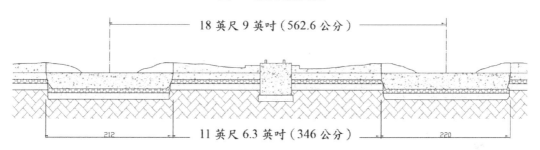

18 英尺 9 英吋（562.6 公分）

11 英尺 6.3 英吋（346 公分）

圖4　軌道與軌道間剖面圖

照片4　道床下方的回填層

照片5　道床的構造

而在工作平臺下部構造方面，清理出的地坪面上，出現了南北向歸

整排列的溝槽，推測應是原工作平臺下方的簡易自然排水設施（即小排水溝）。溝漕約一尺間距，呈現一端粗、一端細曲線型態，而且粗細配置也反映在間隔排列次序中，由其形式看來，推測溝漕原來施作實應使用竹子做為模具，其後在灌漿後，再以水泥砂漿粉刷去除表層竹節。

（3）工作平臺遺跡：從出土的柱腳遺跡觀察，可以發現，原有柱腳下部的踢腳下方，還有一層高度約為 10 公分後的空隙。依據原修理工場使用機能的關係，當時工場的地坪大致上分成二種，一是混凝土硬鋪面，其次是軟質的的木頭鋪面。後者可進一步分成小木塊體拼砌地坪，及大木條平鋪式地坪二種，考量汽車修理工場下方工作平臺係高地不平的排水溝槽，因此推測當時最有可能的鋪面形式應是木條平鋪式地坪，而其厚度正是上述空隙的寬度，約 10 公分左右。儘管大部分的空隙寬度因為地坪下陷的關係，而超過十餘公分，有的甚至到二十幾公分，然而觀察南端入口下方沿著南側山牆壁體一帶的踢腳空隙，大都維持在 10 公分左右。

照片 6　已脫離下陷的混凝土道床面　　　　　　照片 7　東側集水井

（4）附屬設施（設施基礎、集水井、排水陶管）：工場內部混凝土道床面上，於工作臺面正中央出現了排列規整的基礎遺構。考量修理工場當時的環境，推測為提供吊架（吊車）支撐之基礎設施。遺構上方鐵件有水平向螺痕，透過螺帽固定上部支架之用。混凝土面上部有一平整痕跡，應該便是支架底版大小（40*30 公分），略小於下方基礎斷面（50*40

公分）。

（二）1909 年塗工場混凝土道床及工作平臺

塗工場的混凝土地坪清理過程中，共有三條軌道留存，其中北段因受市民大道開闢影響，道床與枕木間的關係已受到部分破壞，南端軌條已不存在，地面相關設施多為後期所添設，因此原有軌道亦不完整。留存最為完整的是中段軌道，其混凝土地坪、軌條，以及枕木部位痕跡（枕木已經不存）都留存完好。

塗工場地坪以混凝土鋪面形式為主，其工作臺鋪面面亦是同樣材質與形式。在清理解體過程中，清楚看到當年施作構法的概況，當年係分成二個階段完成道床地坪，下半部份，在軌道預定位置下方，先以卵石打底，約 15 公分，上方澆置混凝土，厚度約 30 公分，形成一完整的混凝土臺面。而其上部再鋪以較小的粒石級配，約 10 公分，上方再繼續完成軌道道床。

圖 5　東西向剖面圖（全）

照片 8　出土的混凝土道床

照片 9　道床下部構造

照片 10　軌條與道床間的關係

　　塗工場的軌道遺構共有三道留存。其中，最南端的軌條已經不在。三道軌道，以中間 B 軌條留存最完整，南側 C 軌因僅留存部分枕木痕跡深度較淺，加上軌道形式與 A、B 兩道形式比較之下相對模糊，因此推測應為簡易施工的情形下完成。塗工場的軌道寬度為 107 公分，與鐵道規範所規定的尺寸（3 呎 8.25 吋）大致一致。軌道與軌道間距則為 475 公分，約為 16 呎。

　　塗工場中的工作臺基礎，共有三種形式出土：（1）A 型：鋼軌條置於方形混凝土基座上，長寬各約一尺，深度則一尺半，應為標準形式。（2）B 型；其作法與 A 型類似，只是基礎形式略有不同；（3）C 型基

座形式相對簡易，僅為斷面約 4 吋，深度約 2 呎的鋼管，中置鋼條，再以混凝土固定。與 A、B 型比較起來，僅由深入地下的柱形鋼管提供支撐力而已，加上數量僅有三組，推測為後期增加的臨時基礎。

照片 11　原有基礎（右側為 A 型，左側為 B 型）

照片 12　工作臨時臺座基礎構造（左側鋼管造形式為後期增設，B 型及 C 型）

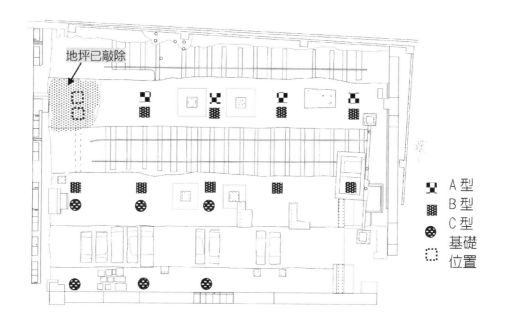

圖 6　塗工廠地坪發掘平面圖

（三）1909 年遷車臺混凝土基座

　　根據資料顯示，位於兩工場間提供車輛進出轉換的遷車臺，其徑寬（應為短向面寬）為 42 呎[20]，12.6 公尺。根據現場量測的尺寸，遷車臺寬度為 14.48 公尺，較原來計畫興建尺寸增大 1.9 公尺左右。清理出土的遷車臺遺構保留大致完整，其形式與當初計畫圖說一致，臺車軌道有三條，中間為單軌，東西兩側則為雙軌。由於遷車臺混凝土質相當優良，儘管未有鋼筋配筋輔助，其構造依舊相當完整堅固。

　　出土的遷車臺原有軌道道床相當完整，分成底版、側版與突出軌道三個部分，由於底版與軌道間僅由預埋鋼筋連接而已，因此在清理過程中，很輕易的便產生混凝土塊脫離的情形。軌道內的預埋鋼筋，為固定上部軌條之用，還保留許多頂端固定墊片，而混凝土軌道上方還留有軌條痕跡，可見當時軌條鋪設的概況。

照片 13　脫離的混凝土軌道與底版　　　　照片 14　南北向的軌條佈設（西部）

　　遷車臺底版置於約 40 公分的卵石級配上方，最下層則是生土層。而佈有軌道的臺車軌道部位，由於承重的關係，混凝土下部另設軌條，南北向三組串連設置，東西向則以 2 米間距軌條鋪設，由於穿越東西側

---

[20] 週壁築造工事，於 1909 年 5 月 22 日開始著手，至同年 12 月 25 日完工。引自《臺灣總督府鐵道部第十一年報》，頁 87-88。其他「臺北機械場」的工事還包括撤去原有廠區圍牆（45 間，約 81 公尺）、地均（整地，2291 坪）、臨時排水溝（20 間，約 38 公尺）、混凝土（126 間）、水拔土管（30 間，約 57 公尺）、石牆增築（30 間，約 57 公尺）、機械場（125 坪）、廁所、臨時柵欄（100 間）拆除、器械基礎等，頁 108-109。

壁底部，推測當年構造施作時，應事先一併施作底部後，再行處理高起的混凝土側壁構造。遷車臺的底版厚約 1 呎，僅於軌道下部敷設鋼軌條加強其承載力。軌條鋪設的位置集中於兩側雙軌道部位，中間單軌下方僅有南北向鋼軌條二條。

四、遺產建築真實性的找尋：建築形貌以外

以往對於遺產價值的思索，多數論點大都集中於地上建物本體外在形貌的討論，關於有形建物外的價值特徵則著墨甚少。遺產內部的相關價值眾多，遺構挖掘過程中出土的諸多新訊息，對於前述價值的探討，有著突出的啟發價值，以下即就基地、基礎及構築三大議題，分別說明鐵道遺產的價值所在：

（一）基地環境的真實性：以汽車修理工場為例

興建汽車修理工場 1909 年的計畫，起源於原有廠房狹隘之故，因此擬定進行大規模的改造，計畫要在附近「低地」埋立（填土）後，以新建汽車修理工場、塗工場[21]。二工場所在區域，原屬低窪地域，關於附近地表高度及地貌的形式，大正 5 年（1916）「臺北市街圖」提供了一個可供參考的證據。這張標有地勢高層尺寸的圖說，標示了清代機械局所在位置，恰好位於附近土地的最高位置所在（標高 21），而機械局東側日治時代用來興建汽車修理工場及塗工場的基地，則是附近地勢最低所在（標高介於 18-19 間）。可以看出清末機械局的擇址，選取了地勢較高的腹地，符合乾燥高地的要求，而用來連接臺北車站的鐵路則由局內廠房向東佈設，避開了東北角汽車修理工場所在最低窪的位置。

---

21 引自《臺灣鐵道史》中卷，頁 463。

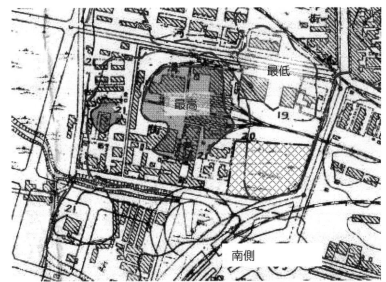

圖7　臺北工場附近的高層，東南角位置即是後來鐵道部眾多辦公廳舍位置所在。
底圖：1916 年臺北市街圖

　　根據 1895 年「臺北及大稻埕、艋舺略圖」所示，機械局附近的水域南北各一，南側為來自臺北府城護城河的浚溝岸堤所在，而東北側汽車修理工場所在北端，則另有流域存在（參圖）。簡單來說，工場所在位地處低窪，其土壤地質直接影響了工場基礎的形式；另外，廠區內部的排水，顯然亦將因地制宜，依循現時的地勢和水系排水方向而定。再則，照片為接官亭牌坊北側的窪地水池，此區水池分佈的相關證據很多，而其實體證據則是本區地下水位的高層。

　　根據遷移前土壤探測結果，地下水位部分，約在地下 1-2 公尺左右。而本區土層的組成，地表下 6M 內為軟弱至中等堅實黏土、地表下 6M〜15M 為疏鬆至中等緊密砂、地表下 15M〜23M 為中等堅實至堅實黏土、地表下 23M〜40M 為中等緊密至緊密砂。其中，與基礎高層相關者為地表下黏土層，其現地貫入試驗值（SPT-N）為 0-9 之間，為軟弱至中等堅實土層。

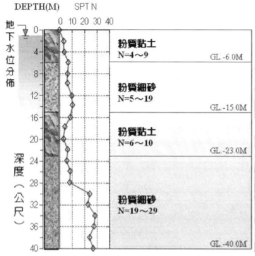

圖 8　遷移前土壤探測圖說　　　　**照片 15　汽車修理工場基礎下方的木樁與黏土層 1**

出處：《松山線北門站臺北工場古蹟挪遷統包工程施工記錄暨建物考證計畫》

　　另根據《松山線北門站臺北工場古蹟挪移統包工程地質調查工作報告書》報告內容，本基地地層主要由回填層（含卵礫石、磚塊、木頭、混凝土夾鋼筋）、棕黃色粉土質黏土、灰色粉土夾黏土、灰色細砂夾粉土、灰色細砂、灰色細砂與粉土互層、灰色砂質粉土所組成。地下水位介於地表下 3.1~3.55m 左右（一月）。

照片 16　基礎探挖時湧出的地下水（B3 基　　　**照片 17　塗工場基礎探挖時的地下水**
**　　礎，內側西側獨立基腳）**

　　其次根據現場開挖的結果，本區地下水位確實很淺，其高層約在地

面下 1.8 公尺左右，包括汽車修理工場與塗工場二地皆有同樣的地下水況呈現。根據前述各項數據與地層挖掘現況，本區的地下水位約在 1.5 公尺左右，1909 年當時進行工場營造與設計時，對於地下水的考慮與因應顯然至為重要。

　　同樣的地理資訊，亦可由塗工廠與遷車臺排水設施遺構反映出的排水系統設計看到。舉例而言，塗工場內修理的廢棄水，經由集水井後聚集後，便透過排水陶管排出。記錄過程中出土的陶管管徑（內徑）有二種尺寸，分別是 3 吋及 6 吋（內徑）。其中，3 吋陶管出現在幾個不同位置，一是塗工場西側牆車輛入口基礎部位的排水管，另外則是位於塗工場西側南北向「南段」排水管。

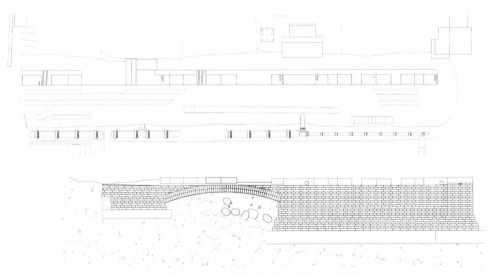

圖 9　塗工場西側牆基陶管分佈配置圖

　　而 6 吋陶管則位於遷車臺東側及塗工場西側。遷車臺部分，6 吋陶管自遷車臺側壁引出後，直接向東側導入集水井，其後再北轉排出。而塗工場的 6 吋陶管則銜接南段 3 吋陶管後繼續向北端排出。

照片 18　6 吋陶管與 3 吋陶管銜接位置

照片 19　遷車臺東側的排水口

　　其外形除了直管外，另有於排水路徑轉彎時使用的彎管。陶管與陶管接合部位，係以混凝土結合。排水陶管設施外側（上下左右四周），均以黃沙土鋪設，以作為保護陶管的防護土層。這些陶管遺構儘管遭到後期鋪設的各類排水管道、露明排水溝、暗溝等之破壞，然而從其位置仍可辨別出塗工場及其附近排水設施的構成。

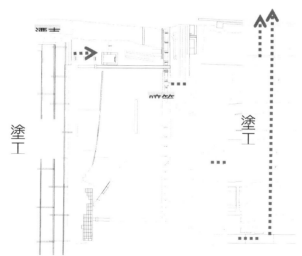

圖 10　塗工場及遷車臺的原有排水系統示意圖

（二）建築下部基礎的真實性：以汽車修理工場為例

汽車修理工場南端為連續磚造基腳，東西兩側則為拱梁形式串連的磚造基腳。基礎深度以南側最深，磚體厚 1 呎半（46 公分），深度約 7.5 呎高（225 公分），下部出三層擴基，每次兩塊磚厚度（約 13 公分），磚體下部則是 40 公分厚的混凝土版，突出磚體外約一尺左右，一方面作為上方磚基施作工作臺面，一方面有提供下方木樁樁頭作為支撐頂版之用，由於推測當時並未使用模版，因此版體外觀並不規整。出土後的汽車修理工場磚基礎構造，除紅磚材質維持良好外，混凝土灰縫因年久及中性化關係，已有嚴重空蝕現象產生，挖掘過程中因雨水或地下水的不斷沖刷，磚體黏結強度顯然已有危險疑慮。

以東西側連續紅磚拱圈構造為例，拱徑約 12.5 尺（375 公分，即起拱線間距），拱抬高約 2.5 尺（78 公分，拱矢），雙層拱券，與上部柱間距雖較小，不過大致相符。磚拱下方柱基與上端柱體一致，起拱線下部在有三層磚砌，其下方才是層層擴出的擴基基礎。共計三層，每層伸出約 1/4 磚身長度，與一般擴基形式大抵相符。而緊貼擴基下方的厚達約 1.5 尺（40-45 公分）的混凝土底版，伸出紅磚柱體約 10-40 公分不等，當時施作顯然未有一定規範。由於混凝土層外四週並不規整，當年顯然未有模版協助。挖掘清理過程，多數拱圈梁下部拱券部位已有明顯塌陷破壞，大多是因為黏著灰漿受的侵蝕、淘空，而致拱體破壞所致。

照片 20　西南角連續基礎

照片 21　獨立基腳（框線位置即為柱體間的位移落差）

原汽車修理工場內側的紅磚獨立磚柱基礎成類似十字形，南北向較長（約公分），東西向較短（約公分）。從其砌築痕跡看來，磚基礎明顯可分成兩段，下半段深度約 155 公分，下方再出每層厚約 13 公分（二塊磚厚）的擴基三層，總共高度約 195 公分，下方再加上厚度約 1.5 尺的混凝土地版。

至於磚柱的上半段，則有明顯的位移差距出現，有時甚至達一塊磚的落差。此一現象不僅獨立磚柱而已，東西拱梁及南側連續磚牆基礎都有同樣現象產生，只是獨立磚柱特別明顯。這樣的落差，推測應該是當時基礎放樣時產生的落差所致。另一方面，此一全面的落差，也可直接看出當年施工過程中，所謂基礎位置所在。

汽車修理工場基礎下方木樁（杬木）共有二種長度，分別是 240（8尺）及 180（6 尺），外圍連續基腳木樁配置呈現「千鳥」排列方式，而獨立基腳部分，採二、三、四、三、二數排列，間距約 50 公分。其中外環連續基腳部分東、西、南側皆有，內部的獨立基腳同具。

一般木樁用於軟弱黏土地層的補強，根據《建築物基礎構造設計規範》5.6.1 節有關「木樁」使用的規定，木樁必須經過防腐處理，如未經防腐處理，則須為已剝皮之生圓木，並經常浸沒於水中。使用時不得

有開裂等缺陷，圓木樁上下端直徑變化均勻，且剝皮後樁末梢直徑不得少於十五公分，樁身須長直，上下兩端中心點之連接直線，不得超出樁面以外，可供參考。不過，汽車修理工場發掘出來的木樁本體並未去皮，上部因夯打關係，其木理構造已有崩解現象。

照片 22　獨立基礎下的木樁　　　　照片 23　木樁近照，柱頭木理已局部損壞

（三）構築的真實性：以塗工場、遷車臺計畫圖說的落差為例

依據《臺灣總督府鐵道部第十一年報》的報導，塗工場寬約 18.6 公尺，長約 22.2 公尺。此項尺寸與興築過程中的新聞相關報導一致，不過卻與 1908 年《臺灣鐵道史》所載臺北工場塗工場與遷車臺的計畫興建配置圖說稍有不符。若以現存汽車修理工場面寬 24.7 公尺為基準，則塗工場長約 26.4 公尺，寬度則有 18.9 公尺，對照之下，其面寬尺寸與前述年報興建內容約略相同，然而全長卻短少了將近 4.2 公尺。

這樣的差異，若按軌道的現況寬度為 4.9 公尺來看，將近少了一個車道的長度，即若以日治時代軌道間距最小寬度 3.6 公尺（12 呎）檢驗，顯然明顯超過其規定。由此看來，當年興建塗工場廠房時，有可能已經變更了原有的計畫規模。

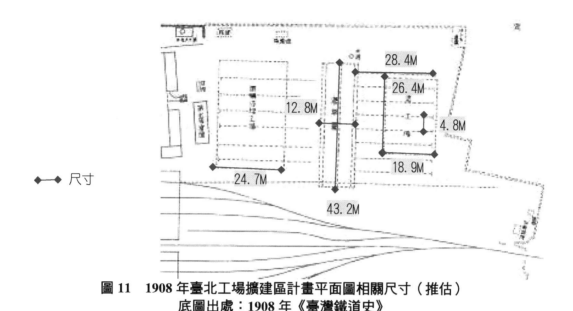

圖 11　1908 年臺北工場擴建區計畫平面圖相關尺寸（推估）
底圖出處：1908 年《臺灣鐵道史》

　　根據現場測繪的尺寸顯示，塗工場面寬 19.32 公尺，遷車臺面寬 14.48 公尺。其中，塗工場東西面寬與計畫興建尺寸約略相近，然而遷車臺的面寬卻比計畫的寬度 12.6 公尺多出了 1.9 公尺。

　　此一線索若以遷車臺現況出土的痕跡加以對照，遷車臺東側軌道旁底版上，明顯留存有兩道軌道遺跡，其間距與鄰近突出的軌道間距相同，尤其遺跡上部仍留存興建時預埋用來固定上部軌條的螺栓鐵件，此遺跡顯然原來便是計畫興建的遷車臺軌道；另外，東側遷車臺底版因承重關係補強的剛軌條分佈區域，與西側臺車軌道下方的尺度亦不相同，都可看出舊有軌道的位置特徵。

　　根據現場實測尺寸，東西兩側舊有軌道外圍距離為 11.2 公尺，如果再加上左右軌道與遷車臺側壁外的距離各 0.86 公尺，則全寬為 12.9 公尺，此與計畫興建的尺寸 12.6 公尺幾乎相近。依此，當年興建遷車臺時，確實因為某種原因，導致了遷車臺面寬尺寸的改變。也就是說，遷車臺在施作過程中（或建成以後），曾經做了一次修正（或擴建），然而其原因究竟為何？是否因為臺車基座不符而變化？儘管需要更多資料的出土加以解答，然從清理過程中所暴露出的構造真實性，仍可看出

營造過程與計畫階段確實可能因為特定原因而變更其內容。

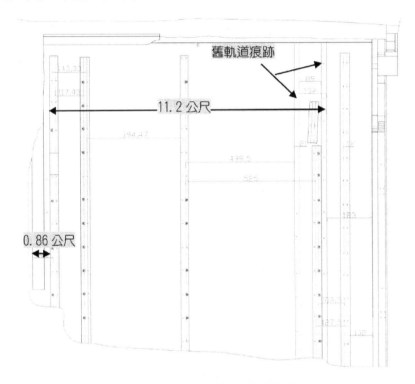

圖 12　遷車臺平面配置圖

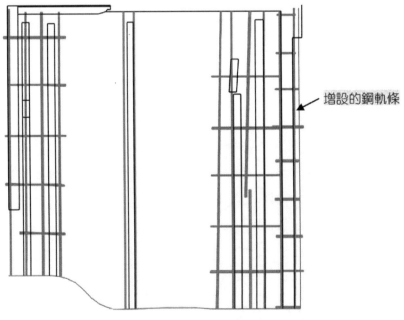

圖 13　遷車臺底版鋼軌條敷設平面圖

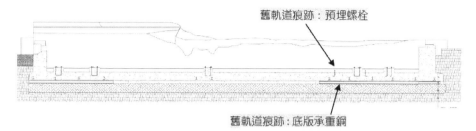

圖 14　遷車臺東西向剖面圖

照片 24　遷車臺東側軌道與地板軌道痕跡

五、結語：產業遺產的現代化特質

　　現代化的特質，1960 年代的日本箱根會議的八項檢驗標準：「箱根模型」，提示了幾項驗證因素，包括（1）人口高度集中都市、（2）機械力高度使用、貨物廣泛流通、公共服務機關成長、（3）社會成員交流頻繁，並參與政治、經濟事務、（4）地方及世襲團體崩潰、（5）教育普及、科學知識增加、獨立的個人、（6）廣密且深入的交通網、（7）龐大的行政及工商組織出現、（8）國家統一、國際關係的促進。[22]諸多標準迄今儘管已歷五十年，然而作為檢視臺灣鐵道遺產的現代化特質，仍有其相

---

[22] 引自布萊克 1996《比較現代化》，楊豫譯，上海譯文出版社，頁 216。

當的啟發作用。本文礙於篇幅，僅針對臺北工場遺構與臺灣經濟發展的
關係進行串聯討論，說明如下：

　　首先，日人矢內原忠雄於其《帝國主義下的臺灣》一書指出，日本
治臺初期十年之間，治安平定、衛生改良、經濟發達、財政獨立，由於
殖民政策的成功，使得臺灣從一個落後的傳統農業社會脫胎換骨，也因
此奠定了臺灣的經濟發展基礎。[23]而其關鍵，矢內原忠雄認為須歸功於
幣制改革、土地調查、縱貫鐵路通車及基隆港築港等「基礎事業」的完
成，這樣的觀點，大致與其他學者的看法相同。[24]

　　根據近期的學術研究成果，臺灣西部縱貫鐵路通車與基隆高雄兩港
整建後，交通運輸成本大幅下降，貿易增加，全島形成一個整合市場，
貿易機會因而提升，直接影響農民的增產。以稻米為例，貿易使臺灣南
北的米價趨於均一，並使中南部的米作面積增加；車站地稻作的平均每
甲產量上升大於非車站地、車站地地價上升幅度也大於非站地，充分反
映交通運輸集中與上升後所產的經濟聚集利益，日治初期的交通建設確
實產生生產力提升的效果。[25]

圖15　1896－1920年間各港口輸出與移出總價額
資料出處：吳聰敏、盧佳慧2008

---

[23] 引自周憲文譯，矢內原忠雄著1999《帝國主義下的臺灣》，臺北：海峽學術出版社，頁12。

[24] 如張漢裕1951〈日治時代臺灣經濟之演變〉《臺灣銀行季刊》，第4卷，第4期，頁36-90。
　　李明俊譯、涂照彥著1991《日本帝國主義下的臺灣》，臺北：人間出版社，頁33-47。

[25] 引自吳聰敏、盧佳慧2008〈日治初期交通建設的經濟效益〉《經濟論文叢刊》，6：3，頁
　　293-325。

　　相較之下，清代的臺灣，落後的交通和運輸，無法使城市鄉間大量交換貨物，由臺灣府延伸的幾條道路，天氣惡劣時所有的通路幾乎斷絕通行；全島沒有一條鋪設的道路，由南而北沿海路反而更方便[26]，此時的臺灣，無疑便是眾多學者所稱的「傳統農業經濟」社會。然而進入日治時代以後，1908 年縱貫鐵路通車，加上基隆港與高雄港建設完成，西部各地商品之出口先由鐵路運至基隆或高雄，再由輪船運送出國，造成西部基隆、高雄二港獨大，而其他各中、小型港口之運輸功能則逐漸沒落（可參上圖）。[27]

　　這樣的變化對照於臺北工場遺構的變遷，確實也反映出鐵道運輸業務迅速擴張的訊息，以東側緊鄰汽車修理工場的廠房為例，便是一座西側為獨立專基礎、東、南側為連續磚基礎（北側因市民大道拆除不明），內部則由臨時性混凝土道床及簡易工作平臺（磚束）構成。

　　1913 年一篇以〈鐵道工場現況〉為題的報導，提到了鐵道工場的工作情形：「內部設備，漸次改善，機關車列車之修理、製作頗呈敏捷，鐵道事業之辦理，略無不便之感。現下工場重要事業，為製造新式車，該車至來月不可不全部竣工。又明年度起，以全體列車均要設三等車及列車內部要行改善裝飾，全體皆忙碌異常，以外，如舊有車輛暨機關車等，一個年要修改二三回，皆在本部工場操修……」。[28]

---

[26] 引自 Myers, Ramon II.1980〈臺灣經濟的發展〉《中國現代化的歷程》，頁 303-304。

[27] 引自吳聰敏、盧佳慧 2008〈日治初期交通建設的經濟效益〉《經濟論文叢刊》，6：3，頁 296-297。

[28] 引自 1913 年 2 月 24 日《臺灣日日新報》〈鐵道工場現況〉。

照片 25　汽車修理工場及東側廠房建築

出處：1915 年《臺灣鐵道》，第 35 號

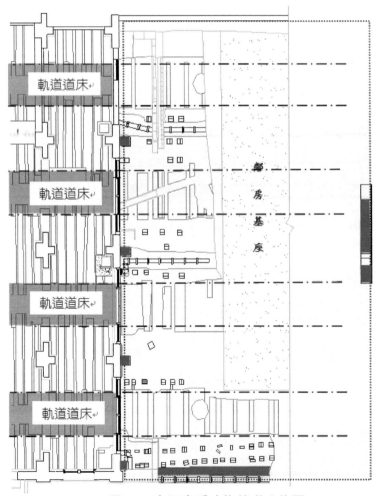

圖 16　東側廠房建物基礎分佈圖

照片 26　緊鄰汽車修理工場的	照片 27　混凝土道床（右）、工作平臺
獨立基腳	磚束（左）

　　也就是說，為了因應工場內日益繁重的車輛與機器修理、製造工作，距離 1909 年完工沒多久的時間，鐵道部便在塗工場南側及汽車修理工場東側，各新建了一座臨時性的廠房。這樣的增建，對汽車修理工場而言，可以增加一倍的工作空間，而塗工場則因新增南端二條工作線，同時增加了四成的工作效率。

　　其次，日治中期以後，由於全臺陸續完成了桃園大圳、嘉南大圳、日月潭水力發電所等重大公共建設，使得全島農業經濟發展更加活絡，島內物資流動加速，輸送需求逐年倍增。依總督府所出版統計報告，日治時期臺灣鐵道各年運輸的「旅客乘、降」總人次與「貨物發、著」總噸數，由 1897 年的 52.2 萬人、4.9 萬噸[29]，1919 年時，提升到 1280 萬人、263.8 萬噸[30]。至 1926 年以後，島內產業再次急速發展，各種加工與生產工廠於各地紛紛興起，加上本島與內地（日本）間海運繁盛，至 1935 年時，全臺鐵道運量已高達 2329 萬人次與貨物 734.5 萬噸。[31]

　　以臺北驛（臺北車站）為例，自 1901 年起，旅客與貨物總量在 30 年內亦由 45 萬人、10 萬噸，成長為 380 萬人、50 萬噸，比過去足足增加了 8.5 倍、5 倍的業務量。[32]因此，日本政府於 1928 年就臺北地區的

---

[29] 引自臺灣總督府民政部文書課 1899《臺灣總督府第一統計書》，頁 534-536。

[30] 引自臺灣總督府官房調查課 1922《臺灣總督府第二十四統計書》，頁 534-536。

[31] 引自臺灣總督府總務局 1943《臺灣總督府第四十五統計書》，頁 266-267。

[32] 引自 1937《旅と運輸會報》，第 4 號，頁 6。

鐵道發展，提出了一個根本性的改造計畫。該計畫計分為四期：第一期鐵道工場移轉、第二期貨物驛分離、第三期客車與貨車操車場新建、第四期臺北市內高架線、旅客驛新建等。

其中，第一期鐵道工場遷移計畫，即是 1930 年由臺北工場現址將「鐵道部臺北工場」遷設七星郡松山庄興亞地區的計畫，此亦是今日松山「臺北機廠」所在由來，遷移工作於 1935 年全部完成，至此以後，臺北工場所屬汽車修理工場、塗工廠及遷車臺設施也正式走入歷史。[33]

臺北工場汽車修理工場、塗工廠及遷車臺遺構，自 1909 年新建落成至 1935 年因臺北工場遷至松山僅短短 26 年，這期間不僅是以蔗糖、稻米為主產業的臺灣農業現代化重要時程，也是臺北市都市迅速擴張、發展的時期。如同杭廷頓（S.P. Huntington）所認為的，現代化不僅是現代社會發展過程中的革命化歷程，也是一種「進步」的過程，臺北工場遺構快速地變遷發展，正是其作為產業遺產（或工業遺產）現代化的突出屬性。

---

[33] 至於第二期及第三期工事即是 1937 年完成的樺山貨物驛工程，第四期的臺北驛改築計畫（即第三代臺北車站，鋼筋混凝土造現代式樣）也因需求甚急，甚至提前至 1935 年優先整併為「臺北驛改築計畫」進行，並於 1941 年完工落成。同上引。

參考書目

1. 李明俊譯、凃照彥著 1991《日本帝國主義下的臺灣》，臺北：人間出版社。

2. 吳聰敏、盧佳慧 2008〈日治初期交通建設的經濟效益〉《經濟論文叢刊》，6：3，頁293-325。

3. 周憲文譯，矢內原忠雄著 1999《帝國主義下的臺灣》，臺北：海峽學術出版社。

4. 黃俊銘 2009《鐵道部原工務室、電源室與食堂委託調查研究》。臺北：臺灣博物館。

5. 黃俊銘 2010《臺灣總督府鐵道部調查研究與再利用之規劃》。臺北：臺灣博物館。

6. 張崑振 2006《松山線北門站臺北工場古蹟挪遷統包工程施工記錄暨建物考證計畫》。南：南北樓房遷移工程。

7. 張崑振 2008《原鐵道部塗工場暨遷車臺基礎遺跡調查計畫》。臺北：達新工程。

8. 臺灣總督府鐵道部編 1908《臺灣鐵道史》。臺北：臺灣總督府鐵道部。

建築遺產保存真實性議題的衍伸：臺灣博物館再利用的幾點觀察

一、前言

　　近十餘年，國內受世界遺產引發的遺產保存觀念思潮影響，出現了幾個重要的觀念轉變，如無形遺產（intangible 非物質）、場所精神（place）、環境場域（setting）的解讀等，較過去建築或有形遺產的偏重觀念已受到普遍的理解與認識，尤其關鍵的遺產價值鑑定的兩個指導性原則：整體性（integrity）、真實性（authenticity），亦同樣受到高度的關懷與重視。諸此轉變，無疑地提供各類文化資產保存實踐過程中最重要的參考。

　　受此觀念風潮影響，臺灣遺產保存的焦點已逐漸轉移至生活環境所屬的歷史性地景、歷史性場所，甚至是歷史基地的保存，儘管保存對象與範圍可能不斷修正或擴大，不過其間的「歷史性」課題卻一直未曾有所改變。歷史性的強調，代表了我們對歷史「證物」的重視，而其可貴之處，便是近年來大家所熟知的「真實性（authenticity）」的討論。

　　所謂的真實性（authenticity），係依據 1994 年〈奈良真實性文件（The Nara Document on Authenticity）〉而來，受到文化多樣性（或說是生物多樣性）觀念的影響，認為遺產構成社會文化涵構中各類有形與無形、時間與空間環境，都是人類發展不可或缺的一部分，對於文化差異的現象必須予以一定尊重。

　　遺產真實性的討論，係建立在遺產價值的辯證之上，一切與文化遺產的最初及後續特徵有關的信息來源（message resource）及其意義的認識與了解，都是全面評估遺產真實性的必備基礎。其中，信息來源被定義為：「可使人了解文化遺產的性質、規範、意義與歷史的所有物質的、書面的、口述的與圖像的來源」。

　　在此觀念下，文化遺產的性質、文化語境、時間演進，與其各項信

息的「形式與設計、材料與物質、用途與功能、傳統與技術、地點與背
景、精神與感情以及其他內在或外在因素」直接關聯。真實性的討論，
即是在對這些文化遺產所屬的藝術、歷史、社會和科學面向進行詳察，
並盡可能運用跨學科的專業技術、知識來達成。

　　隨著舊建築保存、閒置空間再利用政策的推動，臺灣近年的歷史建
築博物館化（或展示館化），已成國內文化資產保存實踐的最重要議題
與發展趨勢。在此風潮下，各地歷史建物再利用為博物館案例的出現，
許多閒置的歷史建物不僅得到重生的機會，也再次成為最受關注的教育
場域與空間。臺灣由北而南，老房子、舊瓶新酒活動不斷，這之中又以
政府介入或主導的建築更新案例最為人所注意，如基隆著名的八斗子海
洋科學館（原八斗子發電廠）、臺北松山文化創意園區（原松山菸草工
場）等。

　　2004 年間，國立臺灣博物館本館（原總督府博物館）著手進行古
蹟修復工程，自 2005 年起，臺灣博物館（以下簡稱臺博館）配合文建
會（今文化部）推動首都文化園區「臺灣博物館系統」的建構，積極重
新規劃納入臺博館本館附近地區（首都核心區）的舊有歷史建築，透過
舊建築更新改善工程的執行，重新建置專屬的「首都博物館」。這些工
程包括臺博館、舊土銀、鐵道部、樟腦廠等古蹟的修復，企圖重新建構
臺灣自然史、臺灣現代性、臺灣產業史為主軸的國家博物館。[1]

　　2008 年的周邊景觀改善工程、首創公園休憩與自然史博物館意象
結合，為人們提供舒適的休閒空間，體現濃厚的歷史人文氣息。2010
年利用三級古蹟勸業銀行（土地銀行）舊廈再利用為「土銀展示館」，
除了擴增臺博館展場空間外，設定成為「首座古蹟保存運動與博物館結
合之博物館」。去年（2013 年），原屬專賣局專屬樟腦製造工廠附屬建
物修繕後成立的「南門園區」。綜合以上建設，館方希望透過各棟古蹟
的修復，「不僅增加臺博館之館舍空間，更逐漸顯露臺博館提升首都核
心的文化意象與形塑國家主體意識的國家博物館的目標與願景」。[2]

---

[1] 2009《臺灣產業史博物館展示規劃》，館長序。

[2] 臺灣博物館官方網站，便民服務。網址：

近年在古蹟修復後，都透過展示空間的重新設計（或稱作再利用）重新開啟其新的生命歷程。本文的書寫，係建立在臺博館本館建築的再利用的思索而來。真實性而言，過去的討論多建立在前述形式與設計、材料與物質等有形物件的修復之上，對於遺產的用途與功能、傳統與技術、地點與背景、精神與感情以及其他內在或外在因素，卻相對欠缺。依此，本文即透過臺博館各類信息來源（message resource）的再度審視，並以日治時期「總督府博物館」為對象，進行真實性價值的重新評估，進而思考未來各類歷史建築再利用為博物館的可能性面相向究竟為何？

二、歷史時間的真實性連結：1908 初創、1915 竣工落成

「臺灣總督府民政部殖產局附屬博物館」於 1908 年開設，其創立原為紀念臺灣縱貫鐵路開通，為殖民政府宣傳治臺政績的象徵性場所，並於鐵路「縱貫鐵道全通式」舉行的前一天（1908 年 10 月 23 日），由閑院宮親王剪綵開幕。

曾參與博物館籌備工作的森丑之助曾提及：

> 「縱貫鐵路的全線開通，才是產生這座博物館的唯一動機。……明治四十一年（1908）十月，臺灣總督府為了紀念本島交通大動脈縱貫鐵路的南北全線通車，並且趁此機會對臺灣作大力的宣傳與介紹起見，擬邀請國內外賓客來訪，並立下一個空前盛大的全線通車儀式計劃」（森丑之助，1999：264）。

為著政治宣傳性的目的也好，臨時性鐵道通車慶祝活動也好，無論如何，終究促成了彩票局時期（1908-1915）博物館的出現。

回顧臺灣近代化工業建設的發展，南北交通大動脈—縱貫鐵路的全線通車，確實為臺灣歷史發展最重要的時刻，1892 年由基隆、臺北府

而新竹的清代鐵道完工之際,卻也宣告了南北縱貫鐵路的終止(或言失敗來得較為貼切)。1895 年日軍臨時鐵道隊成立以後,臺灣總督府除了積極改善清代鐵路的不合理路段外,另一個最重要的任務便是打通南北交通要道:縱貫鐵路,以完成領臺初期最重大的軍事建設(另一為基隆港),而其成果則改變了臺灣過去幾百年東西向的水路交通模式。1908 年總督府博物館的成立,雖僅為一系列盛大的通車儀式活動之一,但透過媒體與展覽的大力宣傳與介紹臺灣建設,政治宣示目的可說極其明顯。

圖 1　1937 年騰雲號機車與氣罐車上家
出處:《臺灣治績志》

有趣的是,1924 年臺灣清代編號第 1 號的火車頭騰雲號退休後,於 1928 年將車體及歷史最悠久的第九號蒸汽機車委由博物館保存並安置於新公園西北側,而清代同時抵臺的御風號機車則解體報廢。[3]1930 年,為了保護機關車免於日曬雨淋,總督府還特別從事業費中撥用 2762 圓於博物館新建「氣罐車上家」一棟(鑄鐵造,淺野石綿屋頂瓦,軒高

---

[3] 引自臺博館解說牌。

12 尺 8 吋，建坪 24.75 坪），並於同年 9 月 2 日竣工。[4]此棟建築尚存於基地的西北側，只是一直未能得到應有的重視與對待。

當然，除了慶祝縱貫線通車外，創辦總督府博物館還有一個最重要的理由：

> 「這個殖產局博物館到底是什麼呢？……我認為這座博物館是一所自然科學的博物館，將所有關於臺灣的動植物、礦物全蒐集起來，並好好利用它們達到博物館的目的。其次才是把昔日消失的歷史文物陳列出來，使人一目了然。……以此為基礎，對以後十年、二十年、五十年的世界學術是有貢獻的。如有外國人來臺考察，而在此具備文明組織及設備之臺北，而無可藉以知其產物之博物館，且無可因而識其歷史變遷之陳列所，那麼他們必以輕忽侮慢之眼看我臺北市……」。[5]

此為轉任殖產局長兼彩票局長的宮尾舜治於開幕時所提及的內容。

事實上，臺博館創設之初並非全臺唯一的展示場所，其他還有更早設立的臺南博物館、臺北商品陳列館（1899，今歷史博物館所在前身館舍，1917 年重新開館）等。其中，商品陳列館作為殖產局推動、宣傳島內各項生產、產業建設重要媒介空間，為 1920 年代各項工業、工藝產品最重要的展示場所，而原總督府博物館的產業類藏品也全數移交，直接促使總督府博物館於定位上的轉變，後期於臺中、臺南、新竹、高雄等地商品陳列館也陸續設立，為殖產局官方介紹各地物產及宣傳產業政策的場所。

由於博物館設置之初便由殖產興業的主題展示作為出發點，展出臺灣本島各項產業的縮影。這樣的特色，其實也出現在臺博館設立初期隸屬單位的變遷中，如創立時的臺博館隸屬殖產局（1908-1920），其後為內務局（1921-1926）及文教局（1927-1945）。其中，殖產局時期的館長來自農務課、商工課，內務局階段則是學務課、文教課，以及文教局的

4　引自 1930〈博物館構內汽罐車上家新築工事〉，臺灣總督府公文類纂，冊號：11359。文號：59。

5　臺灣博物館官方網站，館史溯源。網址：http://www.ntm.gov.tw/tw/public/public.aspx?no=63。

社會課、學務課。1921 年起由殖產局轉為內務局學務課便是其中的重
大轉折。

　　臺北作為第一個日本殖民地的首府，透過西方世界現代化大城市的
重要空間元素：博物館，展現殖民母國的強大，營造新式（或歐式）博
物館對日本殖民統治政府而言，可說是彰顯其統治正當性極為重要的手
段與工具，此即總督府博物館生命歷程中最重要的歷史起源價值：殖民
與現代性。

　　來臺考察的中國學生謝鳴珂表達了參觀感言：

> 「藏古室（應為歷史室）羅列清時州縣印誌、郡縣志錄、文書、
> 契據、匾額、楹聯、神像等物，有孔子及蘇文忠、丘文莊、海介
> 公三公畫像、鄭成功遺傳銅器攝影、劉永福發行郵票、劉銘傳時
> 丈量尺。中華文物夷於蠻族，與巴黎博物院之圓明園遺器同一感
> 慨矣。有一室，具列歷任日本臺灣總督及民政長攝影。……旁一
> 玻璃匣，藏伯爵兒玉源太郎為陸軍中將時制服一套。」（謝鳴珂，
> 1965：88）

　　對彼岸清國人而言，博物館內所見所聞，其心情可以想像，撇開民
族情緒不論，昔日珍藏文物今日處境不知如何？不過各項文物的深度歷
史意涵，似乎已經超越一切，不言可喻。

　　1915 年兒玉、後藤紀念博物館竣工落成，作為兒玉總督暨後藤民
政長官紀念事業之一，1913 年興工，二年後完工，共計花費 27 萬圓。
如同杉本良在〈創立三十周年を祝す〉說明了博物館成立的原因：「說
明臺灣統治的歷史，就是我們兒玉、後藤紀念博物館的目的，這是相當
明白的」（杉本良，1939：254）。其作為政治宣傳的明顯意圖，也可由
其博物館位處政治建築核心的區位看出：

> 「此種建築，是代表臺灣的一個公共建築，不是一時性的建築，
> 是做為永遠不朽的大紀念物。如此的企圖計劃，固然要將地方的
> 感情及利害計算在內，但位置上，擇定政治中心內所有人都會駐
> 足之地，恐是眾論一致的。（臺灣通信社編，1931：169）」

　　此棟建築早於 1906 年兒玉和後藤離任時，便已經開始籌畫，當年
報紙的報導說明籌建紀念館的意義：

> 「彼所謂紀功碑，凱旋門猶此例也。是等之建設物，凡以示戰勝
> 之偉勳，于千秋之下，使後世之人有所觀感而興起焉。其實際也，
> 其在法國有拿破侖者，雄長一世，執歐洲之霸權，因建凱旋門于
> 巴里。糜歲月三十年，費金錢不知其幾百千萬。結構之壯，雕鏤
> 之美，世界無比。……然日俄一役，前督實膺帷幄之任，而卒荷
> 凱旋之光榮。本島有此光榮之總督，不可無有以紀念之也。且前
> 督之趨重國事也于臺灣統治，胥賴長官之承宣措理。則此光榮，
> 長官實與焉，亦不可無以為紀念也。」[6]

　　在紀念博物館成立的慶祝式上，由不同的祝賀詞內容也可以看到有
關博物館成立類似的理解：

> 「……就此紀念博物館，我想應可以宏壯偉大的樓觀比之於兩公
> （兒玉、後藤）的德業，雄麗秀奇的裝飾比之於兩公的才華，基
> 礎鞏固、牢乎不拔，實顯示在臺灣的統治堅固。……今日的落成
> 式就是臺灣統治的落成式。…其規模宏大、技術精巧，實是本島
> 代表性建築，信非溢美之詞。本館建設事業對本島開發大計貢獻
> 甚大，應可謂符合二公施政的理想。……」。[7]

　　博物館大廳兩側臺座上，原陳列該棟建築創立的最直接證物：臺灣
總督兒玉源太郎及民政長官後藤新平銅像，臺灣光復後因治權更替、意
識型態之故，轉而移入庫房存放，自此成為博物館最具禁忌的珍藏品。
對於二座銅像的處置，這期間雖有各類不同意見出現，唯因爭議性極高
而一直未有定論出現。

　　真實性的價值之一，在於證物自身擁有獨一無二的歷史詮釋能力，
讓證物說話，遠遠超過他者的詮釋來得更為貼切。姑且不論各家說法，
「兒玉總督後藤民政長官紀念館」的歷史性如何被呈現出來、進而被參

---

[6] 參 1906 年 10 月 4 日《臺灣日日新報》。
[7] 引自 1915〈紀念營造物落成〉《臺灣時報》，頁 63。

觀者認識與重新詮釋，都屬歷史證物以外的。也因此，二座銅像不僅僅是建築整體配置的一部分，身為大廳兩側壁龕臺座上方的銅像第一手證物，顯然直接且更具力道的展現其超乎一般政治的歷史意涵，而此正是歷史時間的真實性具體回應。

三、1910 年代博物館學的真實性：藏品及展示

根據大英百科全書（Encyclopedia Britannica）的定義，今日的博物館觀念始於希臘文 mouseion，表示一處提供哲思的機構或場所，後來則引申為對遺產物進行維護、詮釋的學者、大學或圖書館的總合，逐漸傳達出統合、全面性的概念，最終成為形容由貴族、政治家族所收集的珍藏品。19 世紀初期，為了得到更多藏品知識的傳承，各類收藏珍品陸續由私人收藏轉為公眾展覽，爾後國家層級的蒐藏、保存機構亦相繼成立，近代用於蒐集、保存和解釋各類珍藏品的博物館因而出現。由此看來，博物館建築顯然不是唯一的焦點，藏品及展示理應才是近代博物館成形的關鍵。

當年的博物館概念，為臺灣早期博物學、歷史學觀的總結與表現，根據尾崎秀真的文章，「博物學」是這麼定義的：

> 「……生蕃這個人種將數千年前的器物、穿著、生活原原本本地傳承下來，持續不變地居住在這塊土地上。……因此，在日本內地，研究史前稱為考古學研究，但是在臺灣並不叫考古學。因為是直接研究生蕃、或者說居民，所使用的器具和其他標本，因此稱之為博物學研究也不為過」。

所謂的博物館學，即是各類居民使用器具及標本彙集總合。

根據 1908 年 5 月臺灣總督府所頒佈的第 83 號訓令，總督府博物館職掌明定為：「掌理蒐集陳列有關本島學術、技藝及產業所需之標本及參考品，以供公眾閱覽之事務」。另依據今日〈國立臺灣博物館處務規程〉第 4 條的規定，臺博館主要工作內容之一即是「臺灣自然史與文化

史之調查及研究」，而這也與日治時期總督府博物館創立時的初衷大致符合。

1908 年博物館陳列現場佈置大致如下：

> 「進了大門之後，首先引人注目的是林產部份，大空間裡以富麗堂皇的蓮草造花盒子為中心，四周為各種產業模型，旁邊是農產標本，有個高臺放置著這棟建築的原初主人，彩票抽籤器。有一間專門陳列工藝品標本，另有一間展示一些歷史相關資料。二樓入口大門上方有動物、左邊有昆蟲和植物，右側有水產的陳列，扶手的轉彎處是從蕃人沒收的廢槍五百枝，作為討蕃紀念而展示的。兒童室的上方陳列著蕃族之土俗品，其中作為貴賓室的一個角落有植物臘葉標本的陳列。事務室上面一個房間展示地質礦物，蕃俗室的牆壁掛有兩幅從警察本署送來的石川欽一郎所繪隘勇線油畫，一幅以東勢的北勢蕃地馬拉蕃山為中心，另一幅以大溪枕頭山為中心，各畫出該地區地勢山窟的情形。（森丑之助，1999：264-273）」[8]

當年的陳列品主要分為地質及礦物、植物、動物、人類（蕃族，包括高山、平埔）、歷史及教育、農業、林業、水產、礦業、工藝、貿易（輸入）及雜（其他）等 12 類。成立初期標本數量總數為 12723 件，六年之後的 1914 年，標本數總數達 23396 件，增加近一倍左右。[9]

遷入新公園博物館以後，陳列品大致分為歷史、土俗、動物、地質礦物四個分類，以 1935 年為例，當年館內一樓（階下）東室及西室一部分為「土俗部（1664 點藏品）」，又分「蕃俗部」（1664 件藏品）及「南支南洋部（1146 件藏品）」，其者展示島內各蕃族服裝、家屋、家具、武器、裝飾品等珍奇事物，而南支南洋部則展示南中國（華南）、南洋各地文物。西室其他部分則為「地質礦物部（1824 件藏品）」，則作為臺灣重要礦石及特殊礦石陳列之用，含雜部在內，總計典藏品。二樓（階

8　森丑之助〈臺北博物館的回顧〉（中譯），收入李子寧編《臺灣省立博物館創立九十年專刊》，頁 264-273，臺北：臺灣省立博物館，1999。

9　引自 1908 年〈臺灣總督府民政部殖產局附屬博物館規程〉、1914〈總督府殖產局附屬博物館過去六ケ年間ノ蒐集ヲ整理陳列ス〉，臺灣總督府史料編纂會。

上）東室為「歷史部（2542 件藏品）」，展示臺灣自原住民、荷西時代、鄭氏時代、清領時代，至日本殖民以後各項文物，如北白川宮能久親王、伊藤、乃木、兒玉總督真跡、古文書畫，治臺初期文物，考古挖掘石器類文物等。二樓西室為「動物部（2488 件藏品）」，展示臺灣島內及近海棲息的主要水陸動物。[10]

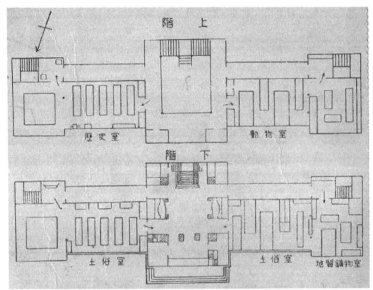

圖 2　日治時期博物館內陳設與動線
出處：《臺灣總督府博物館案內》

1915 年來臺考察的中國學生劉範徵提到博物館所見情形：

「博物院，上圓穹而下方址，甚宏麗。院外即臺北新公園，臺沼掩映，甚是奇觀。院內有樓二層，俱鋪綠文瓷瓦。觀者脫履於門，方得入；門內多備草履，以供遊者之用。下層之中間一室不陳列何物（為大廳），有銅像二，頗巍峨；一為前臺灣總督兒玉源太郎，一為前臺灣民政長官後藤新平是也。其旁陳列各色人種之模型及各業人民之生活狀態並中國之偶像如天神、土地、文昌、城隍等；開山偉人鄭成功像，亦在焉。他如陸地動物、海底動物及各種礦物，搜羅甚富，俱陳列其間。所列本島礦產，水晶特多，金、銀、銅礦亦有。上層則陳列工藝物、農作甚富，臺灣所產之

---

[10]　引自社團法人臺灣教育會 1934《臺灣教材寫真集教科書》，第 81 項。

烏龍茶為極為有名者。……內有吾國亡清之衣冠、文魁、貢元之
匾額；壁間掛有某之父母神像，戴幃帽、穿袍套：在彼以為新世
界所無者，故羅列之。然吾人觀之，不覺恥憤交集矣。有臺灣生
番之塑像、衣飾、玩物、用具、亦屬見所未見。生番為臺灣之野
蠻人，深居山中；性凶悍，嘗殺人而食。男則頭插羽毛、耳穿竹
管，女則以茅莖與紅布共編成笠戴於頂，頸繞長珠如菩提，以布
圍腰，不著衣服而以雜色布屑文身，但此為未開化者。……」（劉
範徵，1965：70-71。）。

圖 3　歷史室內部
出處：1926《臺灣博物館の手引》/臺
大舊照片資料庫

圖 4　蕃族室內部
出處：《臺灣博物館の手引》/臺大舊照
片資料庫

圖 5　臺灣鳥類展示櫃
出處：1937《臺灣總督府博物館案內》

圖 6　1943 年泰雅族原住民模型
出處：李子寧〈博物館如何再現「歷史」〉

　　除了不同主題的藏品展示外，各種輔助道具，如模型、圖表等材料
的綜合運用，具體營造博物館展示情境。以模型展示為例，創館時（1908）
即已普遍運用，例如腦寮模型、鵝鑾鼻燈塔、鹽田模型、金瓜石金山礦

區產業模型，以及原住民的番社及人身模型展示最具特色。

紀念博物館轉為隸屬學務部之後，館內的陳設隨之調整：

> 「……其後博物館的事務移至商工課所管，館長由商工課長兼
> 任，是以不知何時陳列樣式遂成為商品陳列館樣式，與自然科學
> 博物館的方向有極大差距，……依此目的而建的本館（指為紀念
> 兒玉、後藤），有此壯觀的型態，其陳列展示的型式與全部面目
> 都應更新，但仍未脫商品陳列館的氛圍，直至大正五年（1916）
> 始政二十年紀念臺灣勸業博覽會在臺開辦，於植物園建設了迎賓
> 館，會後成為存置商品陳列品之處，商品陳列館成立，遂與紀念
> 博物館分開……」（素木得一，1939：378-379）。

綜合而言，總督府博物館的藏品類型變化，具體反映出不同時期的
角色定位與轉變，1908-1915 期間，因強調「臺灣自然資源的獨特與珍
貴」與「自然資源可被人類馴化的潛力」，而以自然與產業標本為主的
收藏。1915- 1920 年新館建成後，改以商品化的展示，以強調自然加工
物（產業類）為主。至於後期 1920-1945 年間，自然物全面被「文化產
物」所取代，館藏品改以「統治的文化技術」為主，配合同化的行政策
略，強調日本與臺灣歷史的淵源與角色，直接促使漢人風俗藏品逐漸退
出歷史展示的地位。

至於博物館內的展示設計歷史特徵，森丑之助 1912 年一篇關於蕃
族標本陳列的文章中，提到了他對博物館展示的想法：

> 「如何適切地陳列蕃族，此項設計牽涉到陳列室的面積及經費，
> 需要種種考量。但是對這些大多數的觀眾而言，一定要非常通俗
> 的才行，……內容應該平易且配合各階級的人，讓大家都有興趣
> 才好」、「最簡單的方法是展示好幾張大的掛圖，以圖示顯示出地
> 理及分布、體質、言語的概要」。

其次，

> 「作出各個種族各一組的男女及小孩的型像。利用石膏或蠟、精
> 細地作出和實體相同大小，其人體要以人類學上依據蕃人身體測

定的指數為準，頭髮可用各種族的實物，皮膚的顏色，……配戴著實物的衣服及裝飾，並充分顯現出種族特徵的姿勢。一個種族放在一個展示櫃中，一旁放著主要的土俗品，這樣就可看出蕃人的容貌和風采，衣服裝飾的特色」（森丙牛生，1936：56）。

圖7　動物室內部
出處：《臺灣博物館の手引》/臺大舊照片資料庫

圖8　地質礦物室
出處：《創立三十年記念論文集》/臺大舊照片資料庫

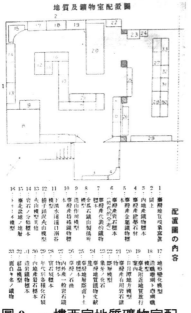

圖9　一樓西室地質礦物室配置圖
出處：《臺灣總督府博物館案內》

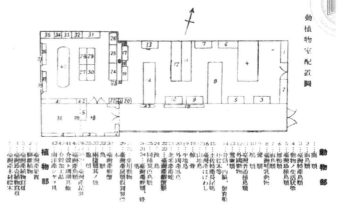

圖10　二樓西室動植物室配置圖
出處：《臺灣總督府博物館案內》

　　事實上，受限於史料侷限之故，並無法看到當年對於博物館內陳設具體的規畫概念說明。然而從相關的照片、圖說史料看來，各式陳列的方式仍可看出動線與展示內容的相應關係（動線即附圖編號），尤其展示櫃與建築物間的關聯性（如採光），無疑的正是今日博物館展示的極佳對照。重新思考一百餘年前創設的總督府博物館的真實性，除了古蹟建築物外，藏品與展示內容、陳設及空間關係，顯然亦應有其不可或缺的歷史定位與角色。

四、基地環境的真實性—新公園與紀念性營造物

　　臺博館所在地二二八公園原稱作「臺北公園」，計劃初成於 1900 年的〈臺北城內都市計畫〉，當時的名稱為「臺北城內公園」[11]，經公園設計委員會多次會議，計畫於園內設置 4.5 公尺步道，廣植相思樹及繞帶植物，並於 1903 年著手施行[12]。城內公園初期範圍僅及於南側半部而已（石坊街 3 丁目），北側除天后宮外、東側還有醫學校、西側憲兵屯所（府後街 7 丁目）等公共建築，以及陸軍經理部、專賣局、醫學校宿舍等。[13]

　　1905 年，臺北市區計畫第三次改正，正式將範圍擴增至北側天后宮一帶（含石坊街 3 丁目、府後街 6、7 丁目）。其後，公園轉由臺北廳管理，新設置的臺北公園於 1908 年建設落成，為臺北市政治中心區域的近代化洋風都市公園，由於較 1897 年落成的臺北第一座大型公園：圓山公園為晚，因此又稱作「新公園」。1913 年天后宮拆除，臺北公園範圍也隨之擴及北側，1915 年臺博館新建落成，而成今日二二八公園的規模。

---

[11] 參見 1900 年 8 月 23 日臺北縣告示第 5 號。
[12] 參 1901 年 5 月 17 日、1902 年 12 月 2 日、1903 年 1 月 17 日《臺灣日日新報》。
[13] 參 1905 年臺北市區改正圖。

圖 11　1903 年臺北公園	圖 12　1911 年臺北公園	圖 13　1922 年臺北公園
出處：最近實測臺北全圖	出處：最新臺北市街鳥目全圖	出處：改正町名臺北市街圖

公園的出現為現代化都市的重要象徵，作為文明城市的代表，公園建置為改造現代都市的重要工作之一。《臺北市史》曾提到：

> 「……領臺後做為文明都市的臺北，正努力發展，配合這樣意圖的設施，公園就是這樣的公共設施之一。文明都市有公園是理所當然的，然而安慰在苦熱下活動的人，和保健上來看，公園也是極必要的。」（臺灣通信社編，1931：169）

依據 1906 年臺北公園內各項規劃設備內容，當時的臺北公園主要有四項主要設施，包括：（1）供公共娛樂，且不妨衛生風紀，如公共俱樂部、洋食店、寫真舖、掛茶屋、腰掛等。（2）表張偉人功德、忠孝義烈，裨益世道人心之物，如旌表。（3）達到學術指導目的且無害娛樂風紀之物。例植物栽培、動物飼養一類。（4）其他維持公園必要的設施，如廁所、番小屋等。[14]因此之故，臺北公園設立初期先行出現的建設有音樂堂（1898 年，其位置原位於醫學校舊址，1909 年遷建）及臺北俱樂部（1902 年），其他還有水池、網球場、運動場、遊樂場，以及許多政治性意涵極高的設施，如兒玉源太郎總督（1906 年）、後藤新平民政長官（1911 年）、樺山資紀總督、柳生一義臺灣銀行總裁等雕像，最後

---

14 引自 1906〈北公園內設備二關スル件〉，臺灣總督府公文類纂，冊號：1188。文號：32。

才是臺北放送局（1928 年）等。

　　1910 年，主張擴張公園範圍並拆除北側臺北醫院、專賣局舍、憲兵隊廳舍的呼聲再起[15]。翌年，臺北廳長井村大吉擬定了「新公園大計畫」，計畫招聘日本造園技師前來協助，除植樹、造林、營造假山沼池外，並開設建築運動場、東屋、休憩所，投入 30 餘萬圓費用完成臺北市街唯一的「共同慰樂場」[16]。

　　就在新公園積極建設之議開啟的同時，籌設新博物館的討論逐漸出現。例如 1911 年一篇以「博物館新計畫」為題的文章出現，其內容提及為了符合總督府博物館以動物藏品為主的方針，擬於臺北新公園內建立動物飼養場，計畫將既有的臺東熊、火礁島蝙蝠、南投猴、山羊等移設，供一般民眾觀覽，並可於未來轉為動物園，以作教育參考材料之用[17]。

　　儘管當年紀念兒玉、後藤事業的呼籲不少，不過臺灣總督府博物館倡建之議並未具體出現，當年一篇倡議設立博覽會性質的博物館文章便可以看出端倪：

> 「……吾人切望能利用新公園建立在臺北中央的好機會，使其成為更完全的模範公園；另一方面，也期使整個公園能成為具有臺灣博物館的性質，……吾人最希望的是臺灣陳列館的設立，今於臺北新公園預定地中所見，天后宮正在其中，此廟宇論其廣大、壯麗，於臺北無出其右者。若將其修葺一番充為陳列館使用，建物成為展覽的一部分，對新公園內了解臺灣的特徵，將有莫大的助益。（臺灣慣習研究會，1906：55）」

　　「模範公園」的期望，促使作者期待臺北新公園可以進一步成為典範型的「臺灣博物館」，並希望重新利用天后宮作為「臺灣陳列館」，可使廟宇與陳列品同為展覽的一部分。由於總督府博物館早於 1908 年權設於原彩票局建築內，當 1913 年兒玉、後藤紀念博物館計畫獲得執行

---

[15] 參 1910 年 9 月 3 日《臺灣日日新報》。

[16] 參 1911 年 8 月 8 日《臺灣日日新報》。

[17] 參 1911 年 11 月 12 日《臺灣日日新報》。博物館附屬動物園後來並未設於新公園內，而改設於林業試驗場中，可參 1913 年 2 月 16 日《臺灣日日新報》。

後，此工程一直稱作「故兒玉總督暨後藤民政長官紀念營造物：博物館」，隨之一起建設的工程，還包括公園內其他設施，包括老古石砌築基座的青銅鯉魚噴水池、瓢簞形池、橋、音樂堂、日蔭堂（藤蔓休憩所）等設施，博物館與公園的密切關連由此可見[18]。1911 年，配合公園的擴張，天后宮進行拆除，公園腹地順利向北拓展，臺北新公園整體規模、格局就此確立。

至 1935 年，正當博物館建築建成後的二十年頭，由於其突出的政治性展示場域特色，新公園因此作為始政四十週年紀念臺灣博覽會的主會場，建築了各類陳列館、演藝館。[19]

博覽會結束後，隨即由州土木課公園係長城技手擬定新公園復舊計畫：「臺北新公園復舊近代化工事」，計花費 27000 圓，重新整理公園環境，例如原為露天圓形配置的音樂堂，便改造為可容納 16000 人的扇形音樂堂（臺灣通信社編，1935：44）。[20]1936 年一篇〈重生的臺北新公園〉文章報導了復舊工事的進行，新公園內重新設置了兩旁種植高種椰子樹的東西通路、草地圓環，及小型鳥類動物園（鳶、鵝、鴨）等設施，並種植玫瑰、杜鵑及各類熱帶植物。其中最重要的，為了調和與博物館建築物，重新制定了新的造園計劃：

> 「道路以南，特別是音樂堂的座位被重新改修，周圍植上茂密的樹叢。以八角休憩所為中心設置千坪左右的花壇，並於花壇地帶西南建設一座全長約 60 尺的水泥建築（應是臺北俱樂部），在轉角處搭設一座美麗的橋。而兒玉雕像南端的兩千坪地域，則是被花樹圍牆包圍的很棒的兒童遊樂園。那裏設有各種兒童運動器具、渡涉池、玩沙處、小鳥之家、猿之家及飲水區等設施。……樹木大致限定為椰樹、浦葵、檳榔、鳳凰木、龍舌蘭樹等明朗的熱帶樹為主」（不著傳人，1936）。

---

[18] 參 1913 年 5 月 7 日、1913 年 7 月 26 日《臺灣日日新報》。

[19] 第二會場位於臺北市新公園，有愛知館、第一文化施設館、北海道館、大阪館、第二文化施設館、國防館、船舶館、京都館、奈良館（40 坪）、電氣館、東京館、專賣館、映畫館、孩子王國、迎賓館、音樂堂、演藝館等 17 館。

[20] 引自 1936 年 2 月 6 日《臺灣日日新報》。

圖 14　新公園
出處：1913 年《臺北寫真帖》

圖 15　新公園內臺北俱樂部、兒玉塑像、熱帶植物園、後藤銅像
出處：1913 年《臺北寫真帖》

　　重新更新後的臺北公園，包含博物館在內，顯然是以全區的配置在思量公園的規劃與定位。今日，如同臺灣地區其他公園一樣，二二八公園內存放了各地拆遷而來的設施，如機關車騰雲號（日治時期遷入）、臺鐵九號火車頭，急公好義坊、黃氏節孝坊、麒麟遺址巨石文化遺物、

臺北府署石獅、臺北放送局（二二八紀念館）、天后宮柱珠，翠亨閣（紀念孫中山）及四座涼亭（紀念鄭成功、劉銘傳、丘逢甲、連橫）、孔子杏壇、福德宮等。

　　　　再回顧一下 1906 年臺北公園內各項規劃的設施，除了公共娛樂設施不存外，表張偉人功德、忠孝義烈，裨益世道人心之物，以及學術指導目的紀念物等內容皆仍具體可見。臺北新公園的環境涵構，自始至終顯然一直支撐著博物館的歷史發展，新公園基地證物的真實性確實仍歷歷可見，對照今日兩者之間薄弱的場域關聯，確實值得深思反省。

五、結語

　　其實，「歷史證物」原本就具備了多層的意義、價值：它是許多歷史事件的直接證據，也是歷史發展的第一手史料（實體史料），其真實性由此得到證明。其次，透過這些實體遺物，可以提供人們反省歷史，肯定自我，並對所屬的時空環境有所認識；最重要的，它是人們集體記憶的表徵，也代表了多數人共同擁有的過去。如此的歷史價值，都說明歷史證物直接指明了前述那些建築、地景、場所、基地的文化自明性和連續性。

　　臺灣文化資產保存的歷史發展，三十多年來除了初期由歷史學者主導之外，一直以來，古蹟修復多以建築學者為主體，儘管成就建築一方史觀外，事實上也弱化的其他領域的記憶書寫參與。過去的討論，如同前述，多建立形式與設計、材料與物質等有形物件的面向，對於遺產用途與功能、傳統與技術、地點與背景、精神與感情以及其他內在或外在因素，卻極缺乏必要的關注與支援。

　　歷史證物不僅僅是建築史的延伸而已，同時也是地方史、藝術史的表現，其他包括政治、經濟、社會、文化意義都涵括在內，可說具有多元且豐富的文化深度與意涵。臺灣鐵道的歷史不僅僅是縱貫線實質鐵路的記憶而已，臺博館的身世恰可引申那一段不為人知的故事，兒玉源太郎總督與後藤新平民政長官確實是殖民批判的忌諱，但歷史的真實性不

正是史家誠實地面對曾有的事件片段嗎！

　　只有歷史證物是真實的，指向歷史事件的原初，也具有不言而喻的歷史性。經由修復而獲致的詮釋卻不是，它們的真實只是代表歷史場所在當下時間被了解的意義而已，與從前沒有什麼必然的關係。因此，再利用過程應聚焦的重點是：如何確保歷史證物的完整與避免破壞，而非不斷上演隱藏、覆蓋或刪除歷史性的作為。

　　包括古蹟、古物等實體的歷史性傳遞或宣傳，建立在它們「真實性」價值的鑑定、評估與詮釋計畫之中，任何一個階段的忽視或錯誤的決策，將對其真實性將產生嚴重的危害，也從而產生錯誤的歷史觀點。藉由本文有關歷史時段、用途空間、場所基地的自明性討論，似乎可以看到建築遺產真實性的一些歷史想像。

參考書目

1. 不著傳人(1936) 。〈更生の臺北新公園近代化プラン成る〉《まこと》，第 237 期。

2. 呂孟璠。〈蒐藏者與蒐藏品：總督府博物館時代尾崎秀真的蒐藏意圖與實踐〉，國立臺灣博物館網頁：
http://www.ntm.gov.tw/upload/download/20130329/5209d6c9-922e-4a52-81f9-0feaacb9be50.pdf。

3. 李子寧(2007)。〈博物館如何再現「歷史」：臺灣總督府博物館的歷史收藏與展示〉，國立臺灣博物館網頁：
http://www.ntm.gov.tw/upload/download/20110128/667f2c39-2c6e-4873-83f8-e73e6a150e0a.pdf。

4. 李國玄(2006) 。《日治時期臺灣近代博物學發展與文化資產保存運動之研究》。中原大學建築所碩論。

5. 社團法人臺灣教育會(1934) 。《臺灣教材寫真集教科書》，社團法人臺灣教育會。

6. 阪上福一(1939)。《臺灣總督府博物館　創立三十年記念論文集》，臺灣博物館協會。

7. 侯一明(2009) 。《歷史展示與異己建構：1930 年代臺灣總督府博物館歷史室的個案研究》。國立臺南藝術大學博物館研究所碩論。

8. 森丙牛生(1936) 。〈臺北博物館の思い出〉《科學の臺灣 》，第 4 卷第 2 期。

9. 森丑之助(1999)。〈臺北博物館的回顧〉（中譯），收入李子寧編《臺灣省立博物館創立九十年專刊》，頁 264-273，臺北：臺灣省立博物館，1999。本文原出 1936《科學の臺灣》第 4 卷 2 期。

10. 杉本良(1939)。〈創立三十周年を祝す〉《臺灣總督府博物館　創立三十年記念論文集》。

11. 楊基印(1914) 。〈臺北公園記〉《臺灣教育會雜誌》，n150。

12. 素木得一(1939) 。〈博物館創設當時を顧みて〉《臺灣總督府博物館

創立三十年記念論文集》。

13.錢曉珊(2006) 。《殖民地博物館與「他者」意象的再現—三個日本殖民地博物館的分析比較》。臺灣大學人類學研究所碩論。

14.謝鳴珂(1965)。〈臺灣旅行記（二）〉《臺灣旅行記》。

15.劉範徵(1965) 。〈臺灣旅行記（二）〉《臺灣旅行記》。南投：臺灣省文獻委員會。

16.臺灣總督府物館(1926) 。《臺灣博物館の手引》。

17.臺灣總督府博物館(1933、1937) 。《臺灣總督府博物館案內》，臺灣總督府博物館。

18.臺灣通信社編(1935)。〈新公園池畔に愈々大音樂堂新設か〉《臺灣藝術新報》，第 1 卷第 1 期。

19.臺灣慣習研究會(1906) 。《臺灣慣習記事》，第 6 卷第 10 期。

20.臺灣通信社編(1931) 。《臺北市史》。

國家圖書館出版品預行編目資料

張崑振臺灣史研究名家論集 / 張崑振　著者. -- 初版. –
臺北市 ： 蘭臺, 2021.06
面 ；　公分. -- (臺灣史研究名家論集 ; 3)
ISBN 978-986-06430-4-6(全套 ： 精裝)

1.臺灣研究　2.臺灣史　3.文集

　733.09　　　　　　　　　　　　　　110007832

臺灣史研究名家論集 3

張崑振臺灣史研究名家論集

著　　　者：張崑振
主　　　編：卓克華
編　　　輯：沈彥伶、陳嬿竹
封面設計：塗宇樵
出 版 者：蘭臺出版社
發　　　行：蘭臺出版社
地　　　址：台北市中正區重慶南路 1 段 121 號 8 樓之 14
電　　　話：(02)2331-1675 或(02)2331-1691
傳　　　真：(02)2382-6225
E—MAIL：books5w@gmail.com 或 books5w@yahoo.com.tw
網路書店：http://5w.com.tw/ 、https://www.pcstore.com.tw/yesbooks/
　　　　　　https://shopee.tw/books5w
　　　　　　博客來網路書店、博客思網路書店
　　　　　　三民書局、金石堂書店
經　　　銷：聯合發行股份有限公司
電　　　話：(02) 2917-8022　　　　傳 真：(02) 2915-7212
劃撥戶名：蘭臺出版社　　　　帳號：18995335
香港代理：香港聯合零售有限公司
電　　　話：(852)2150-2100　　　　傳真：(852)2356-0735
出版日期：2021 年 6 月 初版
定　　　價：新臺幣 30000 元整（套書，不零售）
ISBN：978-986-06430-4-6

《臺灣史研究名家論集》

這套叢書是研究台灣史的必備文獻！

　　這套叢書是兩岸台灣史的權威歷史名家的著述精華，精采可期，將是臺灣史研究的一座豐功碑及里程碑，可以藏諸名山，垂範後世，開啟門徑，臺灣史的未來新方向即孕育在這套叢書中。展視書稿，披卷流連，略綴數語以說明叢刊的成書經過，及對臺灣史的一些想法，期待與焦慮。

三編

尹章義、林滿紅、林翠鳳、武之璋、孟祥瀚、洪健榮、張崑振、張勝彥、戚嘉林、許世融、連心豪、葉乃齊、趙祐志、賴志彰、闞正宗

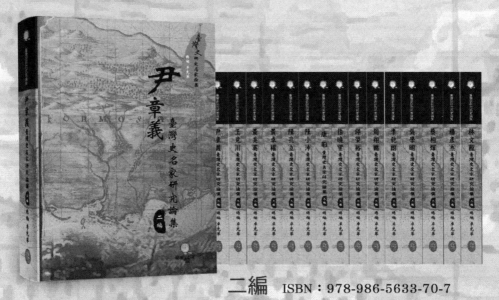

二編 ISBN：978-986-5633-70-7

尹章義、李乾朗、吳學明、
周翔鶴、林文龍、邱榮裕、
徐曉望、康　豹、陳小沖、
陳孔立、黃卓權、黃美英、
楊彥杰、蔡相輝、王見川

一編 ISBN：978-986-5633-47-9

王志宇、汪毅夫、卓克華、
周宗賢、林仁川、林國平、
韋煙灶、徐亞湘、陳支平、
陳哲三、陳進傳、鄭喜夫、
鄧孔昭、戴文鋒

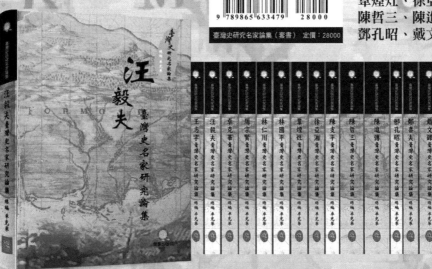

 100台北市重慶南路一段121號8樓之14　　　　E-mail：books5w@gmail.com
TEL：(8862)2331 1675　FAX：(8862)2382 6225　網址：http://5w.com.tw/